O'othham Hoho'ok A'agitha

Legends and Lore
of the
Papago and Pima Indians

Dean and Lucille Saxton

The University of Arizona Press

Tucson   Arizona

About the Author . . .

DEAN AND LUCILLE SAXTON'S years of work with Pima-
Papago vocabulary have insured their familiarity as well
with the legends and lore of the people. The Saxtons' *Papago
& Pima to English, English to Papago & Pima Dictionary,*
(UA Press, 1969), was developed during field work on the
Reservation at Sells, Arizona during the 1950s and '60s.
Meanwhile the authors, both linguists with backgrounds in
anthropology, extended their perception of the need for a
written language to concern with an oral tradition more
likely to be saved for the future in book form than totally
within the bounds of a lifestyle that is fast blending with the
Anglo culture of modern America. Dean Saxton, a D.V.M.
from Michigan State University, is a member of the Lin-
guistic Society of America and a contributor to several
scholarly periodicals. He has also taught Papago linguistics
at Sells. Lucille Saxton's degree is in Semitics from Shelton
College, New York, and she has been a teacher of linguis-
tics for the Arizona State Department of Education.

THE UNIVERSITY OF ARIZONA PRESS

I. S. B. N.-0-8165-0420-2

Juan Dolores
first writer of his people's legends

CONTENTS

APPENDICES

MO HASCHU IN O'OHANAS O'OTHHAMKAJ

MASH HAS MASMA WEHS HA'ICHU SHONWUA

HOHO'OK A'AGITHA AB AMJED G HA'ICHU THOTHAKAM

FOREWORD

Those of us who are not Native Americans and who have been schooled in the literary traditions of western civilization are most likely to think of Aesop, the 6th century B.C. fabulist, or of other Europeans when we think of short stories with a moral.

As long as men of the western world have been reciting apologues and pondering the mysteries of the universe, however, so have American Indians been doing likewise—and with wisdom as well. Their traditions, which provide a body of collective knowledge and understanding of life, have been largely ignored by western man, partly because of our ethnocentrism and belief in ourselves as proprietors of truth and partly because of our background of literacy. It has been the latter which has fostered the definition of literature as something that has to be written, while all else is merely rumor, legend, myth, fable, anecdote or what have you. Only in the last very few years have we begun to hear the phrase, "oral literature," and only recently have we seen a resurgence of interest in committing these spoken traditions to writing in their native languages. Sequoyah would be pleased.

This volume of Papago and Pima literature makes available to readers of both Piman and English an important collection of heretofore widely scattered materials, much of it provided by Piman spokesmen many years ago and until now lying in archives as far apart as Philadelphia and Berkeley. And thanks to the energies of the Saxtons in collecting them, the newly-recorded words further bear witness to the continuing viability of the oral literature of these desert dwelling natives of southern Arizona and northern Sonora.

Legends and Lore of the Papago and Pima makes available the

kinds of native essays that are so much in demand in public and parochial schools among those who would teach non-Indians about their Indian neighbors. It offers the serious student of comparative literature and of folklore new grist for his intellectual mill. Above all, however, this book affords present and future generations of Papago and Pima Indians a chance to arrive at a new kind of appreciation of their rich cultural heritage. Hopefully, it may inspire some of them to literacy in their own language that one might look forward to a day when there will be an O'othham written literature in its own right, one which need not necessarily be translated into English to be appreciated by a wide audience.

In the meantime, those of us who cannot read Piman are indebted to those O'othham who were willing to share with one another and with us these vignettes of their wisdom, humor and lives. So are we indebted to Dean and Lucille Saxton for their compilation, for their translation, and for their years of effort toward making Piman "oral literature" simply "literature."

Bernard L. Fontana
Arizona State Museum

ACKNOWLEDGMENTS

"Before you come again, I may go to eat prickly pears beneath the sunrise," Winshk said when we finished recording his stories and took our leave. For some time we bounced along without a word through cactus and mesquite from his village in Sonora, Mexico, back to the border.

A year away at school passed quickly writing down his stories and studying them. When we returned the well known narrator had indeed finished his life's "journey to the east" where prickly pears and mule deer are plentiful and singing and dancing never cease.

As the skilled narrators disappear, so does the unwritten tradition of which they are all too often the final bearers. Perhaps this incomplete collection of literary gems from an age gone by will encourage the gathering and publishing of more of this fascinating and fast disappearing material.

Winshk, the late Ventura Jose, has done his part as a narrator to preserve the legends recorded here, as have also Ba'imudkam, Susanne (Ignacio) Enos, Pedro Estrella, Enos Francisco, Mahila Harvey, Jose Joaquin, Antonio Lopez, Cipriano Manuel, S-Hawani Uhw, and other narrators.

As the narrators have transmitted the oral tradition, those who have written it down have preserved it for future generations. The most significant of these was the late Juan Dolores, graduate of Hampton Institute and author of **Papago Verb Stems, Papago Nominal Stems**, and **Papago Nicknames**. Although a native speaker himself, Dolores carefully recorded his material from those who remained familiar with it while he was away. Dolores did his writing while Museum Guard and Research Fellow in Anthropology at the University of California at Berkeley, receiving his training under the late Dr. Albert A. Kroeber, Professor in Anthropology.[1] Dolores met Kroeber in 1908, and began writing the legends in 1911.[2]

When **Legends and Lore of the Papago and Pima** was being planned, Dr. Kroeber wrote, "I am greatly interested in your plan to publish Papago material for the Papago. That was what Juan had in mind... I would be greatly interested in having Juan's 'life work' utilized and made available." His gracious cooperation has since been confirmed by release of the materials in the Archives of the Robert H. Lowie Museum of Anthropology, University of California at Berkeley.

Some of the material used here was collected by the late Dr. J. Alden Mason, Curator in the University of Pennsylvania Museum, and graciously released for use by the American Philosophical Society Library which now holds them. Part of this was provided by Dolores and Kroeber for use in preparing a grammar of Papago, and part was collected by Mason on a field trip with Dolores in 1919.

Some of the material was supplied by Daniel Matson, Lecturer in Anthropology at the University of Arizona, who assisted the writer, the late Professor William Kurath, Head of the German Department in preparing the texts, and published in part in **A Brief Introduction to Papago, a Native Language of Arizona.**

The remainder of the material was recorded and transcribed by the authors.

A résumé of archival material and its designation in the libraries holding them, together with specific sources for the present work, will be found in the Appendices.

Consultants for the text and translation were Sam Angelo, Susanne Enos, Enos Francisco, and Jose Pancho. Folklore consultant was Dr. Francis Gillmor, Professor in English at the University of Arizona.   Linguistic consultants were Dr. Irvine Davis, Dr.

[1] Mason, J. Alden, 1950, The Papago Language of Arizona. The University Museum, University of Pennsylvania, Phila.,Penna. p3.

[2] Kroeber, Theodora, 1964, Ishi in Two Worlds. University of California Press, p156.

Joseph Grimes, and Dr. Viola Waterhouse of the Summer Institute of Linguistics, and Dr. Kenneth L. Hale, Professor in Linguistics at Massachussetts Institute of Technology.

LeRoy Frye of the Summer Institute of Linguistics was the illustrator, and consultant for the illustrations was Enos Francisco.

Our gratitude is due to Mr. John Baroco, Museum Librarian, Arizona State Museum Library, for his cooperation in providing access to copies of the Dolores and Mason material in the library archives.

We are deeply indebted to Mr. Marshall Townsend, Director of the University of Arizona Press, who has guided this project from its early stages to publication. The University of Arizona Press has also published the **Papago and Pima to English Dictionary**, by the present authors, with grammar and cultural material pertinent to the present volume. A closely related book, also published by the University of Arizona Press, is **Pima Indian Legends** by Anna Shaw.

We would also like to express appreciation to our sponsors, the Summer Institute of Linguistics.

Like Juan Dolores, those who have cooperated in the preparation of this book have considered it a delight and a duty to return the legends and lore to the Papago and Pima people, from whom they came.

Dean and Lucille Saxton

INTRODUCTION

O'othham Hoho'ok A'agitha are legends of the American language community whose self-designation is O'othham, the Papago and Pima. Hoho'ok A'agitha are stories about hoho'ok, creatures with extraordinary powers.

Although the legends of the O'othham reflect a common origin, they show dialect and area variations. Most of the legends included here are in the Chukud Kuk (Ko-lohthi) dialect. "A Mean Ruler is Assassinated," "A Quail Escapes," and "The Badger is Taboo," are in Ge Aji dialect (Northern Totogwuani). The speeches of the Apache slave's son are in Pima.

The legends are pedagogical, not only preserving history but also conveying traditional values, mores, customs, and folk explanations of origins and natural features. They also contribute to an understanding of important idioms such as **ab o ha ho'okmhun** 'he flatters them' derived from **ho'ok** because of the flattering manner of the Ho'ok, and **s-ni-a'asim at g ban** 'Coyote laughed at me' to explain a failure because of Coyote's power of frustrating purposes by laughing.

The legends included are chiefly those associated with the prehispanic period. Their antiquity is shown by sparcity of loan words and features and occurrence of archaic words, especially in oratory. Songs show an archaic style with sound substitutions (see Appendices) and Proto-Piman syllable patterns.

The material is translated as literally as possible within the limits of idiomatic English. Structure, order, area of meaning, sentence boundary, rules for deleting redundent reference, etc., differ considerably between O'othham and English as the following example suggests:

Papago:	T	am	wah	g	Ban	k	am
Literal translation:	(He)	there	entered		Coyote	and	there
Idiomatic translation:	Coyote entered it,						

gahg   ha'ichu   ch g huhni chu'i am   chehg k
was looking for something and corn   meal there found   and
looking for something, and found some corn meal.

haha wash wo i chum huh   ihtha chu'i,   sh ab huh   hema
then just   was going to eat this   meal,   to him   someone
Just as he was going to eat it, someone

hab si   chei,   "Habba! Habba!"
loudly   said,   "Shoo! Shoo!
shouted, "Shoo! Shoo!"

The material is written in a practical alphabet developed through tests with Papago speakers, thus reflecting Papago taste in spelling more than Pima. Section 3 of the appendix explains the practical alphabet and shows how it correlates with the International Phonetic Alphabet. The present alphabet differs from that used in the **Papago and Pima to English Dictionary** in two respects. To convert dictionary entries to the present alphabet, change **d** to **th**, and reduce **D** to **d**.

A written literary style has not yet developed in O'othham. The careful O'othham reader will find many instances of unpolished oral style on which to practice producing literary style. An especially good story to practice on is "The Story of the Beast," **Ha'ichu Ahga ab Amjed g Nehbig.**

THE LANGUAGE

The O'othham Language community is spread from the Salt River in Arizona to the Yaqui River in Sonora, Mexico. It includes the Pima dialect cluster along the Salt and Gila Rivers, the Papago dialect cluster extending south into Mexico, and that part of the Lower Pima of which there is a remnant along the Yaqui River (Onavas, etc.). It excludes mountain Pima (Maicoba, etc.), which is not mutually intelligible with it, and whose self designation is Ohb, a term surviving in O'othham with the meaning "non-

O'othham, enemy (especially Apache)."[1] Lowland Pima (Pima, Papago, and Lower Pima), Mountain Pima, Northern Tepehuan, and Southern Tepehuan constitute the four members of the Tepiman group of languages.[2]

[1] Dolores, Juan, Papago Texts. Robert H. Lowie Museum of Anthropology Archives 134.8.B.60

[2] Bascom, Burton, Proto-Tepiman. Dissertation, University of Washington

Mash Has Masma
Wehs Haʼichu Shonwua

∞∞∞∞∞∞∞∞∞∞∞∞∞∞∞∞∞∞∞∞∞∞∞∞∞∞

HOW EVERYTHING BEGAN

Mash Has Masma Ha'ichu e Nahto

Mash e Nahto g Jewed

Heki huh, sh g jewed pi koi e nahto. Shuhthagi ia wo'o. S-chuhugam am shuhthagi thahm epai wo'o. Sh ab e ab e hiw ch hab wa'i kaij mo g wo'o an e-huhugith an.

∞∞∞∞∞∞∞∞∞∞∞∞∞∞∞∞∞∞∞∞∞∞∞∞∞∞∞∞

How Things were Made

The Earth is Made

Long ago, they say, when the earth was not yet finished, darkness lay upon the water and they rubbed each other. The sound they made was like the sound at the edges of a pond.

Iia, ith thahm shuhthagi, ith eda s-chuhugam, ith eda s-nakosig, ith eda si hewel, ash mahsi g ali. Sh ia shuhthagi thahm wo'o ihtha ali ch hab wa'i e wua mo g ali e e'ebchuth. (Je'ej wo ne'eth ch wo ulugithath ch inhas ep wo himath.) Sh g hewel med ch chum hekith ch chum hebai wi'ichkwuhim ihtha ali. Shp haschu i nahto ihtha ali, heg wa nuhkuth ch gegosith ch ge'el.

Sh i wamig k neith mo ha'ichu ab ab hadshpi ch wud hegai mamethhod. Sh an ha bek ith amjed ab ha nahto g hiopch k am ha ah'ath mat wo bei g mamethhod k am wo chehkim k wo ge'ethaj. T am thahm wo thahiwua k ha'ichu wo chegito k heg oithk hab wo e juh.

Sh am hihih g al hiopch k i beihi g mamethhod k am chehkithahim g Wehpeg Mahsikam. T ia'i ge'etha ihtha mamethhod. T am thahiwua g Wehpeg Mahsikam

<hr>

There, on the water, in the darkness, in the noise, and in a very strong wind, a child was born. The child lay upon the water and did as a child does when it is being made to stop crying. (Like when its mother sings and tosses it up and down and walks back and forth with it). The wind always blew and carried the child everywhere. Whatever made the child took care of him, fed him, and raised him.

One day he got up and found something stuck to him. It was algae. So he took some of the algae and from it made the termites. Then he sent them out to get more of the algae to be put in one place so he could sit down on it and think about things to do. And the little termites did that for the first born one.

The termites gathered a lot of algae and First Born tried to

k chum mamche mat has wo juh ihtha e-thaikud. T hab pi chum hebai wash wo wi'ichkwuhith. Sh ith am ah e-ne'i:

> *Jewen Mahkai Jewen nahto.*
> *Miake ng o neina k has juhni.*
> *Sikolim am nahto.*
> *Miake ng o neina k has juhni.*

(Jewed Mahkai at g jewed nahto. Miak g wo neith k has juhni. Sikolim at am nahto. Miak g wo neith k has juhni.)

Bash masma nahto g jewed g Wehpeg Mahsikam k ith thahm am hahawa ep ha nahto wehs ha'ichu thoakam ch wehs ha'ichu mo wuhshani.

Sh pi ha'ichug g tash ch pi ha'ichug g mashath. Chum hekith s-chuhugam. Sh ihtha s-chuhugam pi ha ap'et g ha'ichu thoakam. T heg hekaj ia e hemapath k ia ahgith g Wehpeg Mahsikam mat ha'ichu wo nahto.

decide how to make a seat so the wind could not blow it anywhere. This is the song he sang:

> *Earth Medicine Man finished the earth.*
> *Come near and see it and do something to it.*
> *He made it round.*
> *Come near and see it and do something to it.*

In this way, First Born finished the earth. Then he made all animal life and plant life.

There was no sun or moon then, and it was always dark. The living things didn't like the darkness, so they got together and told First Born to make something so the earth would have light. Then the people would be able to see each other and would live

T wo s-mahsk ihtha jewed. T wo e neithath g hemajkam ch hab s-ap wo e wehm kihk.

K hab kaij g Wehpeg Mahsikam, "Mt wo chehch hegai mat ab wo i cheshath k wo em-mah g tonlig."

Sh muʼi e neʼowin ch apʼech mat hab wo chehgigk "tash".

contentedly with each other.

So First Born said, "Alright, you name what will come up in the sky to give you light."

They discussed it thoroughly and finally agreed that it would be named "sun".

Sh mel g Ban k hab kaij, "Chesh! Chesh! Bat wo chehgigk 'tonlig'." Sh pi hedai s-hohhoi.

T ab i chesh g tash k gn huh hab wash him. K pi wehsko s-mahs g jewed. Sh gm huh hud g tash k ep s-chuk.

T hab kaitham nei g Wehpeg Mahsikam:

> *Wach ingi nge tashai wa nahto*
> *Ka wehmaji neneoki. Hihih.*
> *Wach ingi nge tashai wa nahto*
> *Ka wehmaji neneoki. Hihih.*

(Watt higi g tash nahto k wehmaj neneok. Hih. Hih. Watt higi g tash nahto k wehmaj neneok. Hih. Hih.)

T ab i tonli. K hab kaij g Wehpeg Mahsikam, "Ab at wo i chesh g tash k ia si t-thahm wo hih." T wa wehoh hab e juh k washaba wash si jumal i him k s-toni.

Sh ne'e g Wehpeg Mahsikam ch gn huh hasko ep

<hr/>

But about then Coyote came running, and said, "It rose! It rose! It will be named 'light'." But nobody agreed.

The sun rose and went over to one side, but it didn't light up the whole earth. Then it went down and again it was dark. So the first born one sang like this:

> *Didn't we make the sun and talk with it? Hihih.*
> *Didn't we make the sun and talk with it? Hihih.*

Then it began to get light again and First Born said, "The sun will rise and come overhead." It did as he said, but it came very low and so was hot.

First Born sang again and pointed to another place, saying

a'aga mat ab wo i chesh g tash. Hab junihim k ab i
ap'ech mo hemu ab i chechshshaj.

Sh g mashath ch huhu'u hahawa ep ha nahto k am
ha wopogach. K hemu heg oithch am hihhim.

Neh, kush ia hahawa e nei g nahnko mahs ha'ichu.
Sh ha'i ge'egedaj ch ha'i al chu'uchumaj, ha'i s-hohotk
ch ha'i pi hohotk. Sh mu'i ha'ichu pi e hohhoi. Sh
hegam mo chu'uchumaj tatchua mat wo ge'egedajk.
Hegam mo pi hohotk tatchua mat wo s-hohotkk.

Mash g Ko'i gm Huh wo Wuago Si'al Wecho

Sh ia jiwia g Bititoi k hab kaij, "Mat hemu wo
mu'itha g ha'ichu thoakam k ia wo ni-keishud heg hekaj
mani hi pi melthag ch pi has ni-juh k wo ni-tho'ibia. Ni
hab elith mat hekith hema tash wud wo wa'i thoakamk

that the sun would come up there. This is the way he did so it
would always come up there.

Next he made the moon and stars, and the paths that they
always follow.

Now the living things could see themselves. Some were large
and some very small, some were very fast and some very slow.
Many of them were dissatisfied with themselves. Those that were
small wanted to be large and those that were slow wanted to be
fast.

The Dead go to Sing and Dance below the Sunrise

Along came Black Beetle and said, "Soon the living things
will multiply and crush me with their feet because I'm not a fast
runner and have no possible way to save myself. I think that when
someone has lived a long time he should die and go away and

ch wo muh k hih heb huh k pi hekith
in huh ep wo i wuhsh. T hab pi hekith
wo shuhth g jewed. T pi hedai wo ni-
-keishud.

Sh wenog g ko'oi pi ko'okam ha kek'e. K g a'al
bebhe ch an e wui thath'aichuth ch i wuwhasith g
tahtamij. Sh g ko'oi chum hekith pi ha kohsh ch chum
hekith shoak. Sh ia jiwia g ko'oi k hab kaij, "Mo g a'al
chum hekith ni-sho'igchuth. Pt wo wa gawul ni-juh. Nt
hab s-ap ni-tahtk ch hebai wo kihk."

Sh mu'i ha'ichu gawul ha juh k ha nahto k hahawa
bei g ko'oi k g tahtamij ha wahshul k gm huh si ha
nehnch. Sh hegai tahtami am wuhshani k wud hegai
mach hab chechcheg "ko'oi tahtami".

Sh g tash ab wo i chesh. Siswothaj ab chuhch. T ab
bei g Wehpeg Mahsikam k am shuhthagi ch ed shulig k

never come back here again. That way the earth will never get
overpopulated and no one will crush me."

At that time Rattlesnake's bite was harmless. The children
would play catch with him and take out his teeth. He could never
sleep and always cried, so he went to First Born and said, "The
children are making life miserable for me. You must make me
different so I can live contentedly somewhere."

First Born changed many of the animals. When he finished
them, he took Rattlesnake, pulled out his teeth and threw them
far away. They landed and grew into what we now call "Rattle-
snake's Teeth".

As the sun was about to rise, it's rays beamed over the
horizon. First Born got them and threw them in the water. Then

am i wuwhasith k an tahtamich g ko'oi k hab kaij, "Bant m-juh. T hekith ha'ichu ab wo i m-miabi, pt wo ke'e k wo mea. T i'ajed wo s-m-ehbithath g hemajkam. Pt pi wo ha nawojk ch chum hekith hejel an wo sho'ig gegsith."

Sh wenog ab i chesh g tash k ab hih mo hemu ab hihhim. Sh ab neith g Wehpeg Mahsikam ch hab kaitham ne'e:

> *Jewen Mahkai jewen nahto.*
> *Jewen Mahkai jewen nahto.*
> *Himlu. Himlu. Himlu.*
> *Him. Chuhch.*

(Jewed Mahkai at g jewed nahto. Jewed Mahkai at g jewed nahto. Himini. Himini. Himini. Him o. Am o chuhch.)

Sh ia'i kuhgi g e-ne'i k am ha ahgith mat hebai wo

---

he took them out and made teeth for the rattlesnake and said, "Now that I have done this for you, when anything comes near you, you must bite it and kill it. From now on the people will be afraid of you. You will not have a friend and will always crawl modestly along alone."

Then the sun rose in the place it is now, and First Born looked at it and sang:

> *First Born made the earth.*
> *First Born made the earth.*
> *Go along, go along, go along.*
> *It's going along. Now all will remain as it is.*

When he finished his song, he told them where they would be living. Some would live in the forests, some in the mountains,

kihk. Ha'i an u'us t an, ha'i gn huh tho'ag t an, ha'i gn huh woposhani oithch wo kihk. Sh hab ep kaij, "Mant ahni ha nahto wehs ha'ichu. K has i mahs ch hab wo mahsk chum hekith."

Si'al wecho at wa shonwua g wuaga ha wehhejed hegam mat wo koi iia. T wo wuago. Kut chum hekith wo s-kehgajk g jewed an keihinakud wehbig ch chum hekith wo s-ihbhaigk. T wo s-hehkigk g hemajkam chum hekith."

Bash masma t-ap'echuthach g Wehpeg Mahsikam k gm huh hih heb huh.

∞∞∞∞∞∞∞∞∞∞∞∞∞∞∞∞∞∞∞∞∞∞∞∞∞∞

and some would live in the valleys. He also said this, "I have finished all things and they will always be as they are now."

In the East, as we know, the singing and dancing had begun for those that will die here. They will go to the singing and dancing ground. The land around the dancing ground will be beautiful. There will be plenty of prickly pears and the people will always be happy.

That's the way First Born prepared the earth for us. Then he went away.

I!itoi ch Ban kch Nuwi
I!itoi, Coyote, and Buzzard

Tsh am e nam g thahm kahchim g jewed wehm. Tsh am i wuhsh g I!itoi wehpeg am thahm k wud t-Si!ihe.

The sky came down and met the earth, and the first one to come forth was I!itoi, our Elder Brother.

Tsh am ep e nam g thahm kahchim g jewed wehm. Tsh am i wuhsh g Ban.

The sky met the earth again, and Coyote came forth.

Tsh am ep e nam g thahm kahchim g jewed wehm. Tsh am i wuhsh g Nuwi.

The sky met the earth again, and Buzzard came forth.

Mash Has Masma an i Wuwha Ha'i g Huhu'u

Mash g Siawogi ch s-Mahs Hu'u an i Wuwha

Am ash hejel wih g a'al Wia O'ohia am. Hema wud cheoj ch hema wud uwi ch wud e-wepngam. Ha-hu'ul mu'i e sho'igchuthahim ch ha ge'ege'elith k hahawa muh. Sh am kih e wehm. K pi ha hohnig g wiapo'oge'el ch pi ha kun g chehia.

Sh mu'i o'othham am thaiw ch g uwi mamka o g uwigaj tahni. Sh hab chech'e, "Heki huh mach wud a'al, k pi hedai ia huh t-tatchua. Ch in hejel sho'ig shu-hullighim, hemu pi sho'ig ch ia wash wo kihk hejel." Bash chech'e g wiapo'oge'el.

∞∞∞∞∞∞∞∞∞∞∞∞∞∞∞∞∞∞∞∞∞∞∞∞

How Some Stars Appeared

Falling Star and Morning Star Appear

It is said there were some children orphaned at Fine Sand Dune. One was a boy and the other a girl, brother and sister. Their mother's mother had gone to great pains to raise them, and had then died, and there they lived together. The young man had no wife, and the young woman had no husband.

Many people came to give him a woman, or ask for his sister. But he said, "Before, when we were children, no one wanted us here and we were barely managing to live. Now we are not poor and will just live here by ourselves."

Sh ith hekaj s-keh'ith g hemajkam ch nahnko kaij. Ha'i hab kaij mo wash e wehm wohppo. Sh eda e mai g wiapo'oge'el. K gm huh a'ai kaitha mo wud si mo'obdam.

Sh imhab hudunig tahgio epai ha'i kih g o'othham. Hema itham o'othham epai wud si s-chu checheggiad-kam. Hab tatchuith mat wo hohnt g uwigaj ihtha mo'obdam. Sh g kokodki baiugat k hab ahg g Ban, "Tatal, gamai g med k mahki ihtha s-kehg baiuga g mo'obdam uwiga k am wo kah g mo'obdam. T has wo chei, pt ia wo ni-ahgi. Nt wenog am has wo juh."

Neh, t meh g Ban k gd huh mel kihj am g mo'obdam.

Sh chu'a g chehia ch pi neith g e-mahkigthag. T am wash cheh g Ban matchud thahm. T am ha hekaj bei g chehia k gm huh si tha'ichuth k am wash i chu'a.

∞∞∞∞∞∞∞∞∞∞∞∞∞∞∞∞∞∞∞∞∞∞∞∞∞∞

When the young man said this, people despised him and said different things about him. Some said they were sleeping together. Yet the young man became well known, and it was reported everywhere that he was a great hunter.

There were some people living to the west of there, and one was a great warrior. He wanted to marry the sister of this hunter so he made a necklace of sea shells and told Coyote, "Uncle, run over there and give this beautiful necklace to the hunter's sister, and listen to what he has to say. Tell me what he says and I'll know what to do."

So Coyote ran and went to the hunter's house.

The young woman was grinding flour and didn't see her gift. Coyote just put it on the grinding stone. Right away the young woman took it and threw it way off and just continued grinding.

Sh am hih g Ban k am bek am ep i him k am haha wash chum shoshbachuth. Sh si s-ohhoth. Sh am ep chum babiugachuth.

Sh gd huh kih ch ed neo g cheoj k hab chei, "Thagitoni. Him k ahgith g s-chu checheggiadkam matp wud wo si cheojk ch wo i him k ia wo bei hegai matp haschu tatchua." Bo kaij g mo'obdam.

T meh g Ban, kaiok mo has kaij g mo'obdam, k gd huh meliw k hab kaij, "Mo wash si m-pi'ichuth g mo'obdam."

Sh am ha hekaj ha hemapai g e-naipijju g s-chu checheggiadkam k gm huh hihih mu'ijj k gd huh thatha.

K wash kiap mehk ga huh haha wash i hihim, sh ha cheh g chehia k hab kaij, "Wuhshani k ha neith. Ga'a t-wui g o'othham si s-babgam e junchug ch hihim." Sh

∞∞∞∞∞∞∞∞∞∞∞∞∞∞∞∞∞∞∞∞∞∞∞∞∞

Coyote went to get it, and when he came back he tried to put it on her wrist but she rejected it. Again he tried to put it around her neck.

From inside the house the man spoke, saying, "Leave her alone. Go tell the warrior if he were a real man he would come and get what he wants." That's what the hunter said.

Coyote ran when he heard what the hunter said. When he arrived over there he said, "The hunter challenges you."

Right away the warrior gathered his friends and went over there in a large group.

While they were still a long way off, the young woman saw them and said, "Come out and look. People are on their way, angrily toward us." But the man just sat in the house singing,

eda gd huh kih ch ed thaha g cheoj ch ne'e. Sh hab ep chech'e.

T hahawa i wuhshani k hab kaij, "Nt wo ha chehgi itham o'othham mat pi wehoh has wo chu'i. Pi at haschu wo ap'ech e wehhejed."

Sh g ba'ag a'an sihwotha ch ha hekaj i ha namki. Sh chum mummu. K am si uhg hihhim.

K hab chech'e g s-chu checheggiadkam, "Chum o s-tha'imk ch hab e wua."

Sh haha wash thah. Kush am chum mummu. Sh ab wash u'u g ha-u'u. Sh ith ia'i neithok si s-ehbeni k gm huh hihih uhhum itham githahiokam.

Sh i'ajed pi hekith neith g e-wehnag ihtha uwi ch chum hekith shoak ch oimed.

<hr>

so she kept on telling him.

Finally he came out and said, "I'll show these people they can't do anything. They can't do anything for themselves."

Right away he went to meet them with an eagle feather topknot on his head. They tried to wound him, but he jumped high each time.

The warrior kept saying, "He's doing that because he wants to fly."

And just then he flew. They tried to shoot him, but he grabbed the war arrows. When the war party saw this, they were frightened and went home.

After that, this woman never saw her brother. She always went around crying.

Hema tash, sh haha wash ep jiwia g mo'obdam k hab mahs mo g o'othham. Sh s-ehbith g hemajkam ch pi hedai ia huh chechga. Sh hejel ia kih itham e-wepngam.

Sh gn huh ha wehbig g hemajkam chum gahghim g mahkai mat heg am wo kei, t wo ha'ichu has juh am tahgio g mo'obdam. T wenog am wo s-mai g hemajkam mas wa wehoh ha'ichu s-mahch g mo'obdam.

Sh am huh hebai bei g o'othham. Sh wud Hewel Namkam. T am kehsh k oiwgith mat am ha'ichu wo si has juh am tahgio g mo'obdam. T am hahawa nahto g siwuliki. T am med k ia'i ge'ethahim k i e gewkahim k ha'ichu pi ha tatkkam uhg i ha beihim k hab e juh mo hemu g siwuliki.

Sh eda hegai uwi ku'agamed k am oimed ch ku'ag. T ia mel g siwuliki k ia bek gm huh hebai i bei.

<hr />

One day the hunter came again suddenly, and was like a human being. The people were afraid of him and no one visited him, and the brother and sister lived there alone.

Now the people were looking for a medicine man that could do something to the hunter. Then they would find out if the hunter really knew the occult.

After awhile they found a man. It was Wind Man. They appointed him and insisted that right away he should do something to the hunter. Then he made a dust devil. It blew and grew bigger and more powerful, picking up everything that was not rooted down, just like dust devils do now.

The woman had gone to get firewood and was out picking it up when the dust devil came and caught her and took her somewhere.

Sh eda gd huh nenida g e-wehnag g mo'obdam.
T wash pi jiwia. T am hahawa gahghim k pi hebai edagi.

Sh g e-tatal hahawa bahmuth. T am ha hekaj jiwia
g Nuwi k am jehkch am huh hebai k pi edagi g gohkij
k i'ajed chum gahg gi'ik tash ab ch wash chehmo g
jewed. Sh am jiwia uhhum k hab kaij, "Ab o ha'ichu
has kaij Chemmo'oth thahm. Tp hems wud wa ni-ma'i
ch an thaha. Tt wo wa s-mai si'alim."

Sh am hihih, i mahsik, k ga huh thatha k chum nei
mo ga huh thaha g uwi mo ab i si pi apkog. Sh shoak
ch pi e amichuth mas has e juh k wo i hud. Sh am wash
i pi e amich mat has e juh k wo i huduni.

T am hahawa i chegito g Nuwi mash imhab si'al
tahgio thaha g o'othham ch g uwi s-behithag. T am wo

∞∞∞∞∞∞∞∞∞∞∞∞∞∞∞∞∞∞∞∞∞∞∞∞

At this time the hunter was waiting for his sister, but she
didn't come, so he went looking for her but couldn't find her
anywhere.

Then he went to get his uncle's help. Buzzard came right
away and tracked her, but couldn't find her tracks. When he had
looked for her for four days and covered the earth, he came back
saying, "Something is making a sound up on Cloud-stopper peak.
Maybe it's my niece up there. We'll find out tomorrow."

In the morning they went, and when they arrived they
found that she was up there and that the mountainside was very
rough. She was crying and didn't know how to get down, and
they didn't know how to get her down.

Then Buzzard remembered that there was a man in the east
who was good at getting women. He would fly there and hire him.
Maybe he could get her down. When he had said this, he flew off.

thaʼa k wo bahmuth. Tp hems heg wo si s-ap i huduni. Bash cheʼiok thah.

Am huh wa heʼes, t uʼapa g e-bahmutha. Sh wud nawijju. Heg wud machgaj mat wo aʼaschu g uwi k am wo wa i bei. Sh s-ta aʼaskim has mahs ch s-ta aʼaskim haʼichu aʼaga ch ga huh neith g uwi. Sh pi shaʼi s-hehemimk ch wash shoak.

T ia huh hahawa e thathge k am e-huashomi ed i wuwhas g e-kaichka k am ei waw shon am k ia shonwuich g e-neʼi. K neʼe k ith wehm chewelhim g eshaj. Sh wud hegai mach hab aʼaga "wako". Sh chewelhim k ga huh ai g uwi. T ith ab i chesh g nawijju k ga huh bei g uwi k si s-ap i huduni.

Neh, sh iaʼi ep bei g e-wehnag g moʼobdam. Sh iʼajed s-kehʼith g hemajkam ch pi hekith ia huh chechga.

Hema tash at wai g e-wehnag k hab ahg, "Tt hig

Some time later he brought back the man he had hired. He was a Ceremonial Clown. He was known for his ability to make women laugh so he could get them. He looked funny and said funny things as he looked up at the woman. But she was just crying and didn't feel at all like laughing.

Then he searched himself and finally got some seed out of his medicine bag. He planted it at the base of the cliff and began his song. As he sang, what he had planted grew. It was what we call "gourd". It grew up and reached the woman, then he climbed up and got the woman and brought her down.

So the hunter got his sister back again. But after that, the people hated him and never visited him.

One day he called his sister and said, "Let's go and stay far

wo hihim k hebai mehk has wo t-juh. T wenog s-ap pi hedai wo t-neithath itham t-hajuni. Ahni ant hiʼi im wo him k in huh t-thahm wo oimmedath. T hekith haʼichu pi wo ha hoʼigeʼel g hemajkam, nt ia wo gei. T ia wo ugij g jewed. T ith wo kah g oʼothham k hab wo chei, ʼWatki wo haʼichu pi t-hoʼigeʼel. T hekaj hab jiwia g ni-sihs.ʼ "

Sh hab epai kaij ihtha uwi, "Im ant wo him k ga huh wo i chechshshajith. T ab wo ni-neithath g uʼuwi ch hab wo s-nenenashanik chum hekith ch hab wo kaijith, ʼMahsi at. M ab thaha g s-mahs huʼu.ʼ T ia ni-amjed wo s-wapagimak g hemajkam chum hekith. T hekith haʼichu wo s-ha hoʼigeʼel g t-hajuni, t wo mea g ohb, nt im wo gei siʼal wecho. T ep wo s-mahchk matki ia ha koktha."

---

away. Then none of these relatives of ours will be able to see us. I'll go away from here and wander around up above. When something is going to happen to the people, I will fall here and the earth will shake. The people will hear this and say, 'Evidently something is going to happen to us. That's why my older brother came.' "

Then the woman also said, "I'll go away too, and keep on coming up over there in the east. The women will watch me and always be alert and say, 'It's morning. There's the morning star.' Because of me the people will always be industrious. If our people are fortunate so that they will defeat the enemy, I will show in the east. But if I fall in the east they will know the enemy has killed their warriors."

Mash g Tohmog an i Wuhsh

Heki huh, sh hema wud al keli g keli kch ish chum hekith al s-keh'ith g e-ba'amad. Kush pi hekith ha'ichu has wuijithch g e-ba'amad hab masma mat g keli wo gahtch g ali, wo hapotch, wo shonigiwulch, o s-kehg ha'ichu wo ahgi g ali. Kut heg wehm wo ge'etha k hab wo chu'igk mash wenog g hemajkam. Kush pi hab chu'ig ihtha keli. Kush s-keh'ith g e-ba'amad kch ish chum hekith gewittan g ali g pi ap chu'ichigaj wehhejed.

Neh, kush hab wa ep juh k gewitta g e-ba'amad. Kush am wuhshani k gm huh hih, pi has sha'i che'iok, k ash pi jiwia.

Sh am i chum nenida g e-ba'amad g keli. Kush oi wa pi jiwia. Kush am hahawa i chum gahg k pi hebai edagi. Neh, kush ia hahawa i pi ap e taht k ash chum hekith shoak ch oimmed.

∞∞∞∞∞∞∞∞∞∞∞∞∞∞∞∞∞∞∞∞∞∞∞∞∞∞

The Milky Way Appears

Long ago, it is said, there was a little old man who hated his daughter's child. He never made anything for this grandson as an old man should, like making a bow and arrow, a racing ball, or telling something good to a child. A child should grow up with that and be like the people were then. This old man was not like that. He scolded his grandson and always beat the child for his faults.

So, one day, he again beat his grandson, and the boy went out and slipped away and didn't come back.

The old man waited for him, but he didn't come. He looked for him and couldn't find him. Then he felt very bad and went

Kush eda im hih hegai ali k in huh t-thahm wo'iwua
k amjed neith g e-bahb mash ia oimmed ch chum gahg
e-ba'amad ch ish s-mahch mash heki huh pi ap e taht.
Neh, sh am hahawa i s-ho'ige'el g e-bahb k ash hab kaij,
"Mant hig wo him k wo nei g ni-bahb k wo ha'ichu mah.
Kut heg hekaj wo s-ap e taht k pi wo mu'i e pihchu-
thath." Neh, bash kaijchihim ch i hih in huh t-thahmjed.

Sh am haha wash i thahiwua e-bahb wui k ash hab
kaij, "Mani wa heki huh wud ali kch ia chum m-wehm
kih. Kup wa chum hekith si s-ni-keh'ith. Kunt wa heg
hekaj pi ap ni-tahtam k im him k in huh kih t-thahm.
Kuni amjed m-neith map chum hekith ni-gahg kch s-m-
-mahch map chum hekith pi ap e tahtk. Neh, kunt am
hi'i s-m-ho'ige'ith k amjed i him k hemuch jiwia k hab
wo m-ah mapt pi wo shoakath kch pi wo pi ap e
tahtkath. Kunt ith ia wo m-mah. Kupt wo nuhkuth.

∞∞∞∞∞∞∞∞∞∞∞∞∞∞∞∞∞∞∞∞∞∞∞∞∞∞∞∞

around grieving.

The child had gone away and lay down up above. From
there he saw his grandfather going around looking for him. So he
said, "I think I'll go see my grandfather and give him something.
That will make him happy so he won't be doing something use-
lessly." So he came down.

He sat down by his grandfather and said, "As you know, I
once was a child living with you. You always scolded me, so I was
very unhappy and went to live up above. From there I looked
down and saw you always looking for me. I knew you were
unhappy, so I pitied you and came to tell you not to grieve and be
unhappy. I am going to give you something. Take care of it, and

Kut hekith wo mu'itha, kupt wo hug k wo kohwoth k
am wo i ni-chegito k wo si s-ni-neitham k am wo wuhsh
hudunk k wo ni-nei. In ant wo wo'ok t-thahm."

Neh, bash kaijchihim ch ab mah g kaichka k hab
kaij, "Mapt ab wo hiash e-mo'osh k ab wo wa neithath.
Kut pi ha'ichu ab huh wo i wuhshath. Kut ab wo
wuhshani k ab wo heot k ab wo wihogt k hekith ab wo
i gaksh k an wo e gantath g kaijij. Kupt an wo che'ew
k wehs wo ui. Kut wo him k ab wo i e ak wo juh k an
wo wa'u g jewed. Kupt an wo hiash gi'igik k an wo wa
neithath ch pi wo hiwigi mas an wo huh g ha'ichu
thoakam o am wo ha keishud k pi wo hiwigi mas an wo
wuhsh g washai o g ihwagi. Kut hekith wo bai, kupt wo
wohpon k g jewed am wo i chu'ith k am wo to'a k g uhs
wo bek hekaj wo gewitpa. Kut wo e kaipi. Kut g hewel
wo i meh. Kupt am wo shahkum k wo uhg nehnch. Kut

∞∞∞∞∞∞∞∞∞∞∞∞∞∞∞∞∞∞∞∞∞∞∞∞∞∞

when it multiplies, eat it and be filled and think of me. When you
want to see me, go out at night and you will see me. I will be
all across the sky up above."

When he had said this he gave him some seed and said,
"Plant it right by your head where you sleep and keep watching it
so nothing will take it out. It will come up and blossom and bear
beans. When it gets dry, its seed will be scattered. Gather them
all up. When a year goes by and the rain moistens the earth, bury
them four together and watch them, as I said, not letting animals
eat or trample them, or grass or weeds come up. When they
ripen, pull them up and pile them where you've cleared a place.
Then get a stick to beat them with. The seed will be removed.
When the wind blows, you will take them in your hands and

gm huh wo wi'ichshul g wa'ugaj k am wo wih g kaijij.
Kupt wo u'u k gn huh wo si toa. Kut wo him k ab wo
i e ai. Kupt hab wo wa ep juh mapt wa hab juh. Neh,
k gi'ikko wo ei. Kut eda wenog wo wa mu'itha. Kupt
haha wo hug k ia ni-amjed wo s-kohwogk ch wud wo
thoakamk ch wo s-ap e tahtk ia ni-amjed mani wud
m-ba'amad ch wud bawi. K heg wud ni-kih m an s-
-kohmagim wawani ith ab t-thahm kahchim." Neh, bash
che'iok gm huh wuhsh.

Kush ith hekaj hab chu'ig g bawi mash wud wa
Tohono O'othham ha-aliga kch ia mahsi k ia ge'etha k
s-nakog g tonomthag. Kut wo wa chum pi ha juh, kut
eda an wo wa wuhsh g bawi. Kut heg wo wa ko'ath g
Tohono O'othham ch in wo kihk chum hekith.

throw them up, and it will blow away the stalks and leave the
seed. Then take it and store it away, and next year do the same
thing. When you have planted four times it will increase enough.
Then you will eat it and be full from me. You will be alive and
happy from me, your grandchild, who is the white bean. That
gray streak stretched across the sky is my home." After saying
this, he went out.

So that is why the white bean is the child of the Desert
People. It is born here and grows here and endures dryness. When
it doesn't rain enough, the white bean still comes up. The Desert
People will always eat it and live here.

The Milky Way is said to be the white bean. He lives clear
across the sky. Beans grow in abundance and we see them scat-
tered across the sky.

Mash g Chechpa'awi U'uwi an i Wuwha

Bo che'is mo ab Waw Giwulk ab ge chehog. K am
kih g o'othham ch higi wehoh ha'ichu s-mahch. Sh mu'i
s-kehg ha'ichu ha ahgith g hemajkam ch mu'i s-kehg
nen'ei ha a'aga, hab ahgch mat wo ha mai g hemajkam
k hab wo kaitham ne'ich g chuhwa'am.

Sh wenog pi ha'ichug g wuaga ha wehhejed g
hemajkam ch washaba hab che'is mo ga huh si'al wecho
e wuagith hegam mat koi. K washaba ia pi ha'ichug g
wuaga. Si wehpeg mat wuaga, t s-hohhoi g o'othham.
Sh ha'i g u'uwi chum hekith ith wa'i oithahim. T padt
g ha-kihthag. K pi hedai ha tatchua. Sh hab ha chehch
g hemajkam "chechpa'awi". Sh am wop'ohim ch pi
hebai edagi g s-ap kihthag, wash chehmo g jewed k am
hahawa hihih heg wui oks mash wud si mahkai. T ia

oooooooooooooooooooooooooooooooooooooo

The Pleiades (Homeless Women) Appear

It is said that on Baboquivari there is a cave where a man
lived who knew everything.   He told the people many good
things and sang many beautiful songs to them, intending that the
people would learn the songs and sing them for a girl who reaches
puberty.

At that time there was no puberty celebration, although
they say that those who have died celebrate with singing and
dancing in the east. But there was no celebration here. The first
time they had the celebration the people liked it. But some
women did only that all the time. It wrecked their homes and no
one wanted them. People called them "homeless women", because
they ran around and had no home. They wandered everywhere

thatha k ahgith mat wo has ha juh, t oi wo e pihhu mat
heki huh pi edagi g s-kehg kihthag.

K hab kaij g oks, "Am o wa s-apꞌe. Ga ant huh
si s-mahsko wo em-toa. T wehs hudunig ab wo em-
-neithath g em-hajuni ch hab wo ha aꞌagath g e-chetchaga
mam haschu ahgch hab wud Chechpaꞌawi. T ith amjed
wo s-mahchk g uꞌuwi mo haschu hab wud s-kehg
kihthag. T wo wa chum s-ta hohhoꞌithamak g wuaga,
t wash pi hedai heg an huh wo oithahith."

Bo kaij g oks ch g shuhthagikaj ha hathsith g uꞌuwi.
Sh wenog e hohothaich. T am ha uꞌu k imhab ha nehnch
siꞌal wui. T ab shul mo ab thadha hemu.

∞∞∞∞∞∞∞∞∞∞∞∞∞∞∞∞∞∞∞∞∞∞∞∞∞∞

in the country and finally went to a powerful medicine woman.
When they arrived, they told her to do something to them so
they would soon find rest from their homeless condition.

The woman said, "Alright, I'll do it. I'm going to put you
out in plain sight of all. Every evening your relatives will see you
and tell their daughters why you are called the Homeless Women
(the Pleiades). In this way women will know what a good home is.
Even though a puberty celebration is enjoyable, no one should go
around just doing that."

When she had said this, she sprinkled the women with water
and they turned to stone. Then she took them and threw them
eastward, and they landed where they are now.

Mash Hebai Bei g Huhni g Hemajkam

Mash g Oꞌothham S-ap Geꞌel g e-Chehiaga

Sh him k hebai i cheka. T muꞌitha g hemajkam. Sh in i wuwha g mamakai ch s-chu aꞌamichuththam. Muꞌijj haꞌichu has wua hab masma mo g t-Siꞌihe.

Sh am huh hebai ge geꞌe kihhim g hemajkam. Sh ia hema kih g s-chu amichuththam, ish ge uwi alithag. Kush gd huh waꞌi amjed mo wash kiap chumaj ihtha chehia, sh g ohgaj ahgith wehs haꞌichu mo heg amjed wud si tatchui g uwi, ch ep ahgith mo has chuꞌig g cheoj ch heg amjed wud si cheoj. Sh ith wehm geꞌetha k s-ap wud chehia ch ep s-kehgaj.

Sh gm huh aꞌaijed am chum s-hohnimk g wihpiop.

ᖰᖰᖰᖰᖰᖰᖰᖰᖰᖰᖰᖰᖰᖰᖰᖰ

Where People Got Corn

A Man Raises His Daughter Well

As time passed, the population increased. Medicine men and wise men appeared. Many of them could do things Elder Brother did.

In one large village a wise man lived with his daughter. From her early childhood he told her everything that makes a woman desirable, and what a real man is like. So she grew up with this knowledge and was a fine and beautiful girl.

Young men came from all over wanting to marry her. She

27

Sh pi ha hohho'ith ch ia wash thak ch ha neith g wih-
piop mo am thaiw, ha'i g e-kehgthag am ulinch, ha'i mo
wud si mamakai, ha'i mo wud si chechoj, washaba wehs
itham am huh wa hasko pi ap'e wehhejed ihtha chehia.
K ia wash thak ch nenida g cheoj. Sh jewed shuhthgim
s-kaithag mo hebai g uwi thak ch pi ta behima.

Mash g Huhni am chum Hohntam Ihtha Chehia

Sh wenog pi ha'ichug g Huhni. Im huh hebai mehk
si'al wecho wud kihkam ch am e'esha g huhni ch ne'i-
chuth. Sh heg hekaj hab s-kehg wushke ch s-kehg babhe.

Sh am i kah mo hebai g uwi thak ch pi ta behima.
Sh an i e neithahim k hab kaij, "Nt wo him k wo bei g
uwi." Sh hab em-ahg mo s-kehg wud o'othham, chewaj
ch ajij ch s-chiniwo ch ep ha'ichu s-mahch.

∞∞∞∞∞∞∞∞∞∞∞∞∞∞∞∞∞∞∞∞∞∞∞∞∞∞

didn't like them, but let them come. Some were showing off their
good looks, some that they were powerful medicine men, some
that they were manly. But each one failed in some way for the
girl, so she kept waiting for the right man. All through the land it
was told that the woman was ready for marriage but wouldn't
marry anyone.

Corn Comes Courting the Girl

At that time Corn was not around. He lived far to the east
where he planted corn and sang for it. Because he sang for it, it
came up and ripened well.

He heard about the woman who was ready for marriage but
wouldn't marry anyone. So he looked himself over and said, "I'll
go and marry the woman." He considered himself a handsome
man, tall, slender, and bearded, as well as being wise.

Sh i him k i ne'ihi, ith a'agahim:

> *Ga huh wa sial wecho nga jewena si chuhchpulim*
> *na ni-ohinga.*
> *Eng ena nga nenei wa seosingam yahhai hihime.*
> *Himlu uhni, a'al uhni.*
>
> *Gam uh wa huduni wecho nga yuwi wa nakan ch*
> *si mahm nehoka.*
> *Kuni ia'i yashan ch beihonga.*
> *Himlu, uhni, a'al uhni.*

(Ga huh si'al wecho g jewed s-chuhchpulim wud ni-
-oithag. Heg eda g nen'ei s-heosigam a'ai hihim. Himini,
huhni, a'al huhni.

Gm huh huduni wecho g uwi thakath ch s-mahm neok.
Kuni ia'i ashath ch beihog. Himini, huhni, a'al huhni.)

S he'es i tash an himhim, pi hedai s-mahch. Sh am
i gewko k thahiwup ch gm huh ha'ichu chegito e ba'ich,
hab i e tattam mat wo hih uhhum. "Nis huh s-mahch

<hr />

One day he left and walked along singing this song:
> *Over there beneath the sunrise,*
> *The corner of the earth is my garden.*
> *In it flowery songs go forth in every direction.*
> *Go along, corn, little corn.*
> *Over there beneath the sunset a woman sits,*
> *Speaking bravely.*
> *I'll laugh at her and no doubt marry her.*
> *Go along, little corn.*

How long he wandered, no one knows. When he was tired
he sat down and thought about his future, feeling like he should

mat wo s-ni-hohhoi. Nis hab mu'i wo ni-sho'igchuthath."

Sh an ep wo i e neithahim k hab wo i em-ah, "S-wehoh hedai hab masma s-kehgaj mani ahni? S-wehoh hedai am hugkam s-mahch ha'ichu mani ahni." Sh gd huh uhhum wo s-ap i gei g ihbthaj. T wo i wuhshani k ep wo hih.

Sh am huh hebai wa ep ab chesh hema tho'ag t ab mo si uhg ch s-mu'uk.   Sh an cheshath k gn huh si thahm thak ch ne'e. Sh eda gm huh wo wa gei g tash. Sh imhab hudunig wui nea. Sh gd huh haha wash g kuhbs i wuhsh tho'ag shon am k am sha sikol i him k am i e shelin k si shel hih. Sh am neith ch hab kaij, "Matp wo i hih ia ni-wui, nt wo s-mai mantki am wo cheh g ni--gahgi. Tp gm huh hasko wash wo hih, nt wo s-mai moki pi am huh ha'ichug g ni-gahgi." Bash kaij ch an neith g kuhbs.

∞∞∞∞∞∞∞∞∞∞∞∞∞∞∞∞∞∞∞∞∞∞∞∞∞

go home. "How do I know she will like me. I would be hurt if she didn't."

Then he would look himself over again and think, "Who can be as handsome as I am? Who can know as much as I do?" Then his heart would fall back into place and he would get up and go on.

Later on, he came to a mountain. He climbed the highest peak and sat there singing. As the sun was about to set, he looked toward the west. Suddenly smoke appeared at the foot of the mountain, circling and then rising straight up. When he saw it, he said, "If it comes toward me, I'll know from that that I'll find what I'm looking for, but if it goes the other way, I'll know that what I'm looking for isn't there."

T si s-bahbagi i him k i uhgkahim k wash chum i wepot g tho'ag k an i e nodagith k i hih ab wui. Sh ia'i neithok am ha hekaj i hudunihi. Sh hi wa chum uhg g tho'ag ch agshpathag ch ep pi a'apkog. Sh wash pi am huh chegito mat wa gewko k am agshp wash e ma'iko-shahim k gd huh jiwia k chum nei mo g u'uwi am oiopo ch g hohothai u'u ch am tai ch ed ha shulig. Sh hema wud oks ch hema wud wash si chehia ch s-kehgaj.

Sh ia jiwia g Huhni k ha hekaj thahiwua k hab kaij, "Ms hebai kih kch amjed in ha'ichu e gahgith?"

Sh hab kaij g oks, "Pi o mehk g t-kih. Gamai g hihm k ha jehnigith g kekel k am ha ahgith g s-kehg e-jewedga ch s-hehkig e-kihthag."

Sh hab kaij g Huhni, "Si'al wecho ani wud kihkam.

◦◦◦◦◦◦◦◦◦◦◦◦◦◦◦◦◦◦◦◦◦◦◦◦◦◦◦◦◦◦◦◦

As he watched the smoke, it rose very slowly. Just as it reached the mountain top, it turned and came toward him. When he saw it come toward him, he started right down. Even though the mountain was high and steep and rough, he forgot he was tired and went bouncing down the steep descent. When he arrived, he saw some women gathering rocks and throwing them in the fire. One was an older woman, and one a beautiful young girl.

Corn sat down when he reached them and said, "Where do you live that you come here to get food for yourselves?"

The older woman said, "Our house is not far from here. Go over there and talk with the old men and tell about your fine land and happy home."

Then Corn said, "I live to the east. I heard there was something interesting here and I've come to see it."

K ia s-ta kakaim ha'ichu e ahg. Nt heg s-neitham k in oimed."

"Pi o wehoh in huh ha'ichu s-ta hohho'ithama. Bo wash kaitham neneok g o'othham. Am hi wa thaha g keli. Pt gamai him k wo nei. T wo m-jehnigi," bash kaij g oks.

Sh g Huhni hab epai kaij, "Pi ani ha mahch g hemajkam in ith oithch ch pi wehoh an huh ge chuhug ch ed ha-kihki oithch wo oimedath."

"Pt wo t-nenida. Hemu att wo t-nahto. Pt wo t-wehm hih. Pi at has wo e juh. Bo wa e wua g hemajkam, ia thaiw ch in he'es i t-wehm nahnko chu'igkahith ch hahawa ep hihhim."

Bash che'iok gd huh bei g hoa k gahi himath ch g cheolim ihtachug k am iawua maikud ch ed k hab chei, "Ia ant wo m-toa. Pt wo s-kehg bai. T haskojed wo medath g wiapo'oge'el ch ia wo m-hugiok ia wash wo i

"There really is nothing exciting here. The people just talk like that. The old man is sitting over there. Go and see. He will talk with you," said the old woman.

Then Corn said, "I don't know the people here and will certainly not go around their houses all night."

"Wait for us, we'll finish soon and you can go with us. Nothing will happen. That's the way people do. They come and stay with us for a while and then leave again."

Having said this, she took the basket and began scooping up the cactus buds in it and poured them in the cooking hole in the ground. Then she said, "I will put you here and you will cook

e kihkamch. Ntp hems am huh wa ha'ichu wo i neith k
wo mah. T hekaj wo s-hehkigk ch ia wo kihk ni-wehm
ch wo ni-me'ij g huawi. Hebai ha'ichu s-ta ehbitham wo
e juh, t am wo ni-tho'ibia."

Neh, bash che'iok am i e sikolkai.

Sh g Huhni g e-chiniwo ia huh ha'i wanikkumio k
am shul cheolim thahm. Sh eda gahi ep hih g oks k am
ep iawua g cheolim maikud ch ed. Sh gi'ik hoa shuhthk
am iawua. Sh g Huhni hab wa ep gi'ikko am shul g
e-chiniwo cheolim thahm. Sh hegai chehia ga huh hab
wash thak ch amjed neith g Huhni mo am ha'ichu
shuhullig cheolim thahm k wash pi has kaij.

T nahto g e-mai k hihih uhhum. Sh ha oi g Huhni.
Sh gd huh wo wa thatha, sh hab kaij g Huhni, "Bani
elith mat hemho wa s-kehg wo bai g em-mai nap pi am

∞∞∞∞∞∞∞∞∞∞∞∞∞∞∞∞∞∞∞∞∞∞∞∞

well. A young man will come from somewhere and eat you and
settle here. Maybe I'll find something to give him so he'll be
happy here and kill deer for me and save me when danger arises."

After saying this she turned around, and Corn pulled out
some of his whiskers and threw them on the cactus buds. The old
woman went across and poured more cactus buds in the cooking
hole. She poured four basketfuls in. And Corn threw his whiskers
on the cactus buds four times. The girl just sat there and watched
Corn throw something on the cactus buds but said nothing.

When they finished their cooking they went home, and Corn
went with them. When they were nearly there Corn said, "I think
your cooking must do well since you have talked to it and buried

wa s-kehg neokithahim ch am hiash. T hekith wo mahsi, mt am wo nei. T haschu am wo i wuwha, mt pi has wo elith k wash wo ui. Bat wa masma s-kehg wud wo ha'ichu hugik mo g em-kih am ha'ichu hugi.'' Sh pi sha'i amichuth g oks mas haschu hab ahg ch wash pi has kaij, hab wash em-ahg mat wo wa nei si'alim.

Sh gd huh thatha e-kih am. T am ha hekaj thai g e-wiwga g keli k hab kaij, "Jehjenok am t-ahgith g s-kehg e-jewedga, s-kehg e-kihthag. Heg o s-ta kakaima t-weh-hejed ahchim kekel mach pi hebai oiopo ch pi ha mahch g hemajkam gn huh t-wehbig."

Sh am ha hekaj thahiwua g Huhni k wa wehoh am e ah mo mehk wud kihkam. K wash s-ta kakaim ha'ichu e ahg ia ha'ag. T heg s-neitham k in oimed. T wash hemu wo e ulinihogith k hema tash s-ulinihogith ch haha wo si jehnigi. Bash che'iok wo'iwua k gm huh koi.

∞∞∞∞∞∞∞∞∞∞∞∞∞∞∞∞∞∞∞∞∞∞∞∞∞∞

it. Whatever comes out, think nothing of it. Just take it. It will be good food just like the food at your house." The old woman didn't understand what he said, but said nothing, thinking that she would see in the morning.

They arrived at their house and right away the old man set out his tobacco and said, "Talk to us and tell us about your beautiful country and home. That's interesting to us old men who never go anywhere and don't know the people around us."

So Corn sat down and told of himself, how he lived far away and had heard there was something interesting here and had come to see it. Now he would rest and some day, when he was rested, he would talk it over with them. When he had said that, he layed down and went to sleep.

T am i mahsi. Tsh gm huh heb huh hih g Huhni. T eda g uˈuwi epai biawo g e-mai k gd huh thatha k am hiabo k chum nei. K pi wud cheolim ch wud wash ge haˈichu. K ha chum pi mahch mas haschu wud ch has e wua ch e koˈa. T wash uˈuk am e-kih wui k gd huh uˈapa ihtha haˈichu. K hab kaij g oks, "Ia g wo neith g t-mai k am wo t-ahgith, shahˈo masma e koˈa."

Mash am ha Chehgi g e-Mahchig

T am ha hekaj jiwia g Huhni k am hema bek am si elpig k si i kegch g chiniwoj, hab kaijch, "Bo masma e-koˈa ihtha am ni-kih am." Sh wehmt g kihkam k huh ihtha mash wud huhni k am hohhoˈith mo wa wehoh wud s-kehg haˈichu hugi.

Sh ia thaha g Huhni giˈik tash ab ch tash ed gah-gimed g s-kehg jewed mat am wo ei haˈichu. Sh am i cheh g e-gahgi k hab kaij, "Mapt wo ha amogi g e-hajuni.

∞∞∞∞∞∞∞∞∞∞∞∞∞∞∞∞∞∞∞∞∞∞∞∞∞∞

In the morning Corn went off somewhere, and the women went to get their cooking in the ground. When they arrived and uncovered it, they looked and it wasn't cactus buds, but some-thing strange. They didn't know what it was or how it should be fixed to be eaten. They just took it to their house and the old woman said, "Look at our food and tell us how it is eaten."

Corn Reveals His Powers

Right away Corn came and took one and shucked it and cleaned off the whiskers saying, "This is eaten like this at my home." Then the people ate the corn and liked it because it really was good to eat.

Corn stayed four days and during the day he looked for good land to plant. He found it and said, "Tell all your relatives

T ia wo e hemapai. Nt wo ha ahgi mat hebai wo ei ihtha
ha'ichu hugi k has kaitham wo ne'ich. T wa s-kehg wo
wuhshani k s-kehg wo bai."

Sh am ha hekaj tha'iwush g keli k gn huh e-kih
thahm kekiwua k si amog k ha waith mat am wo e
hemapai g hemajkam k ha'ichu wo kah. Sh wa wehoh
e chehm g hemajkam k am i wehs thatha.

K hab kaij g Huhni, "Ia att wo nei. T hekith wo
mahsi, tt am wo hihim k wo nei. Wahshan ant ei ha'ichu
aki chini an. Tp hems s-ap wo e juh k an wo wuhsh. Mt
wo neithok wo s-mahchk mat i'ajed wud wo gi'ik tashk,
t wo bai g ni-e'es. Mt wo u'u k wo kaichkat. T hekith
ab wo i e ai, hash wo chum juh, mt wo gah g s-kehg
jewed. A'aki chihchini an o s-wa'usig g jewed ch ep
s-moik. Mt am wo e'esha ihtha ha'ichu hugi. T hedai
mu'i wo ha mai itham ni-nen'ei k wo s-kehg ne'ich g

ooooooooooooooooooooooooooooooooo

to come here and I will tell them where to plant this food and
what to sing to it so it will come up and ripen well."

Right away the old man went out and stood on top of his
house and announced the invitation for them to gather there and
hear something. And the people came.

Then Corn said, "Here we will sing. And when morning
comes we will go and see. I planted something over there. Maybe
it will do well and come up. You will see it and know that it will
be four days from now that my planting will ripen. Then you will
get it and prepare seed. When another year comes and it is about
to rain, you will look for good ground. At the arroyo mouths the
land is moist and soft. Plant this food there. Whoever learns many
of these songs of mine and sings well for his crops, they will come

g e-e!es, t wo s-kehg wuhshani k wo s-kehg bai. T hedai
pi mu!i wo ha mai itham ni-nen!ei k pi mu!i wo ne!ich
g e-e!es, t pi mu!i wo wuhsh, o atp hi wo wa wuhshani
k wash wo gaksh.''

Bash che!iok am shonwuich g e-nen!ei k gm huh
ge chuhug ne!e k gam si mahsij. T am ha hekaj hihim k
gd huh thatha mash an g aki i chini k chum nei, sh an
ha!ichu s-chehthgim chuhch. Sh ia!i neithok hihih
uhhum.

Sh am i hud g tash. Sh ep nei ge chuhug. Am i
mahsi, t ep chehgio g e-e!es k gd huh thatha k chum
nei, sh gn huh i cheka g ha-e!es. Sh am neithok ep hihih
uhhum.

Sh e ai g waikko ne!ichutha. T am i hug k am ep
hihim k gd huh thatha k chum nei, sh ab i mahmadt.

∞∞∞∞∞∞∞∞∞∞∞∞∞∞∞∞∞∞∞∞∞∞∞∞∞∞∞∞

up and ripen well. Whoever does not learn many of these songs
of mine and does not sing them to his crops, not much of his crop
will come up. Or if it comes up, it will just dry up.''

After saying this he started his song. They sang all night
until dawn. At dawn they went to the arroyo mouth and were
surprised to see something growing there. Then they went home.

When the sun went down they sang again all night, and in
the morning they visited their crops again. They were surprised
to see they had grown so tall. When they had looked at them,
they went home again.

The third sing came. When they finished, they again went
out and looked, and were surprised to see they had born children
(ears).

Sh gi'ikko ne'ich g huhni k ia'i amhugi k ep chehgio g e-e'es k gd huh thatha k chum nei, sh bai g huhni.

Sh hab kaij g Huhni, "Mt wo ui g huhni k wo kaichkat. T ab wo i e ai, mt wo esh k wo ne'ichuthath. T hekaj hab s-kehg wo wuhshani k s-kehg wo bai. T hedai pi kehg wo ne'ich g e-e'es, t pi kehg wo wuhshani k pi kehg wo bai."

Neh, namt Mah g Huhni g Chehia?

Neh, t ia'i ha chehgi g e-mahchig k ith amied hab em-ahg, "Na'as g oks wo i ni-wehmt. Nt heg wui wo gei wehpeg. Tp wo sha ni-wehmt, k wud si shel mant wo bei g uwi."

Neh, t wa wehoh hab e juh. Sh wash pi hab elith g oks ch hab kaij, "Keli at wo wa ap'ech wehs ha'ichu m-wehhejed."

Four times they sang to the corn. Again they visited their crops and saw the corn had ripened.

Corn said, "Take the corn and prepare seed. When a year passes you will plant it and sing to it. Then it will come up and ripen well. Whoever doesn't sing well to his crops, they won't come up and ripen well."

Did they Give Corn the Girl?

In this way he showed them his knowledge, thinking, "Maybe the woman will help me. I'll appeal to her first. If she helps me I'll surely get the girl."

So he did, but the woman didn't agree. She said, "The old man will decide everything for you."

Sh ab hahawa gei keli wui k hab kaij, "M ani huh
wud kihkam si'al wecho ch amjed m-kah map ia kih ch
ge uwi alithag. Nt heg hekaj i hih mant wo m-tai g
m-alithag k wo hohnt. T wo ni-wehm hih am ni-kih wui.
S-kehgaj o g jewed amai ni-kih am. Mu'ij o g ha'ichu
hugi. T pi wo bihugim g m-alithag. T wo wa s-ap e
tahtk ch am wo kihk ni-wehm. Pi o ha'ichu ehp. Am
ant wa em-chehgi g ni-mahchig. Tp wo s-kehgajk m-weh-
hejed, pt wo ni-mah g e-alithag."

Sh hab epai kaij g keli, "Bo wa chu'ig g wihpiop
iia, ha'ichu si has wua, itp hab elith mat hab masma
wash pehegi wo bei g uwi. Mu'i o ha'ichu oithahim g
wiapo'oge'el ch hab a'ahe g wehoh cheojthag. T hedai
ith wo tatchua, k wo nako g bihugig, tonomthag, s-ta
ehbitham ha'ichu wo neith k haha wo si cheoj e ah.
Hebai wo ha tahnim g uwi k pi an huh uwi shon an wo

○○○○○○○○○○○○○○○○○○○○○○○○○○○○○○○○○○○○

So he went to the old man and said, "I am a dweller of the
east. There I heard that you lived here and had a daughter, so I
have come to ask for your daughter in marriage. She can go with
me to my home. The land is good there and there is plenty to eat
so your daughter will not get hungry. She will be happy and live
with me. That's all. I have shown you my wisdom, and if it seems
good to you, give me your daughter."

Then the old man said, "The young men are the same here,
doing something wonderful and thinking that in that way they
can easily get a woman. There are many things a young man
follows to reach true manhood. Whoever wants this will endure
hunger, thirst, sleeplessness, and will see many dangerous things
before he calls himself a man. When he goes to ask for a woman,
he won't be hanging around with the women or sleeping close by

kahchk o wo kohshath, wa chum pi koi e ahgok mas haschu tatchua ch an oimed ha-kihki oithch.

"Hemu mapt ia t-mah ihtha ha'ichu e-hugi, t wash pi has wo e juh. Bo wa e wua g wihpiop, ia thaiw ch ia he'es i t-wehm kihkahith ch hekith wehs t-chechgith g ha'ichu e-mahchig ch hasko hahawa hihim."

Neh, bash kaij g keli. T ith ia'i kaiok g Huhni k si e elith k gm huh hih uhhum.

Mamsh am Ei g Huhni

T amjed him k ab i e ai. Sh gn huh heki huh behi'at g s-kehg jewed hegam mo s-nenenashani ch ep s-wapa-gima.

Ban hi'i chum alo ko'ito g e-kaichka, eda ep s-padma ch s-kohsk ch pi koi gahgim g s-kehg jewed.

◇◇◇◇◇◇◇◇◇◇◇◇◇◇◇◇◇◇◇◇◇◇◇◇◇◇

them, or wandering about their homes when he has not yet even said what he wants.

"Now that you have given us this food of yours, nothing's going to happen. That's what the young men do, come here and stay with us for a while, and when they have shown us their skills then they go somewhere else."

The old man had finished speaking. When Corn heard this, he was ashamed and went back to his home.

The People Plant Corn

After that, a year passed. Those who were alert and indus-trious had already taken the good land.

Coyote, however, had almost eaten up his seed. Being lazy and sleepy-headed, he had not yet looked for good land.

T haha wash juh. Sh gm huh a!ai meh g hemajkam
k e!esha am heg eda e-jewedga. K im hahawa med g Ban
g e-kaichka shahkuch ch hasko chum e!esha. K an huh
hema hab chech!e, "Hah! Tatal! Gamai g mehl. An ant
bei g jewed heki huh."

Suddenly it rained. The people ran off in every direction
and planted on their land. Then Coyote went running with the
seed in his hand, to plant it somewhere. But there was always
someone to say, "Ha! Uncle! Get away! I've already taken the
land there."

Sh gm huh ep memda g Ban ch am wash i pi hebai edagi s-kehg jewed, k am i gewko k bagat k hab kaij, "Ia ant wo ei. Tp wo s-wuhshanim k wo wuhsh. Shaht wo e juh? Ni wa heki huh pi hekith ha'ichu e'esha ch wud wash thoakam. Ntp hems wud wo wa thoakamk, chum as wo wa pi wuhsh ihtha ni-esha." Bo kaij ch an esh aki koka an.

Wenog mashp g huhni si wehpeg e eshath ch e ne'ichuth, sh g Ban koksho ch pi hema mai g Huhni nen'ei k washaba ei g e-kaichka k hab kaij, "Nt wash wo hema ne'it. T hab wo wa s-kehgajk hab masma mo g Huhni nen'ei."

Sh an oimed aki koka an ch eshath ch ne'e:

Si'alim g wo lu'ulu.
Si'alim g wo lu'ulu.

∞∞∞∞∞∞∞∞∞∞∞∞∞∞∞∞∞∞∞∞∞∞∞∞∞∞

Coyote kept running again and never did find good land. He got tired and angry and said, "I'm going to plant here. If it wants to come up it'll come up. What will happen? I never planted anything before and am still alive. Maybe I'll live, even if my crop doesn't come up." As he said this he was planting along the banks of the arroyo.

When the corn was first planted and sung to, Coyote kept sleeping, so he didn't learn a single corn song. So as he planted his seed he said, "'I'll just compose one song. It'll be just as beautiful as Corn's songs."

He was wandering along the banks of the arroyo, planting and singing:

Make mush in the morning!
Make mush in the morning!

Si¹alim g wo lu¹ulu.
Hi jia ahina.
Huhni s-wia chu¹ith k lu¹ulu.
Si¹alim g wo lu¹ulu.
Hi jia ahina. Hi jia ahina.

Sh g huhni am ei g Ban. T washaba pi g huhni ne¹ikaj ne¹ichuthahim g e-e¹es. T heg hekaj pi g huhni am wuhsh. Heg am wuhsh mo hemu an wushke aki tha¹atham ch hab chechcheg "Ban wiwga".

Make mush in the morning!
Hih, jiwia, ahhina!
Grind the corn fine and make mush!
Make mush in the morning!
Hih, jiwia, ahhina!
Hih, jiwia ahhina!

Corn is what Coyote planted, but it wasn't corn songs that he sang to his crops. So it was not corn that came up. What came up is what now comes up along the arroyo banks and is called "Coyote tobacco".

Mash Has Masma i Wuhsh g T-wi'inthag

Mamsh S-ap Mashcham Ihtha Wiapo'oge'el g O'othham Himthag

Am ash huh hebai hema ep kih g o'othham kch
hab wa ep ha'ichu s-mahch. Kush g cheoj epai alithag
kch hab wa epai nuhkuth k ge'el. Kush s-kehg wud
wiapo'oge'el. K ep wehs ha'ichu ab ab ulini m an he'ekia
i ha'ichu wud cheoj himthag.

Kush am hab i kaij g keli, "Mapt ia'i ge'etha, ni-
-alithag, k heki huh wehs s-mahch mo has chu'ig g cheoj
ch hab wud si cheoj. Kupt gamai him k wo nei hegai
uwi mo am kaithag. Kutp ha'ichu wo s-t-abam, kut wo
s-m-hohhoi. Pt wo hohnt k wo i bek ia wo u'apa. Kut
ha'ichu t-wehhejed wo s-ap'ek." Neh, t gm huh hih
hegai wiapo'oge'el.

∞∞∞∞∞∞∞∞∞∞∞∞∞∞∞∞∞∞∞∞∞∞∞∞∞∞

How the Flood Came

A Young Man is Taught the Customs

Somewhere there lived another wise man. He had a son he
raised carefully, and he was a fine young man with all the skills of
a man.

One day the old man said, "You have grown up here, my
son, and already know how to be a real man. You should go and
see that woman they talk about. If luck is with us, she will like
you and you will marry her and bring her here. She'll be a help to
us." So the young man went.

Mash am ha Hohntam Ihtha mash hab Wa   ep S-ap e Ge'el

Sh eda hegai chehia ohg kelit k pi hahawa wipi'a
ch ish pi ha chuhhugga. Kush haha wash jiwia g wia-
po'oge'el k g huawi chuhhug u'apa k am i mah g keli k
hab kaij, "Bani hi wa chum wua ha'ichu. Kutp has wa
ni-elith g hemajkam ch pi hedai g uwi i s-ni-mahkimk.
Kuni inhab hejel gegsim."

Sh hab kaij g keli, "Hah, wiapo'oge'el, banid wa
chu'ig heki huh ch wud wiapo'oge'el ch wud si mo'ob-
dam. K pi ha'ichug g ihnamthag am ni-kih am. Hemu
ant wash kelit k hab hi wa pi ha chuhhugga."

Sh am i e jehnigi. Kush hab ha hekaj kaij g wiapo'o-
ge'el: "Uwi ant i m-tahnimed k ihab m-wui jiwia. Kupt
oi am has wo ni-ah. Nt wo oi s-mai mas has wo e juh g
ni-chu'ichig."

∞∞∞∞∞∞∞∞∞∞∞∞∞∞∞∞∞∞∞∞∞∞∞∞

He Goes to Court the Well-Trained Girl

By then the girl's father was too old to hunt, so he had no
meat. The young man came, bringing mule deer meat, and gave it
to the old man, saying, "I try to do things like this. But what do
people think of me that no one is willing to give me a woman, so
I've been living a lonely life."

The old man answered, "Well, young man, that's what I did
long ago when I was a young man and a good hunter. There was
no lack of meat at my house. Now I've gotten old and really need
meat."

They started to talk and right away the young man said, "I
came here to you to ask you for a woman. You should tell me
soon so I will know what my fate will be."

Sh hab kaij g keli, "Hah, wiapoʹogeʹel, no wud
wash pehegi haʹichu g uwi tahnig, ch uwi mahki? Kups
wash chum jiwia k ha hekaj wehs wo s-mai. Bo e wua g
wihpiop ia thaiw ch ia t-chechgith matp haschu ab i ha
ab ulini. Kuch am i neneith g ha-chuʹichig kch am hab
s-t-mahch ch haʹas am ha ahgith. Mapt ep hab e juh k
ia jiwia. Kutp hems haʹichu ab i si m-ab ulini. Kupt am
wo ni-chehgi. Kunis wehoh wa chum pi haʹichu wo
shaʹi mahchk ab m-amjed kch hab ha hekaj wo chei,
ʹHeuʹu, am o wa s-apʹe. Behini g ni-alithag.' O antp
hab wo chei, ʹ Piʹa, pi g heg hekaj ia ni-kudut.' Am g
haʹichu ni-chehgith. Kunt heg ab s-ni-mahch k am has
wo m-ah."

Pi atsh wo chum Chehgithath g Haʹichu e-Mahchig

Bash kaij g keli. Kush hab epai kaij g wiapoʹogeʹel:
"Hah, shoʹig al keli, pi apt has e juh k wo s-mai g ni-
-chuʹichig. Bapt am wash wo chuʹigk mapt wud wo

Then the old man said, "Well, young man, is asking for a
woman, or giving a woman, just a simple matter? You have just
come and right away want to know everything! The custom of
the young men here is to come and show us their skills. Then we
can see their character and know what to tell them. Now you
come here and perhaps there is some skill you will show us. Even
though I know nothing about you, should I indeed say right away,
Yes, that's alright. Take my child, or No, don't bother me about
that now. Show me something you can do and I will know what
to tell you."

One Shouldn't Show Off His Skills

When he said this, the young man said, "Ah. Poor little old
man, there's nothing you can do to find out what I'm skilled at.

wiapo'oge'elk, kupt ni-wehm wo wipi'am, ni-wehm wo
githahim. Kupt mu'i wo e pihchuth k hahawa wo i s-mai
matp haschu ab ni-ab ulini. Kunt ep pi heg hekaj i hih
manis ia huh m-kih am wo thak ch ha'ichu ni-mahchig
wo m-chehgithahith. Uwi ant i m-tahnim. Kupt oi am
wo ni-ahgi mas has wo e juh g ni-chu'ichig."

Sh hab kaij g keli, "Gamai g wash s-ap kohsh. Ntp
hems si'alim wo wa s-mai mapt has wo e juh." Bash
che'iok gm huh wo'iwua g keli. Neh, kush gm huh kohk.

Kush si'al kehk wami g wiapo'oge'el k gm huh
wipi'amed k hudunk jiwia k u'apa g huawi chuhhug k
am mah g keli k hab kaij: "Bani hi wa chum wua
ha'ichu. Kutp has wa ni-elith g hemajkam ch pi hedai g
uwi i s-ni-mahkimk." Kush gm huh ep e jehnigi. Sh heg
wa oithk am hab ep chei g wiapo'oge'el mash hab wa
kaijhim si wehpeg hudunig ch ed.   Kush g keli heg wa

∞∞∞∞∞∞∞∞∞∞∞∞∞∞∞∞∞∞∞∞∞∞∞∞∞∞∞

If only you were a young man, you could go hunting with me, or
go with me to battle. If you had the endurance you could learn
what skills I have. But I didn't come here to sit at your house and
reveal my knowledge to you. I came asking you for a woman. Tell
me now what my fate will be."

The old man answered, "Just sleep well over there. Perhaps
tomorrow I'll find out what will happen to you." Having said this
the old man lay down. So they all slept.

Early in the morning the young man got up and went hunt-
ing. He returned in the evening with mule deer meat and gave it to
the old man, saying, "I try to do things like this. But what do
people think of me that no one wants to give me a woman."
Again they had a discussion. The young man repeated what he

oithk am hab ep chei mash hab wa kaijhim si wehpeg hudunig ch ed.

Kush gi!ik s-chuhugam ab e nako. Am i mamsig. Kush gm huh wipi!amed g wiapo!oge!el kch huhudukath jijiwhia ch u!apath g huawi chuhhug kch hab ep kakidach, "Bani hi wa chum wua ha!ichu. Kutp has wa ni-elith g hemajkam ch pi hedai g uwi i s-ni-mahkimk. Kuni ab hejel gegsim."

Mamtsh ab Hehhegi g Wiapo!oge!el

Kush am i amhugi. Sh hab hahawa kaij g keli, "Mo ia!i s-ap!e. Ahpi apt wo hohnt g ni-alithag mapki ahpi wehoh s-mahch g o!othham himthag. Wehoh o wa. Pi ant has ni-juh k wo s-mai mas he!ekia ha!ichu ab m-ab ulini heg hekaj mo hema wehoh wud cheoj kch mu!i nahnko has chu!ig kch pi tatchua mas hedai wash wo chehgithahith g ha!ichu e-mahchig pi haschukaj. Ha!i g

had said the first night, and the old man repeated what he had said.

For four nights they withstood each other. In the mornings the young man would go hunting. In the evenings he would return with deer meat and say, "I try to do things like this. But what do people think of me that they don't want to give me a woman, so I've been living a lonely life."

They Give Him the Girl

The fourth night passed. Then the man said, "It's alright. You may marry my daughter since you evidently know the customs. It's true. I can't do anything to learn what skills you have for if one is a true man he does many different things and doesn't want to just reveal his knowledge casually. Some young men come

wihpiop ia thaiw kch haschu k ab i si s-e mahch k elith kch am hejel chum shuhullig uwi wui. K eda hab wa masma s-mahch g ni-alithag g o!othham himthag mani ahni kch heg hekaj pi heki huh hema kunt k ia wash thak ch ab m-ai mapt jiwia. Behini! Do m-eniga." Neh, sh ia ha mah g keli g e-alithag.

Sh wa wehoh gm huh hih hegai wiapo!oge!el k gd huh ne!owinahim g e-mahkigthag ch ia!i hohnt k ia kih ch washaba chum hekith s-chegito mash has i kaijim g ohgaj ch am ah!ath. Kush am huh wa he!es hab i e taht, "Mant hig wo uhhum hih. K wa hab kaij g ni-ohg mant sha hebai wo hohnt k am wo i bek am wo u!apa. Kutsh wa ha wehhejed ha!ichu wo s-ap!ek."

Kush am hab i ahgith g e-hohnig, "Tash ani ia wa!i m-wehm kih. Kuki s-ap!e mapt wo hih am ni-kih wui. Ithani o chum ni-nenida g ni-ohg."

∞∞∞∞∞∞∞∞∞∞∞∞∞∞∞∞∞∞∞∞∞∞∞∞∞∞∞∞∞∞∞∞

here and think that they are skilled at something, and try to propose to a woman themselves, but my daughter knows the customs like I do, so she hasn't married yet. She has been here until you came. Take her, she's yours." So the man gave him his daughter.

The young man went and discussed it with the girl that was given to him and married her, but he always remembered what his father said when he sent him. After awhile he thought, "Maybe I'll go home. My father said that when I married I should bring her home and she would be helpful to them."

So he told his wife, "I've been living here with you a long time and I think that it is time for you to go to my home. My father is waiting for me now."

Mash Pi gm Huh wo Hih e-Kih Amjed

Kush hab kaij g uwi, "Mapt gamai wo him k wo ha nei g e-hajuni. Pi ant am huh wo hih. Pi ani ha mahch g m-hajuni. Kutp hems pi wo ni-hohhoi. Kunt pi has ni-mahch k am huh em-wehm wo kihk. Kupt gamai wo him k wo ha nei g e-hajuni. Ia ant wash wo thak ch wo m-nenidath."

Kush hab kaij g wiapo'oge'el, "Mat i ni-ah'ath g ni-ohg k hab kaij mant wo m-hohnt k wo m-bek am wo m-u'apa. Kuptsh wo ha'ichu ha wehhejed s-ap'ek. Kuntp hemuch am hejel wo him k gd huh wo jiwia k hab wo chum ah mant hi wa chum m-hohnt. Kupt wash pi ni--wehm hih. Kut pi wo ni-wehoch. Hemho at hab wo wa chei maptki pi ni-hohhoi. Kuni heg hekaj si ni-elith ch hab pi oi uhhum hih." Neh, bash kaij ch chum mu'i ne'owinahim kch am wash i pi e nako.

She Refuses to Leave Home

The woman said, "Go ahead and see your relatives, but I won't go. I don't know your relatives and maybe they won't like me. I don't know if I could live with you all. You go ahead and see your relatives. I'll just stay here and wait for you."

The young man said, "My father sent me here saying that I should marry you and bring you back, and you would be helpful to them. Now I'm going back alone and try to tell them that even though I married you, you will not come with me. They won't believe me. They will surely say you didn't like me. That's why I'm ashamed and haven't gone home sooner." He argued a long time with her, but was unsuccessful.

Sh am hab wa kaij g uwi mat pi has masma am huh
wash ge o'othham ha-kih am wo thak, "Tp hems pi
wehoh hedai wo s-ni-hohhoi. Kunis has wo ni-tahtk ch
am wo thak ha-kih am. Kupt hekith wo him k ith wo
bek ali k hab wo ah g e-ohg mo ith wud ni-mad ch wud
m-alithag. T wo wa s-m-wehoch mani wud m-hohnig kch
wash pi am huh m-wehm hih."

Neh,   sh wa wehoh am i bei g e-alithag hegai
wiapo'oge'el, k gm huh uhhum hih k ash gm huh mia
i hih g e-kih k am i chum chegito mash he'ekia i nahnko
kaijim g hohnigaj kch pi oi. Kush am hab i kaij, "Moki
pi ni-hohho'ith kch heg hekaj wash si mu'i neok. Kus
wehoh g uwi g e-kun wo s-hohho'ith k wash al pehegi
ha'ichu k ab wo e chehmo k pi wo wehmaj hih g e-kun.
Kuki ba!ich i s-ap'e mant ia wo wa'i wohthk ihtha ali k
am wash hejel wo him k gd huh wo jiwia k hab wo chei
mat pi ni-hohhoi g uwi."

⸺⸺⸺⸺⸺⸺⸺⸺⸺

The woman said there was no way she could stay at the
house of strangers. She said, "Maybe no one will like me, and I'll
feel bad staying at their house. When you go take this child and
tell your father that it is my child and your child and they will
believe that I am your wife, but just didn't come with you."

So the young man took the child and went home. As he got
near the house he thought of how many times his wife had said
she wouldn't come. He said, "Evidently she doesn't love me so
she talked a lot. Does a woman really love her husband, if she is
bothered by some little thing and will not go with him? Maybe
it is better if I put this child out here and just go on alone and tell
them when I arrive that the woman didn't love me." When he
said this he put the baby behind a hill and went on.

Matsh e-Hohnig Wui Bagat k g e-Alithag s-Ohhoth

Neh, bash kaijhim ch am i wohthk g ali tohnk wehbig k gm huh hih. Kush gd huh wash chum jiwia. Sh hab ha hekaj chei g keli, "Shahpt juh g ali k wash hejel jiwia? Heki ani huh s-mahch mat haschu has e juh am m-tahgio."

Kush hab kaij g wiapo'oge'el, "Gd ant huh i wohthok tohnk wehbig. Kus wehoh wa chum pi wo ni--tatchuath g je'ej, kunis ahni ab ali t ab wo ni-pihchu-thath?"

Sh hab kaij g keli, "Him k i bek g ali. Tho m-alithag kch pi wehoh wash si sho'ig hebai wo kahchk. Pt wo wa bei. Kutt wo ge'elith k wo nei. Tp hems wo wa ha'ichu t-wehhejed s-ap'ek."

Sh gm huh hih g wiapo'oge'el k gd huh jiwia. Kush am al wo'o kch shoak g ali. Kush wash pi am huh bek

∞∞∞∞∞∞∞∞∞∞∞∞∞∞∞∞∞∞∞∞∞∞∞∞∞∞

He Abandons His Child in Anger

As soon as he arrived the old man said, "What did you do with the child, that you have come alone? I already know what happened to you."

The young man said, "I put it over there behind the hill. If the mother didn't love me should I trouble myself for the baby?"

Then the old man said, "Go get the child. It's your child. and should not be left alone in need. You must get it and we will raise it and see. Maybe he'll be a help to us."

When he returned to where the child was, it was crying. He

am wash neithchkahim ch gm huh hih uhhum k gd huh
jiwia k hab kaij, "Mat wash wo woᵌokath. Pi o ni-tatchua
g jeᵌej."

Sh am ep ahᵌath g keli. Kush am ep him k gd huh
ep jiwia k chum nei. Kush gn huh wehbig g ali g jewed
wash s-wadag. Kush am wash neith ch pi amichuth mas
has ahgch hab chuᵌig. Kush wash pi am huh bek gm huh
wash ep hih uhhum k gd huh ep chum jiwia.

Sh am ep ahᵌath g keli. Kush gm huh ep him k gd
huh ep jiwia k chum nei. Kush g shuhthagi am al med
amjed mash am woᵌo g ali nash pi shoak. Kush wud
ohᵌogaj mo ab med. Kush wash pi am huh bei g ali k
gm huh wash uhhum ep hih. Kush gd huh chum jiwia.

Sh am ep ahᵌath g keli. Kush am ep him k gd huh
jiwia k chum nei. Sh g shuhthagi i cheshath k ga huh ai
g ali. Kush am wash neithchkahim ch gm huh ep hih

∞∞∞∞∞∞∞∞∞∞∞∞∞∞∞∞∞∞∞∞∞∞∞∞

didn't get it, but just looked at it then went home saying, "Just
leave it there. Its mother doesn't love me."

The old man sent him back again, and he went. When he
arrived, he discovered the ground was wet all around the baby.
He didn't understand why, so he returned without the child.

Again the old man sent him back, and he went. This time
he discovered that the water was running from where the child
was because it was crying. The water that was running was its
tears. And he returned without taking the child.

When he got back the old man again sent him back. He went
and found the water had risen and was all around the child. When

uhhum k gd huh jiwia k hab kaij, "Pi ant ap am huh bei
g ali. Shuhthagi o an wehbig woʰo kch ga huh e namks."

he saw this, he returned, saying, "I couldn't get the child. There's
water all around it."

Mash am ha Wiʰin g Hemajkam

Kush hab kaij hegai keli, "Heg at wo i geʰetha
shuhthagi k wo maʰish wehs ihtha jewed."

A Flood Comes

The old man said, "The water will increase and cover this
whole land."

Neh, kush wa wehoh hab e juh. Kush ha'ichu am i s-mai mat pi hebai wo e tho'ibia k ash am thatha t-Si'ihe wui k am chu'ichk mash hebai has e juh k wo e tho'ibia.

Kush am jiwia g Ban t-Si'ihe wui k hab kaij, "Mant wash chehmo g jewed k pi hebai sha'i cheh manis am wo ni-tho'ibia k ithani ia jiwia m-wui map ahpi wa s-mahch mant hebai has i ni-juh k wo ni-tho'ibia."

Kush hab kaij g t-Si'ihe, "Shegoi ushabithag apt wo bek wo ha'at k heg eda am wo thahiwua k wo e tho'ibia. Kut hekith wo huh g shuhthagi, kutp hedai wehpeg wo i wuhsh, ahpi o ahni, kut heg wud wo t-Si'ihek."

Kush am jiwia g Hikiwij k hab kaij, "Mant wash chehmo g jewed k pi hebai sha'i cheh manis am wo ni-tho'ibia k ithani ia jiwia m-wui map ahpi s-mahch mant hebai has i ni-juh k wo ni-tho'ibia."

∞∞∞∞∞∞∞∞∞∞∞∞∞∞∞∞∞∞∞∞∞∞∞

And that is just what happened. No one could find a place to escape to. So they came to Elder Brother and asked where they would be safe.

Coyote came and said to him, "I've covered the earth and didn't find a place to escape to, and now I've come to you because you'll know where I'll be safe."

Elder Brother told him, "Get some greasewood pitch and plaster an olla with it and sit in it to save yourself. When the water disappears, whoever comes out first, you or I, that one will be Elder Brother."

Then Woodpecker came saying, "I covered the earth and didn't find a place I could escape to so I have come to you. You'll

Kush hab kaij g t-Si'ihe, "Mapt wo tha'a k ga huh t-thahm kahchim t ab wo e nagia k amjed wo neithath mat hekith wo huh g shuhthagi. Kupt haha wo i hud."

Kush am thah g Wipismal k ga huh e nagia Hikiwij hugith ab. Kush g shuhthagi i cheshath k i cheshath k ga huh ai g Hikiwij k g bahbhaij kuhhug an haha wash al wa'u. Kush shoak. Sh hab kaij g wipismal, "Pi g know where I can go."

Elder Brother said, "Fly up and hang onto the heavens. And from there you will see when the water disappears. Then you can come down."

Hummingbird also flew up and hung by Woodpecker. And the water rose and rose and reached the woodpecker and the end of his tail got a bit wet and he cried. But Hummingbird said,

shoakath. Nap pi ni-neith? Kuni an wa chum m-ba'ich
i chumaj kch eda wa pi sha'i s-shoshakimk. Kush wa
hab wa kaij g t-Si'ihe matt ia wo t-tho'ibia. Kuni heg
hekaj hab hi pi sha'i shoak."

Neh, sh an wash i hugkam chesh g shuhthagi m an
mahs Hikiwij bahbhai kuhug an k amjed i humhimuk k
i humhimuk k am i huh. Kush am i wuhsh g Ban k an
oimed. Kch am huh hebai, sh am g u'uhig mahs. Kush
an ha oithahim g Ban, hab ahgch mash hebai wo ha
cheh k hab wo ha ahg mash heg wehpeg i wuhsh k heg
wud wo ha-Si'ihek. Kush oi wa pi ha edagi. Kush am
huh hebai haha wash i nam g t-Si'ihe k hab kaij, "Ahni
ani wud m-sihs. Kupt oi ab wo ni-ihm."

Kush hab kaij g t-Si'ihe, "Ahni ani wehpeg in
oimelhim ch wenog pi hebai ha'ichu sha'i mahs. K
hemuch itham in hahawa oiopohim m am mahs. Ahni

∞∞∞∞∞∞∞∞∞∞∞∞∞∞∞∞∞∞∞∞∞∞∞∞

"Don't cry! Don't you see me? Even though I'm smaller than you
I'm not crying. Elder Brother said that we would be safe here.
That's why I'm not crying."

The water rose just to the mark that is visible on Wood-
pecker's tail. Then it went down and disappeared. Out came
Coyote and wandered around. There were some bird tracks and
Coyote followed them to tell them that he had come out first and
was now going to be their Elder Brother, but he didn't find them.
Somewhere he met Elder Brother and said, "I am your Elder
Brother, so now you will call me by the relationship term."

But Elder Brother said, "I was around first, and there was
no sign of anyone else. Then those who made these tracks came.

ani wud wa em-sihs. Ahpi apt wud wash wo ha-tatalk
wehs ha'ichu thoakam." Bash kaij g t-Si'ihe.

Mash Ha'i Ep ha O'othhamt g t-Si'ihe kch Ban

Neh, sh an oiopo g Ban g t-Si'ihe wehm k ash am
huh hebai i thadhaiwua. Kush hab kaij g t-Si'ihe, "Ia att
wo ha'i ep ha o'othhamt." Kush g bith am i bek am i
ha o'othhamt. Sh am huh hebai ha toa. Kush hab kaij
g t-Si'ihe, "That wo gi'ik i tashk. Kut wo e chechegito
k hab wo wa ep masmak mo wa hegam mat ha wi'in."

Kush am wud i gi'ik tash. Sh am hihih g Ban g
t-Si'ihe wehm k gd huh thatha k chum ha nei. Kush
heki huh e chechegito k am oiopo ch neneok. Kush hab
kaij g t-Si'ihe, "S-ap atki hab e juh. Kutt wo ha'i ep ha
o'othhamt."

Sh am i ep thadhaiwua. Sh g Ban gm huh hab wash

∞∞∞∞∞∞∞∞∞∞∞∞∞∞∞∞∞∞∞∞∞∞∞∞

I am your Elder Brother. You will just be everyone's uncle
(mother's younger brother)." That is what Elder Brother said.

I'itoi and Coyote Make More People

So Coyote went around with Elder Brother and they sat
down somewhere. Elder Brother said, "Let's make some more
people." So they took clay and made people. They put them out
somewhere and Elder Brother said, "In four days they will come
alive and will be like those that were washed away in the flood."

In four days, Coyote went with Elder Brother and when
they arrived they discovered that they were already alive and were
wandering around talking. Elder Brother said, "Evidently they
were well made, so we'll make some more people."

They sat down again and Coyote sat a little way off and

thak ch ha o'othhamt ch am huh hab wa hehem.

Kush hab kaij g t-Si!ihe, "Hah! Maptp huh wash wa ep has e wua ch hab kaij, al s-cheoj."

Kush hab kaij g Ban, "Pi'a! Pi'a! Ni wash s-hehkig ch hab hehem mani m-wehm o'othhamt." Kush am i ha nahto k gm huh hebai ha toa.

Kush hab kaij g t-Si!ihe, "That wo gi'ik i tashk. Kut wo e chechegito k hab wo wa ep masmak mo wa hegam mat wa ha wi'in."

Kush am wud i gi'ik tash. Sh ep hihih g Ban g t-Si!ihe wehm k gd huh thatha k chum ha nei. Kush hegam mash g Ban ha o'othhamt, sh ha'i ge hehemako kakio kch ha'i ep ge hehemako nohnhoi kch ep pi ha wepo kaitham neneok hegam mash g t-Si'ihe ha nahto.

laughed as he made people.

Elder Brother said, "Ha! Maybe you are up to something, laughing like that, little man."

Coyote said, "No. No, I'm just laughing because I'm happy that I'm making people with you." They finished them and put them out somewhere.

Then Elder Brother said, "In four days they will come alive and be like those that were washed away in the flood."

So in four days Coyote went with Elder Brother and they found the people they had made. Some that Coyote had made had only one leg and some had one arm and they didn't talk like those that Elder Brother had made.

Kush hab kaij g t-Siʲihe, "Kus wehoh itham mo si pad chuʲig in ni-hemajta ha oithch wo oiopoth." Kush an i ha hemapath k i ha uʲu k am si ha nehnchuth k gn huh haʲagjed ha shul.

∞∞∞∞∞∞∞∞∞∞∞∞∞∞∞∞∞∞∞∞∞∞∞∞

Elder Brother said, "Will these ugly things really go around among the people I made?" and when he had gathered them up he took them and threw them hard, so that they dropped on the other side of the world.

Hoho'ok A'agitha ab Amjed g Ha'ichu Thothakam

ANIMAL LEGENDS

Mash g Ban chum Ha'ichu Wehhejed S-ap'e

Mamsh am Kei mat wo ha Mamche g Huhu'u

Sh i'ajed heb huh hih g t-Si'ihe. T ia wih g Ban k g o'othham ha wehm nahnko ha'ichu wua ch s-hehkig, nash pi chum hekith g hemajkam ab ihm ch gegosith.

Sh g mamakai hab kaij, "Matt wo chichwih g Ban k wo s-mai, s wehoh wud si mahkai."

Sh eda wehsko jewed ab s-kaithag mo g Ban wehs hemajkam ha ba'ich wud i si mahkai. Sh hekith ha'ichu pi wo hohho'ithach, t wo s-a'asim, t hab wo e juh mo has elith ch hab ash.

∞∞∞∞∞∞∞∞∞∞∞∞∞∞∞∞∞∞∞∞∞∞∞

Coyote is Good for Something

He's Appointed to Study the Stars

Elder Brother had gone away. But Coyote stayed here and was happy doing various things with the people, because they always greeted him by "Uncle" and fed him.

One day the medicine men said, "Let's test Coyote to find out if he really is a powerful medicine man."

It was reported all over the earth that Coyote was a more powerful medicine man than anyone else. When something displeased him he would laugh at it and it would become like he wanted it when he laughed.

Sh chum hekith heg wa Ban am e kehshch ha ba!ich
g hemajkam, s-ha chehgithamch mat wo wa s-ap hab juh
chum haschu, chum as hems wo wa s-hasigk. Sh ith
s-mahchimk g mamakai mas wehoh, "Tp hems wash
s-iattomk." K hab kaij, "Tatal! Tatal! Ahpi ap s-melthag
ch ep s-amichuth wehs ha!ichu k ab ch ahpi am wo him
k wo s-mai t-wehhejed, s-has e wua ch ab tohonnod wehs
hudunig ab." Bo kaij hegam ch ab ha a!aga g huhu!u.
K s-ha wehochuth g Ban, nash pi am huh wa he!es hema
hab chech!e, "Tatal! Tatal! Ahpi ap s-melthag ch wo wa
s-mai t-wehhejed. Ttp hems hema tash wo wa m-wehhe-
jed ha!ichu ap!ech."

Sh gm huh hih g Ban k pi oi jiwia. T gm huh wash
i si mehko, t haha wash jiwia uhhum g Ban k hab
kaitham ne!e:

∞∞∞∞∞∞∞∞∞∞∞∞∞∞∞∞∞∞∞∞∞∞∞∞∞∞∞

This guy, Coyote, was always appointing himself over peo-
ple, wanting to show them he could do anything, however hard it
was. So the medicine men wanted to find out if this was true,
"Maybe he's just a fraud." So they said to him, "Uncle! Uncle!
You're so fast and wise about everything that you should go and
find out for us what those things are doing shining up there every
night." As they said this, they pointed to the stars. Coyote took
them seriously, because one or another would keep saying,
"Uncle! Uncle! You're so fast you should find something out for
us. Maybe someday we can do something for you."

So Coyote went off and didn't return for a long time. Then
suddenly he came back, singing:

T-thahm kahchim babsho si¹iskol am shuhshug.
Ban am ih¹eth ch hejel e-ehkathag
am chehgok g "I¹itoi" a¹aga.
Oi wa chum amichudok s-jupij s-e asim.

* * * * * * * *

Mash g Ban an Gantan g Huhu¹u

Bo che¹is mo waikpa hemajkamag: gn huh t-thahm, iia, ch in huh t-wecho. Sh an ha¹ichug hegam mo wud si mamakai hab masma mo g Ban.

Sh g Ba¹ag gn huh wud kihkam t-thahm. Sh bagat heg hekaj mo g Ban ia chum hekith s-kaithag. T hab che¹e k i hih mat am wo i e nakog k wo wohppoi g

∞∞∞∞∞∞∞∞∞∞∞∞∞∞∞∞∞∞∞∞∞∞∞∞∞∞∞

Beneath the heavens above us.
There are round pools of water.
Each time Coyote drinks from one,
He sees his reflection and says,
"I¹itoi" (all drunk up).
But when he catches on,
He laughs quietly at himself.

* * * * * * * *

Coyote Scatters Stars

It is said that there are three habitations—above us, here, and below us. And once there were mighty medicine men like Coyote.

Eagle was one who lived up there. One day he became angry because Coyote was always so noisy. He came down saying he was going to take Coyote's wife away from him, "Then what will

hohnigaj, "S has ep wo e ah g Ban?" Sh amjed i hud g
Ba'ag k ia jiwia.

Sh eda wipi'am g Ban k pi ha'ichu me'a k an huh
wash kiap oimed ch hab pi neith g Ba'ag mat ia bei g
hohnigaj. Sh ia hahawa pi edagi g e-hohnig k chum
gahghim k wash bihugim. Sh ha'ichu muhkig am wo'o.
Sh heg ko'ath ch am thaha.

T am haha wash jiwia g Nuwi k hab kaij, "S-mahch
ani g m-hohnig mo hebai thaha hemu. Nt wo m-ahgith
k am wo i m-bei. Pt washaba i'ajed wo s-ni-chegitok
chum hekith, k hekith ha'ichu wo me'a k am wo wa ha
ni-wi'i."

Sh am gegshshe g Ban ch hab kakithach, "Heu'u!
Heu'u! Ahni ant hab wo wa juh."

Am i kokowod. K hab kaij g Nuwi, "In apt wo

∞∞∞∞∞∞∞∞∞∞∞∞∞∞∞∞∞∞∞∞∞∞∞

Coyote say about himself?" So Eagle came down.

When he arrived, Coyote had gone hunting. Since he hadn't
killed anything, he was still out wandering around and didn't see
Eagle take his wife. Later, when he couldn't find her, he went
looking for her until he got hungry. He found a carcass and began
eating it.

Suddenly Buzzard came and said, "I know where your wife
is now. I'll tell you where she is and take you there. But from
now on, when you kill something, you must always remember me
and leave something for me."

Coyote kept claiming he would, saying "Yes! Yes! I'll do
as you say."

When they had eaten their fill, Buzzard said, "Sit here on

thahiwua ni-thahm. Tt wo hihih am t-thahm kahchim wui. Pt washaba pi ab huh wo ha'ag i e wua. Pt wo i gei hemhowa."

Sh si s-wehom e ahg, "Pi ant wo ha'ag i ni-wua."

Neh, t wa wehoh hab e juh. T hihih uhg k hihim k hihim k mehk wa'i hihih.

Sh hab em-ahg g Ban, "Ntp hems pi hekith ep wo nei g ni-jewedga. Nt am wo i nei ith wa'i hemho." Sh am i neh uhhum k wa wehoh i gei. T amjed i oi g Nuwi k chum bebhe g Ban. K aihim g jewed, t ia hahawa bei g e-nawoj.

K hab ep kaij g Nuwi, "Pi apt ia huh wo ha'ag i e wua. Tt hab wo s-ap thatha gn huh thahm kahchim an."

Sh hi wa si s-wehom ha hehhegith g Ban k wash pi nako g kihthamthag k am i nenna e-kih wui ch im huh

∞∞∞∞∞∞∞∞∞∞∞∞∞∞∞∞∞∞∞∞∞∞∞

me, and we'll go up to the heavens. But you must not turn around or you will surely fall."

"I'll not turn around," Coyote declared.

So that's what they did. They went up and up, far from the earth.

Coyote thought, "Maybe I'll never see my country again. I'll just look this once." Sure enough, when he looked back he fell. Then Buzzard went after him, trying to get him. They were getting close to earth when he finally got his friend.

Buzzard said, "You are not to turn around up here, so we'll arrive safely up there in the heavens."

Coyote really 'yes-yes-ed' him, but just couldn't stand his homesickness and kept looking back toward his home and falling.

gegshshe. Sh gi!ikko i gei.

    Sh g Nuwi hahawa g wuhpuij ab si bibithsh g kui
ushabithagkaj k hab masma hahaw s-ap i bek gn huh
u!apa k hahawa bibithshpio g Ban wuhpui k hab ahg,
"Gamai g him k neith g e-hohnig si s-a!agi k ho!op kia
hekith si s-ap e nahto k ia wo ni-ahgi. Tt am epai wo

He fell four times.
    Then Buzzard plastered his eyes shut with mesquite pitch
and finally got him up there. Then he unplastered his eyes and
told him, "Go over and see your wife secretly. But wait until
you're ready and tell me. Then we'll steal her back from them
again. But don't do the wrong thing. They certainly won't feel

ha ehs. Pi g am huh wash has huh chu'ij. Pi at wehoh
wo s-m-ho'ige'el. T wo m-mea."

Sh am ep gegshshe g Ban ch si s-wehom ha hehhe-
gith k am huh hih. Sh ha'as huh am him k am i e chegito
mat bihugim k hab e ahg, "Mant si o'othhamkaj wo
jiwia. Tp hems wo wa ni-mah g ha'ichu hugi." Sh am i
kekiwua ha-kih wui k hab chei, "O'othham at m-wui
jiwia."

Sh am huh hema neok ch hab kaij, "Pi g wo sha'i
gegosith. Ith o wud mo gd huh kih t-wecho. Nt hekith
am wo jiwia k wo bihugim k am ha-oithag ed g ha'ichu
hugi wo chehche'ewath, t wo s-ni-habbagithath ch wo
chum ni-ma'ich'kwupath ch inhas wo ni-hu'uithahith."

Sh ith ia'i kaiok gm huh si s-jupij hih. Kush am huh
hasko ep jiwia k hab ep chei, "O'othham at m-wui jiwia."

Sh am huh hema hab kaij, "Ith o wud wa mo gn

∞∞∞∞∞∞∞∞∞∞∞∞∞∞∞∞∞∞∞∞∞∞∞∞∞∞∞∞

sorry for you. They'll kill you."

Again, Coyote emphatically said, "Yes! Yes!" and went off.
He had just gone a little way when he remembered that he was
hungry. He thought, "I'll come like a gentleman. Maybe they'll
give me some food." He stood facing someone's house and said,
"You have a visitor."

Someone spoke somewhere and said, "You all don't feed
him. This is the one that lives below us. When I go there hungry
and pick something to eat in their field, they shoo me away and
throw things at me and chase me away."

When Coyote heard this he left very quietly. He came up
somewhere else and said, "You have a visitor."

huh t-wecho wud kihkam. Ni hekith am jijiwhia ch am
oithagaj ed g ohhothaj am wo chehche!ewath, t wo
ni-huhu!ith ch wo ni-habbagith ch hab kaij, "Habba!
Habba!" ch wo chum ni-ma!ichkwupath. Pi g wo gego-
sith. T wo muh, bihugimk."

Sh im huh hab ep si s-jupij hih. Sh am i chegito
matp hems wa wehoh mat wo muh g bihugigkaj. T haha
wash wo ha!ichu ha ehs, bo em-ahg ch an ha neithahim
g kihki. Sh am huh haha wash hema gd huh hab sha
kehk g kih ch pi an huh hemajkamag. Sh am s-a!agi him
k am kihjeg t am i koachsh.   K pi ha!ichug g kihkam.
T sh am wah k am gahg ha!ichu ch g huhni chu!i am
chehg k haha wash wo i chum huh ihtha chu!i.

Sh ab huh hema hab si chei, "Habba! Habba!"

∞∞∞∞∞∞∞∞∞∞∞∞∞∞∞∞∞∞∞∞∞∞∞∞

Someone said, "This is the one who lives below us. When I
go there and pick the discards in his field, he chases me and shoos
me away and throws things at me. You all don't feed him. He'll
die of hunger."

Coyote again left very quietly. He began to think maybe it
was true that he would die of hunger. Then he thought he would
just steal something, and began looking over the houses. Suddenly
he noticed one standing a little distance away, with no people
around it. He went stealthily over there and peeked into the door-
way. The people weren't there. He went in looking for something,
and found some corn meal.

He was about to eat this, when someone shouted, "Shoo!
Shoo!" at him.

T am tha¹iwush g Ban, ki¹ishchug g chu¹i kostal. Sh wenog an hab e juh hegai mo an s-mahs mat heg an e gantad wenog mam g Ban an habbagithahim.

Neh, bash masma ia oimed g Ban ha wehm g o¹othham. Sh s-ap kihthag g hemajkam ch e¹esha ha¹ichu ch ep hehemapath g nahnko mahs ha¹ichu hugi ch bahbhiam ch ith ko¹a ch hekaj hab wud kihkam.

Sh g Ban pi hebai wud kihkam ch chum hebai wash himhim ch wehs ha¹ichu k ed e kehshahim ch oi wa hebai chum alo e mumkith. K wash pi has ahg g hemaj-kam ch wash hekaj s-hehkig ch hab a¹aga "Ni-tatal! Ni-tatal!"

Coyote dashed out, carrying the sack in his teeth. The corn-meal that was scattered when they shooed Coyote is visible up there now.

So that's how Coyote lived among the people. The people had good homes and planted and gathered various kinds of food and stored and ate them to live. But Coyote didn't have a home anywhere. He just wandered around, and appointed himself chief of everything, but usually almost got himself killed. Still, people didn't criticize him, but were just happy with him and kept calling him "Uncle, Uncle."

Mash g Ban an Gantan g Wihog

Kush am huh hebai hema kih g o!othham kch hab
chehgig Siwani. Kush ihtha Siwani wud si s-has ha!ichu
kch ish ge!e kih. Kush mu!ikpa kuhpi. Kush hekith am
hema wo jiwia kihj wui, kush hemho hab wo wa chei
g Siwani, "Ith apt eda pi ia huh wo sha!i s-wahkimk.
Mu!ij o g ni-kihki mapt an huh hebai wo i koi. Ith o
wud si hejel ni-wehhejedkam." Kush eda wud si s-has
ha!ichu ihtha Siwani. Kush chum hedai s-wehochuth kch
heg hekaj pi hedai s-mahch mash haschu am kuhpi heg
eda kih. Sh hab ɒi ha hiwgith g hemajkam mas hedai wo
nei am eda ihtha kih.

Kush am hab i kaij g hemajkam, "Matt hig wo oi
s-mai mas haschu am has chu!ig, s hab pi t-hiwgith g
Siwani. Kutp hems ge uwi alithag ch heg am kuhpch ch
hab pi t-hiwgith." Sh am hab i kaij, "Mat am wo ha!i

oooooooooooooooooooooooooooooooooooc

Coyote Scatters Mesquite Beans

Somewhere there lived a man named Siwani. Siwani was
very important, and had a big house with many rooms. When any-
one came to his house he would say, "Don't try to go in this room.
I have many rooms where you can sleep, but this is for myself
alone." Siwani was very important and everybody believed him so
no one knew what he had shut up in that room. He didn't let
anyone see what was in there.

The people said, "Let's find out right now what is in there
that Siwani doesn't let us see. Maybe he has a daughter shut up
in there and doesn't let us see her." Then they decided, "Some
should go and smoke with him, and the next night others should

hihim k am wo jehnigi. Kut wo ba'ich i hud. Kut wud
wo wa ha'ik ch am ep wo jehnigi. Kut hebai wo i s-
-kohsim k wo koi. Kutt am wo wai g Ban. T am wo nei
mas haschu am has chu'ig, kus hab pi t-hiwgith g
Siwani."

Neh, kush wa wehoh hab e juh mash hab kaij. Kush
mu'i hemajkam am e hemapai Siwani kih am. Sh wash
g Ban pi am huh jiwia k ash gn huh wash jeg ed e
ehstokch. Sh wa wehoh ge chuhug pi ha kohsch g
Siwani. Sh am ba'ich i hud, sh am ha'i ep thatha k ep
ge chuhug jehnigi g Siwani k am i ep mahsij. K am
ba'ich i hud. Sh wud wa ha'i kch am ep jehnigi g Siwani.
Kush eda ihtha Siwani ab kihjgo thahiwup mash heg
hab pi ha hiwgith. Kush chum alo koksho. Sh am wash
s-mahch g hemajkam mash am wud wo i ba'ich i hudunk,
tsh wo koi g Siwani.

Neh, sh am wud i gi'ik s-chuhugam. Sh ha'i ep

---

go and smoke with him. Sometime he'll get sleepy and go to sleep.
Then we'll call Coyote and he'll see what's in there that Siwani
doesn't let us see."

So they did what they said. Many people gathered at the
house of Siwani. Coyote didn't go to the house, but hid out a
ways. All night they didn't let Siwani sleep. The next night some
others came and smoked all night with Siwani until morning. The
next night others also smoked with Siwani. Siwani sat outside the
house, in the doorway of the room he would not let them see into.
But now the people knew that the next night Siwani would go to
sleep.

It was the fourth night. Some people again came and smoked

thatha k gm huh ge chuhug ep jehnigi g Siwani. Kush
g s-chuhugam e eda i huh. Kush haha wash koi g Siwani.

Kush eda g Ban gm huh jeg ed e ehstokch. Kumsh
am ahgith mash koi g Siwani. Kush ab i wah g Ban k gn
huh o!othham ha wehbig bahnimed k gm huh wah. Kush
eda wenog pi an huh kuig. Sh ihtha Ban pi mahch mas
haschu wud ch am kehk. Kush hab em-ahg g Ban,
"Neh!e, pi an huh hebai sha!i uwi ta neithma. Kutp
hemhowa ith ia s-tha!ath ch hab pi t-hiwgith. Kus
haschu wud? Kutp hems hig s-kehg wud ha!ichu hugi.
Kunt wo jeh, kus has kahk." Bash em-ahg g Ban.

Kush eda s-wihogthag ihtha kui kch ish heki huh
bak an wash i s-gantani e wecho. Kush am i jeh g Ban
mash s-i!owi ihtha wihog, sh an bahnimed ch ha kuhm
ch ish si s-kohwoth.

∞∞∞∞∞∞∞∞∞∞∞∞∞∞∞∞∞∞∞∞∞∞∞∞

with him all night. And in the middle of the night Siwani went to
sleep.

Coyote was still hidden away from the house. They told
him that Siwani had gone to sleep, so Coyote came creeping be-
hind the people, and went in. At that time there were no mesquite
trees here, and Coyote did not know what it was he saw standing
there in the room. He thought, "Look, there's no girl to be seen
anywhere. It must be this he treasures and would not let us see.
What can it be? Maybe it's something good to eat. I'll taste and
see what it tastes like." That's what Coyote thought.

At the time this mesquite had a lot of beans which were
ripe and scattered below it. Coyote tasted the beans and they were
sweet. So he crept around chewing them until he was full.

Sh eda am hahawa i neh g Siwani k ash kah mash am huh hema ha'ichu si s-kawnim kuhm. Kush gam si tha'iwush g Siwani.

Sh eda hihinkia g hemajkam k hab kaij, "Hah! Shahpt wo e juh, Siwani?" k ash ith hekaj gd huh toths g Ban.

Sh am haha wo i chum wah g Siwani heg eda e-kih mash hab s-tha'a. Sh ab tha'iwush g Ban Siwani kakio shahgith k ia huh hema kihjeg t ab ep tha'iwuni k gm huh meh. Kush g e jehnigiththam ab ep Ban oithch ne'iopa kch an tahgio g Siwani.

Sh gm huh wa mehko. Sh ab hahawa tha'iwush g Siwani k am huhu'i g Ban. Sh an memdath ch an gantan g wihog kai mo hemuch an s-kuig. Kush gi'ik tash ab huhu'i g Siwani g Ban. Kush gm huh hebai i thagito Waw Giwulik shon am.

<hr />

Just then Siwani woke up and heard someone noisily chewing. He suddenly jumped up.

The people shouted saying, "Hey, what are you going to do, Siwani?" And they frightened Coyote with their shouting.

Siwani was just going into the room that he kept guarded, when Coyote dashed out between his legs and out the door, and ran off. The smokers rushed out after Coyote in front of Siwani.

Coyote had already gone a long way when Siwani got out and chased him. Coyote ran along, scattering mesquite beans where there are now many mesquite. Siwani chased Coyote for four days and finally stopped chasing him somewhere at the foot of Baboquivari.

Neh, sh gm huh e tho!ibia g Ban k ash an oimed
ch hab ha a!agith, "Moki s-kehg wud ha!ichu hugi. Kunt
an hi wa gantad g kaijij. Kutp hems an wo wa wuhsh.
Kumt an wo u!uth ch wo ko!ath. S-wehom oki s-i!owi."

Neh, sh wa wehoh an wuhsh g kui k ab wihogt.
Sh an u!u g hemajkam ch ko!a.

∞∞∞∞∞∞∞∞∞∞∞∞∞∞∞∞∞∞∞∞∞∞∞∞∞

So Coyote escaped and went about saying, "This is good
food, and I have scattered the seed. Maybe when it comes up you
will gather it and eat it. It is really sweet."

So the mesquite came up and produced beans. Now people
gather it and eat it.

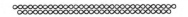

Mash g Ban an Gantan g Kaij

Kush eda g Komkch'ed g e-nawoj wehm am huh hebai kih ge shuhthagi hugith am. Kush g hahshani am epai e'es. Sh hekith babhe, kush wo ui g bahithaj k wo jujunit k gd huh wo si toa e-kih ed. Sh wud hegai kaij mash an wo al e gantad hahshani wecho.

Kush an wo che'ew g Komkch'ed k gm huh wo hih ge shuhthagi wui k gd huh wo jiwia k am wo si nehnchuth k gn huh wo shul ge shuhthagi ch ed, hab ahgk mash pi in huh wo wuhsh. Sh hegam wa'i hejel g bahithaj wo ko'ath.

Neh, kumsh am ah'ath g Ban mash am wo him k wo nei mas pi wo e nako mash wo ha u'i g hahshani kai. Sh epai wo ei g hemajkam.

Coyote Scatters Saguaro Seed

At that time Turtle lived with his friend by the ocean shore. He had saguaro cactus and when it ripened he would gather the fruit, dry it with the seeds in it and store it in his house. That's the seed that's scattered under the saguaro.

Then Turtle would pick them up and go to the ocean and throw them into the water so the seeds wouldn't grow. This way they were the only ones who ate the fruit.

So Coyote was sent to see if he could get some saguaro seed so the people could also plant it.

Neh, kush gm huh hih g Ban k ash hab em-ahg
mash hebai wo i nam g Komkch'ed k am huh wa has
juh k wo iattogi. Neh, sh gm huh hih ge shuhthagi wui
k ash gn huh oimmed ge shuhthagi huhugith an ch amjed
neith. Kush ga hu hudunihim tho'ag t amjed. Sh gm
huh i namki g Ban.

Sh am huh hebai e nahnam. Sh hab kaij g Ban,
"Bahpt wo hih? "

Sh hab kaij g Komkch'ed, "Gam ant huh wo
ni-wachwim ge shuhthagi wui."

Sh hab kaij g Ban, "Shahchu o wud hegai map an
shahku'a?"

Sh hab kaij g Komkch'ed, "Tho wash ge ha'ichu
kch s-ta ehbithama g hemajkam ha wehhejed. Kunt
hemu im wo him k gd huh wo hiash ge shuhthagi wecho.
Kut hab pi hekith in huh wo i wuhsh ith thahm jewed."

∞∞∞∞∞∞∞∞∞∞∞∞∞∞∞∞∞∞∞∞∞∞∞∞∞∞∞∞∞

Coyote went, thinking of what he could do to deceive Turtle
when he met him. He went to the ocean and was wandering
around on the shore when he saw him. Turtle was coming down
from the mountain, so Coyote went to meet him.

When they met, Coyote said, "Where are you going?"

Turtle said, "I'm going to the water to swim."

Then Coyote said, "What's that in your hand?"

Turtle answered, "It's a strange thing and is very dangerous
for people. I'm going now to put it under the water. That way it
will never come out on the land."

Kush hab kaij g Ban, "Kus wa chum s-ta ehbithama, kups haschu ahg k am wo hiash shuhthagi ch ed? Nap pi mahch mo g shuhthagi ab i hihhim ch am hihhim ch am wo i wuwhas? Kunt hemu ahni am wo m-ahgi matt has wo juh ihtha s-ta ehbithamakam ha'ichu. Kut pi hekith in huh wo i wuhsh. Ia ant wo wagt s-juhkam. Kutt am wo hiash k g ge hothai hema wo i melchuth k hekaj am wo ma'ish. Kut pi has e juh k wo wuhsh."

Kush hab kaij g Komkch'ed, "Matt am jewed ch ed wo chum hiash. Kut gd huh wo tatkt k ia wo wuh-shani k ab wo bak in wo gantad g e kai. Kut heg amjed gm huh wo mu'itha."

Kush hab kaij g Ban, "A! Kutp wud ha'ichu kai. Kunt hig wo nei. Shah'o mahs."

Kush hab kaij g Komkch'ed, "Pt wo chum nei, t wo m-mumkich."

∞∞∞∞∞∞∞∞∞∞∞∞∞∞∞∞∞∞∞∞∞∞∞∞∞∞∞

Coyote said, "If it is dangerous, why do you put it under water? Don't you know that the water comes and goes, and will bring it out? I'll tell you what we will do to this dangerous thing so that it will never come out. I'll dig a deep hole and we will bury it and roll a big rock to cover it, then it will not be able to come out."

But Turtle said, "If we bury it in the earth, it will sprout roots and come up and ripen and scatter it's seed. From there it will multiply."

Then Coyote said, "Oh, so it's some kind of seed. Let me see what it's like."

But Turtle said, "If you try to see it, it will make you sick."

Pi at wehoh wo ni-mumkich. Nap pi ni-mahch mani
ani hab wud wa ep mahkai? K heg hekaj pi hekith
ha'ichu ni-mumkichuth."

Kush am i ul g Komkch'ed g e-nowi k ash ha'as
huh am al i jega.

Kush hab kaij g Ban, "Ki'agani! Ki'agani! Want wo
si miajed nei. Pi o mahs i'ajed." Bash kaij ch gm huh
sha bahnimed Komkch'ed wuı.

Kush ga huh i ak hab ep kaij, "Thohwai! Nt haha
wo si s-ap nei, kus haschu wud." Sh am wa neith. Kush
wash chum kuhpi'o g e-nowi g Komkch'ed. Kush we-
chojed am si shonıhi g nowij. Kush wenog an e gantad
g kaij mo hemu an s-hahshanig.

Neh, kush hab chu'ijok ga huh meh uhhum g Ban
k ash an memda ch hab ha a'agith, "Mant hi wa chum
pi ha'i ui g kaij k washaba wash wehsko gantad ith thahm

∞∞∞∞∞∞∞∞∞∞∞∞∞∞∞∞∞∞∞∞∞∞∞∞∞∞∞∞

"It won't really make me sick. Don't you know that I am
also a medicine man? That's why nothing ever makes me sick."

So Turtle held out his hand, and just opened it a little bit.

Coyote said, "Wait, wait! I want to see it real close. It's
not clear from here." When he said this, he crept up on Turtle.

When he got up to him he said, "There! Now we'll see
what it is." And just as Turtle was opening his hand, he hit it
from below, and the seed was scattered wherever there are sa-
guaro growing now.

When Coyote had done this he ran back, telling everyone
as he ran, "Even though I did not get the seed, I scattered it

jewed. Kutp hems an wo wa wuhsh g hahshani k ab wo bai. Kumt an wo u!uth ch wo ko!ath."

Neh, kush ith hekaj mash ha!ichu ha wehhejed s-ap!e g hemajkam ihtha Ban, msh g uwi mah. Kush s-kehgaj. Neh, sh ia i hohnt g Ban k ash hab kaij, "I!ajed ant hahawa pi wash chum hebai wo memdath. Kumt hedai haschukaj wo s-ni-neitham k am wo i ni-gahghi. Im ant wo kihk si!al wecho mani am heki huh ahgal g jewed."

Neh, sh gm huh hih g Ban si!al wui g e-hohnig wehm. Kush heg hekaj mash wud ge wi!ikam ch ep mu!i ha!ichu neithchkahim ch mu!i e sho!igchuthahim kch ep wehsko s-mahch g jewed gd huh si i shohshon k amjeḍ ch ia hugkam, neh, sh ith hekaj hab s-chu amichuth.

∞∞∞∞∞∞∞∞∞∞∞∞∞∞∞∞∞∞∞∞∞∞∞∞∞∞

everywhere on this land. Maybe when the Saguaro comes up and ripens, you will gather it and eat it."

This is why Coyote is good for something for people. Then they gave him a wife who was beautiful, and Coyote married her, and said, "From now on, I will not just wander around.Whoever wants to see me for any reason will go over there looking for me. I will be living in the east where I have already spoken for land."

So Coyote went to the east with his wife. And, because he was a survivor, and saw many things and suffered much and knew the earth everywhere from the beginning until now, he was a very wise person.

Mash g Ban Alithag pi Haschu Wehhejed S-ap'e

Thash wash Himhitham

Sh am huh wa'i he'es, sh haha wash alitht. Sh wud al cheoj. Sh ihtha Ban chum hekith ha'ichu ahgith g e-alithag hab ahgch mash hekith wo ge'etha k wo s-chu amichuthath hab masma mo g ohgaj ch wo s-melthagk ch wo s-chu me'adagk kch wud wo si cheojk ch wo s-mahchk g jewed gd huh i shohshon k amjed.

Kush am sha al i ge'etha ihtha wiapo'oge'el. Kush pi ha'ichu wud hemajkam ch pi ha'ichu amichuth ch pi wud sha'i mo'obdam kch ish wash hi wa s-kehg wud wiapo'oge'el ch ep s-melthag.

Kush mu'i hemajkam gm hu a'aijed am thaiwath ch am jehjenigith g keli Ban ch am kah g s-kehg ha'ichu

∞∞∞∞∞∞∞∞∞∞∞∞∞∞∞∞∞∞∞∞∞∞∞∞∞∞∞∞∞∞∞

Coyote's Son is Good for Nothing

He's Just a Wanderer

After awhile Coyote had a child. It was a boy, and Coyote always told his son things, so that when he grew up he would be as wise as he was, a fast runner, a killer, brave, and would know the earth from the beginning.

This boy grew up part way and was a handsome boy and fast, but was not at all human, was not wise, and was not a hunter.

Many people came from all over and smoked with the old

85

ahgaj, ge heki huh hemajkam ha himthag. Kush g ha'ichu hugi am mahk nashpi kelit g Ban k pi hahawa wipi'a.

Kush pi wehochuth g alithaj mash chum ha'ichu ahgith ch ish pi hekith am huh kaiham. Kush pi ha wehochuth g hemajkam mash ha'i am ha'ichu wo si has ah. Sh am i s-ohhothach g e-kih ihtha wiapo'oge'el heg hekaj mash pi am huh ha'ichu sha'i ta hohho'ithama.

Sh hema tash, sh hab haha wash kaij, "Kush wa g jewed ge gi'ik chuhchpul. Kunt hig wo oi s-mai g wehokam. Mu'i ap wa'i ha'ichu ni-ahgith. K mu'i ha'ichu s-ta ehbitham ahg g hemajkam, ia thaiwathch. Kunt hemuch im wo i himhim k wo nei g hejel ni--wuhpuikaj k wo s-mai matp haschu wud i wehokam kch haschu ep pi wud wehokam."

Sh hab chum kaij g ohgaj, "Map wud wash kiap

Coyote and listened to his good words about the customs of the old timers. They gave him food, because he was old and no longer hunted.

But his son did not believe what he tried to tell him, and never listened to him. He didn't believe people when they would tell some strange things. This boy wanted to leave his home because there was nothing interesting there.

One day he suddenly said, "They say the earth has four corners. I am going to find out the truth. You have told me many things, and the people that come here have told me many things. Now I am going to see with my own eyes, and learn what's true and what isn't true."

His father said, "You are still just a child and don't under-

ali kch pi haᶦichu amichuth kch pi mahch g jewed ch pi mahch g hemajkam ha himthag kch am wo him k hebai wo jiwia ha kih am k am huh wash has huh wo chuᶦi. Kut am wo m-mea g hemajkam."

Sh eda hab em-ahg ihtha wiapoᶦogeᶦel mo hab wa masma haᶦichu s-amichuth mo g ohgaj. Sh am wa e aᶦagahim. Sh am hahawa i thagito g keli g e-alithag.

Kush gm hu hih, neh, k ash wa wehoh hab e juh mash hab kaij g ohgaj. Sh hebai wo jiwia oᶦothham ha kih am, sh ha hekaj wo si nawojt g oᶦothham heg hekaj mash g ohgaj jewed si shuhthkim s-kaithag mash s-chu amichuth. Sh wash pi muᶦi wud wo tashk, kush am huh wash has wo chuᶦijok heg hekaj si e elith k gm huh hasko ep wo med k gd huh hasko wo mel. Kush ha hekaj ep wo si nawojt g oᶦothham. Sh pi muᶦi wud wo tashk, kush am huh wash ep has huh wo chuᶦi. Sh heg hekaj g oᶦothham wo meᶦahog k an wo i chum bebhehi.

∞∞∞∞∞∞∞∞∞∞∞∞∞∞∞∞∞∞∞∞∞∞∞∞∞∞∞∞∞∞∞∞∞

stand anything, and don't know the land. You don't understand the people's customs, and you'll go to someone's house and do something or other, and the people will kill you."

But the boy thought he understood things as well as his father. They talked about it, then the old man let his son go.

He went and did just as his father had said. Wherever he came to someone's house, the people would befriend him because it was told all over the earth how wise his father was. But before many days, he would do something or other and shame himself and run off somewhere else. The people there would also befriend him. Before many days he would do something or other again. So

Kush eda hab s-melthag ch heg hekaj hi wa e thotho'i-
biad.

Neh, bash masma an oimelhim ch jiwia. 'Sh pi
ha'ichu sha'i mahch k ep pi hebai ha'ichu sha'i s-hoh-
ho'ith k neith k ash jiwia, k hab kaijch, "Mant wehsko
nei g jewed k mai g o'othham ha-himthag k ep heki huh
ge'etha k ia'i s-ap'e mant wo hohnt."

Sh hab hi wa chum kaij g ohgaj, "Map wud wash
kiap si wiapo'oge'el. K pi koi s-ap'e mapt wo hohnt."

Sh wash pi ab huh kaiha g e-ohg k ash hohnt. Sh
eda hab s-kehg wud o'othham kch ep s-melthag kch ish
ith hekaj chum si e haschuth. Sh am i hohnt. K pi tash
amjed, sh g bahij gm wash i e naggia mash heg heki huh
am wash wo i si shel kehshachugath. Sh ep s-kohsk ch ep
s-padma kch pi haschu wehheję̈d s-ap'e, hegai wa'i mash
wo ha nealim. Kumsh hebai wo ha'ichu mah, sh am wo

<hr/>

the people would plan to kill him and try to get him. Yet he was
fast and would save himself.

That's how he went about. He didn't know anything, and
didn't like anything he saw. Finally he came back saying, "I have
seen the land everywhere and have learned the people's customs
and now it's right for me to get married."

His father tried to tell him, "You're still too young and it's
not time for you to marry yet."

But he did not listen to his father and he got married. He
was a handsome man, and fast, and bragged about this. When he
married it was not long before his tail was just hanging, which
before he carried erect and proud. He was a sleepyhead and lazy,
and was good for nothing except to beg. When they gave him

wai g e-hohnig ch e-a!althag. Sh am wo thatha k wo wehmt.

Sh mu!i s-ta edam has ahg g u!uwi. Sh am i ha kah g hohnigaj k ash hab kaij, "Maptp wo tatchuath mant ia m-wehm wo kihk, pt wo wipi!a k wo ha!ichu me!a k hekaj wo ha gegos g e-a!althag. Kuptp pi ha!ichu wo ha gahgi g e-a!althag, kunt wo hih am ni-ohg wui heg hekaj mani pi tatchua manis chum hekith an ha kihki oithch wo oimmedath ch g ha!ichu hugi wo gahgath. Mu!i o wa!i s-ta edam has ni-ahg g hemajkam."

Neh, bash kaij g uwi. Sh hab kaij g Ban, "Am o wa s-ap!e. Si!alim ant wo wipi!am."

Sh am i mahsi. Sh gm huh wipi!am. Sh am i him k hab kaij, "Mo mu!i wud pihthag g kuhshtha. Nt wash wo has huh thohththa g ha!ichu ni-mahchigkaj hegai mat haschu an huh wo i e mahsith ni-tahgio," bash kaij.

∞∞∞∞∞∞∞∞∞∞∞∞∞∞∞∞∞∞∞∞∞∞∞∞∞∞∞∞∞∞∞

something, he would call his wife and children and they would come and help him.

The women spoke shamefully of him. His wife heard them and said, "If you want me to live here with you, you should hunt and kill something to feed your children. If you don't look for something for your children, I will go to my father, because I don't want to always be hanging around people's houses looking for food. Many people are speaking shamefully of me."

When she said this, Coyote said, "That's alright. Tomorrow I'll go hunting."

In the morning he went hunting. As he started he said, "Chasing game is a lot of trouble. I will just do something with my powers to whatever appears before me."

Mash Hema Bebhe g Kakaichu

Sh am huh hebai kia him. Sh am haha wash g kakaichu wohpo!o. Kush hab kaitham ne!e:

> *Yali kakaichu yuhinge,*
> *Shahm ingi nielinoke?*
> *Gamu wewesi nenehima.*
> *Hema pi e memeko*
> *Chum ani ingi yungionga ni-elihina.*

(Al kakaichu u!uhig, shahmt higi ni-elithok gm huh wehs nehnihim. Hema pi e mehko. Chum ani higi hugiog ni-elith.)

Bash wo chei. Sh gm huh wo nehni g kakaichu. Sh hema pi wo ap thah. Sh am wo bek wo hug k am wo i ko!ito k gm huh ep wo i ha oi g ha!i k hebai wo ha cheh k am ep wo ah g e-ne!i k am hema wo i ep bei. Kush hab e wuihim ch am i kohwoth k am sha!i e ulinihogithahim ch gm huh ep hih.

<hr>

He Catches Quail

After he said this he was still going along somewhere when some quail ran out. He sang these words:

> *Little quail birds, what do you think of me?*
> *Over there all fly away.*
> *One does not go far.*
> *I wish I could eat it.*

When he said this, the quail would fly away but one would not fly well. He would get it and eat it. When he had eaten, he would follow the quail again. He would sing his song again and get another one. When he had done this and was full, he rested awhile and went on again.

Mash Hema Bebhe g Wopsho

Sh am huh hebai kiap him, sh am haha wash g wopsho mahmad oiopo. Sh hab ep kaitham ne¹e:

> *Wopsho mahmade wahshana wohpoh*
> *Wopsho mahmade waḥshana wohpoh*
> *Hema ab ali uhsi shon t ab si ali yuchiwua*
> *k gam uh si gehsh k wuhshani*
> *K amaijede gam ali goikime.*

(Wopsho mahmad wahshan wohpo¹o. Wopsho mahmad wahshan wahpo¹o. Hema ab al uhs shon t ab si al huchwua k gm huh si gehsh k wuhshani k amjed gam al goikim)

Sh hekith am i kuhgit ihtha e-ne¹i, sh hema itham al wopsho i gegshshe heg wa wepo matp e huchin k am i wahammig ch pi ap memda. Sh am bebhe g Ban ch huhuga. Sh am i gi¹ik wopsho ha hugiog k gm huh ep hih.

∞∞∞∞∞∞∞∞∞∞∞∞∞∞∞∞∞∞∞∞∞∞∞∞∞∞∞

He Catches Rats

He was still going along somewhere when he came to where there were some baby rats wandering about. He sang these words:

> *Baby rats yonder are running,*
> *Baby rats yonder are running,*
> *One stumbles hard on a tree stump,*
> *and falls and rises,*
> *and goes slowly on from there limping.*

When he finished this song of his, one of the little rats would fall as though it had stumbled, and get up and not run right. Coyote would catch it and eat it. He ate four rats and went on.

Mash g Mumuwal si Jehkaich g Ban

Sh ab huh hebai tho'ag t ab chesh. Sh ab huh hebai ge chehog. Kush g mumuwal ab si ne'e. Sh am i nod g Ban k ab jiwia k gm huh koachk cheho ch ed ch hab kaij, "Shahm kaij? M amtp huh wash has huh ni-ahg."

Sh hab kaij g mumuwal, "Pi'a, Pi'a, Tatal. Wach wash s-hehkig ch hab ne'e mapt jiwia k wo t-wehmt. Kutt wo mea g Mawith. Heg o ia jijiwhia ch ia koksho ch pi t-hiwgith machs wo ne'eth. Kuch hema an huh sha'al tattam chiniwoj an. K babgat ch si todk ch t-thagshud. Pt ab wo i wah, tatal k wo t-wehmt. Kutt wo mea g Mawith mat ia wo jiwia."

Sh am i s-ha wehoch g Ban k am wah.

Sh hab ep kaij, "Tatal, m att hema wo ah g t-ne'i.

∞∞∞∞∞∞∞∞∞∞∞∞∞∞∞∞∞∞∞∞∞∞∞∞∞∞∞∞∞∞∞

The Bees Trick Coyote

He then climbed up somewhere on a mountain. There was a cave and bees were singing there. Coyote turned and went and peeked in the cave and said, "What are you saying? Maybe you are talking about me."

The bees said, "No, no, Uncle. We are just singing because we are happy. You came and will help us kill the mountain lion. He comes here to sleep and doesn't let us sing. One of us just touches his whiskers a little, and he becomes angry and growls and smashes us. Come in, Uncle, and help us, and we'll kill the mountain lion that comes."

Coyote believed them and went in.

They said, "Uncle, we will sing one of our songs. You help us and we'll dance. We'll be happy while we wait for the moun-

Pt wo t-wehmt. Tt wo keihi. Kutt wo s-hehkigk ch ihab
wo nenidath g Mawith." Sh si s-hohhoi g Ban.

Sh hab kaitham ne'e g mumuwal:

Mumuwali, mumuwali,
E cheo kukpa, e cheo kukpa.
Hikaji mo'okaji wuhsha.
Ha'asi ali sikoli t-wih.

(Mumuwal, mumuwal, e cheho kukpa, e cheho kukpa.
Hikaj mo'okaj wuhsh. Ha'as al sikol t-wih.)

Neh, bash kaitham nei. Sh am ha eda memda ch
keihin ch pi ha neith mash am i kuhgi g e-ne'i kch ha'i
gm huh ne'iopa hab wash chum che'iok, "wih". Sh ga
huh ha oithch si i e nanmek g cheho. Neh, sh wash
huhughim k huhughim k ash al gohk am wih k ash am
nahnkaj wehbig nen'e ch ne'e.

∞∞∞∞∞∞∞∞∞∞∞∞∞∞∞∞∞∞∞∞∞∞∞∞∞∞∞

tain lion." Coyote liked that.

Then the bees sang these words:

Bees, Bees,
Closing the cave, closing the cave.
The center one goes out head first.
We have just a little of the circle left.

That's what they sang. And Coyote was running around in
the middle dancing, and didn't see that as they finished their song,
some would rush out just as they sang "left". The cave was closing
up after them. They were becoming fewer and fewer until just
two were left, flying around his ears singing.

Sh keihin g Ban ch sikol medath ch nodgith ch pi ha'ichu neith ch pi mahch mas haschu has e junihim. Sh am wash i chum kuhgi g e-ne'i itham gohk k ash gm huh ne'iopa. Kush chum alo ab si e kuh g cheho. Sh am wash si kekiwua g Ban k chum nei mamsh kuh. Sh pi has e juh k wo wuhsh. Kush hab kaij, "Ia ant wash wo thak. T hekith ia wo jiwia g Mawith,nt ab wo si ihm k wo ahgi mat haschu has e juh am ni-tahgio."

Mash g Ban Iattogi g Mawith k e Tho'ibia

Sh wa wehoh am i jiwia g Mawith k ash chum nei mash al chum ab jeg g cheho kch ish Ban ab koachk. Sh hab kaij g Mawith, "Mantp wo sha i m-wuhshath k wo m-mea. Bapt wo s-mahchk."

Sh ab hi wa chum ihm g Ban. Sh wash pi am huh

<hr />

Coyote was dancing and running around in a circle getting dizzy, and didn't see anything so didn't know what was happening. These two just finished their song and rushed out. The cave was almost closed up and Coyote suddenly stopped, surprised to see that they had shut him in. He had no way to get out. He said, "I'll just sit here and when the mountain lion comes I will call him "Brother" and tell him what happened to me unawares.

Coyote Deceives Mountain Lion and Escapes

When the mountain lion came he was surprised to see that there was just a small opening and that Coyote was peeking out. The lion said, "If I ever get you out I will kill you. You had better know that."

Coyote tried to call him "Brother" but the mountain lion

kaiham g Mawith ch ish heg wa^{l}i me^{l}a im huh s-gewkam
ahgk. Kush ab si shonikkashahim ch ab sha^{l}i ge^{l}ethaj
g jeg k ab i wuhshath g Ban.

Sh hab kaij, "M o wa s-ap^{l}e. Wapt wo ni-mea. Nt
wash hemako ha^{l}ichu wo ah am m-wui. Kupt haha wo
ni-mea." Kush hab kaij g Ban, "Mani ge hohnig kch ep
ge a^{l}althag. Pt hemuch ia wo ni-mea. T pi hedai ha^{l}ichu
wo ha gahgi. Pt al ha^{l}as wo kia ni-thagito. Nt am wo
ni-ho^{l}ige^{l}ithahu t-Si^{l}ihe wui. Tp hems wo wa s-ni-
-ho^{l}ige^{l}ith k wo wa hebai s-ap has juh g ni-hohnig ch
ni-a^{l}althag. Nt am wash wo i chum kuhgi, pt haha wo
ni-mea."

Sh am i s-hohhoi g Mawith. Sh hab kaij g Ban, "Am
ant wo ni-ho^{l}ige^{l}ithahu m am sha^{l}i wehbig. Pt i^{l}ajed
am wo ni-kaihamath. Nt hekith am huh wo si gikuj, pt
am wo him k am wo ni-mea."

◊◊◊◊◊◊◊◊◊◊◊◊◊◊◊◊◊◊◊◊◊◊◊◊◊◊◊◊◊◊◊◊◊◊◊◊◊◊

was not listening, just demanding his prey. He was pounding on
the cave, and enlarged the hole a bit, and finally brought Coyote
out.

Coyote said, "That's alright. You are going to kill me. I'm
just going to say one thing to you, then you can kill me." Then
Coyote said, "I have a wife and children, and you are going to kill
me so there will be no one to hunt for them. Leave me here a
little while and I will pray to our elder brother. Maybe he will
have pity on me and will do something good for my wife and
children. When I'm finished you can kill me."

The mountain lion agreed and Coyote said, "I'm going to
pray over there behind the brush. From here you can listen to me.
When I whistle, you can come and kill me."

Sh imhab bij shaʹi wehbig g Ban k ash am huh hebai g Shelik bek am huh hebai hiash eda hugkam shaʹi wehbig k gm huh heb huh meh. Kush iḣtha al Shelik am i gewko k am huh si shoak. Sh hab em-ahg g Mawith mo wud Ban ch am gikuj. Kush am med k gd huh meliwk chum nei. Sh wud wash Shelik.

Sh am i wuhshath g Mawith. Sh am hab i kaij g al Shelik, "Mat g Ban ia ni-hiashpk gm huh meh. Nt pi ap i wuhshani k hab shoak." Neh, sh am i thagito g Mawith k gm huh meh.

∞∞∞∞∞∞∞∞∞∞∞∞∞∞∞∞∞∞∞∞∞∞∞∞∞∞

So he went behind the brush and caught a prairie dog and half buried it behind the brush, then ran away. The prairie dog got tired and cried loudly. The lion thought it was the Coyote whistling, so he went running and was surprised to see it was just a prairie dog.

The mountain lion dug him out and the prairie dog said, "Coyote buried me here and ran off and I couldn't get out so I cried." The mountain lion let him go and ran off.

Mash g Chukugshuad Nahnko Ahg g Ban

Kush eda tonom g Ban k ash gm huh meh wo'oshani wui. Sh am huh hebai ge wo'og. Sh wash pi am huh shuhthagi. Kush am chum tha'ibij. Sh eda g Chukugshuad am huh wo'o jewed tahpani k ed ch ish am huh si ne'e.

Sh hab em-ahg g Ban, "Mat am huh wash has huh ni-ahg ch hab kaij. Nt am wo neith k gam wo si ki'ishud." Sh gd huh meliwk am chum gahghim ch am wash i pi edgith k ash am i chum meh.

Sh am huh ep si ne'e g Chukugshuad ch ish hab ahg g Ban mash hab wa s-gaki ch am wash i s-hohalmagi wuhpui kch ash s-kulgiwagi bahi.

Sh gd huh wash nod g Ban k gahi ep him k ash am chum wagtahim ch am wash i pi edgithok gm huh meh.

∞∞∞∞∞∞∞∞∞∞∞∞∞∞∞∞∞∞∞∞∞∞∞∞∞∞

Cricket Ridicules Coyote

Then Coyote got thirsty and ran over to the valley. There was a dry pond there and he was about to run past when he heard a cricket in a crack in the earth singing loudly.

Coyote thought, "He is talking about me. I am going to find him and chew him to bits." So he ran over there looking for him but didn't find him.

When he started to run again, Cricket sang again. He told Coyote that he was bony, hollow-eyed, and bony-tailed.

Coyote turned around and came back. He tried to dig him out but couldn't find him, so just ran off.

Mash g Kohkod si Jehkaich g Ban

Sh am i gewko g Ban k ep tonom k ash s-e pad-
machuth ch gam al kehkkim ch pi gn huh ha!ichu i
neithahith ch pi neith mash juhk gn huh wehbig ch
amjed g shuhthagi medath ch heki huh i ak ash gn huh
biha. Sh has huh i e juh k chum nei, sh ab cheshajhim
g shuhthagi. Sh g uhs am kehk. Sh heg ab an cheshath
k gn huh dak ch chum nenida mat wo huh g shuhthagi.
Sh haha wo i hud.

Sh g Kohkod ab haha wash tha!a ch gnhab i
thahiwua hema ep uhs t an k ash am ha hekaj shonwuich
g e-ne!i k ash hab kaitham ne!e:

Hah! Lulumih.   Hah! Lulumih.
Wat o komalih. wat o komalih.

(Hah! Lulumih. Hah! Lulumih. Wat wo komal hih. Wat
wo komal hih.)

∞∞∞∞∞∞∞∞∞∞∞∞∞∞∞∞∞∞∞∞∞∞∞∞

Crane Tricks Coyote

By now he was tired and thirsty and lazy, so walked slowly,
not paying attention to where he was going. He didn't notice
that it had rained around him and suddenly a flash flood overtook
him and surrounded him. He tried to do something and was
surprised to see the water still rising. There was a stick standing
there so he climbed on it and sat there, waiting for the water to
go down so he could get down.

A crane flew in and landed on a tree. He started his song
right away, and sang:

Hey, settle down!
Hey, settle down!

Sh am wo i kuhgi g e-ne'i k ash am wo si wahki g
e-nowi k ash g bith an wo i ha wuhshath.

Sh an neith g Ban ch am oithch hab e wua ch ish
wash hi pi gd huh a'ahe g jewed.

Sh am si i komalka g shuhthagi. Sh gam i hud g
Kohkod k ash hab kaij, "Tatal, heki atki huh huh g
shuhthagi. Oi g i huduni."

Sh am i thah g Ban k gd huh chum chuthwua k
gm huh i moht. Kush am hihnk ch am waith g Kohkod
mash am wo i wuhshath. Sh am wash neith g Kohkod.
Sh chum alo muh. Sh am hahawa i wuhshath g Kohkod.

Sh hab kaij g Ban, "Mant heg hekaj hab chum alo
wachum map ahpi wash che'echew kakio. K wa chum

∞∞∞∞∞∞∞∞∞∞∞∞∞∞∞∞∞∞∞∞∞∞∞∞∞∞∞∞∞∞

It will run shallow.
It will run shallow.
When he finished his song he would put his arm in the water
and take out some mud.
When Coyote saw this he tried to do the same thing, but he
couldn't reach the earth.
The water was shallower, so the crane went down and said,
"Uncle, the water has already gone down. Come on down."
Coyote jumped and tried to land on all fours, but he just
floated off. He yelled and called the crane to pull him out. The
crane just watched him and he almost died. Then finally the crane
pulled him out.
Coyote said, "I almost died. Because you have long legs,
even though the water is deep, your legs reach the ground, so you

s-juhk g shuhthagi, kup eda wa a'ahe g jewed g e-kakio-
kaj. K hekaj hab pi i m-momtto. Pt hemuch hi wa ni-
-tho'ibia. K washaba pi ta machma, Kuptp hems hema
tash hebai ha'ichukaj hab wo wa epai pi e nako. Kunt
am hab wo wa epai m-tho'ibia."

Mash wud haha wash s-chu Ehskam g Ban

Sh ihab i kaij g Ban, "Mant wo uhhum him k wo
nei. Gamai atp heki huh heb huh meh g ni-hohnig." Sh
eda mu'i mamshath wa'i huhug mash am thagito g
e-hohnig k am wipi'am.

Neh, sh gm huh uhhum hih, pi haschu chuhhug
u'uk, k ash gd-huh jiwia e-kih am. Sh am wash i kikkia-
dag. Kush inhas ep medath ch chum jekiam ch chum
hewgiam ch chum ha chu'ichk k ash pi hebai sha'i s-mai
mas hebai hih g hohnigaj.

∞∞∞∞∞∞∞∞∞∞∞∞∞∞∞∞∞∞∞∞∞∞∞∞∞∞∞

are not carried away. Now you have saved me. Who knows, per-
haps some day you will need help and I will save you."

Coyote Turns Thief

Then Coyote said, "I'm going back home and see if my wife
has already run away." Many months had gone by since he had
left his wife and gone hunting.

He went home, not taking any meat. His house was deserted.
He ran back and forth looking for tracks, and sniffing and asking
everyone, but he didn't find out where his wife had gone.

Kush am i gewko k bihugim k ep tonom k ash gm huh i chum chegitohi g e-himthag k ash hab kaij, "Moki ba!ich i s-ap!e mant wo muh hemu iia. Mu!i ani ni--sho!igchuth. Neh, mani hebaijed i s-chegito g ni-himthag. K pi hebai sha!i ha!ichu s-ap e wua. Neh, hemuch g ni-hohnig ch ni-a!althag ep heb huh wohp. Nis has masma in hejel sho!ig wo gegsith."

Sh gm huh e ba!ich ha!ichu chum i chegitohi. Sh am wa!i mia mat am wo muh. Sh pi hedai wo shoakath wehhejed. Sh pi an huh hedaig mat heg wo hiash. T g u!uhig wo ko!ito g chuhhugaj. Neh, bash masma ha!ichu chegito kch am wo!o.

Sh haha wash gawul e juh g ha!ichu chegitoij. Sh hab kaij, "Pi ant wo muh hemu. Am ant hemho has ep wo chum ni-juh k wo nei. Ntp hems hab masma wud wo wa thoakamk ch pi mu!i wo ni-sho!igchuthath. Wahshan o wa!i mia s-o!othhamag ch s-chuhhugga. K an

∞∞∞∞∞∞∞∞∞∞∞∞∞∞∞∞∞∞∞∞∞∞∞∞∞∞∞∞

Finally he got tired and hungry and thirsty and he remembered his journeys and said, "It is better for me to die now. I have suffered many things. As far back as I can remember my journeys, nothing good ever happened. Now my wife and children have run away, and how could I just go on here all alone."

Then he thought ahead. It wouldn't be long before he died. No one would mourn for him. No one would bury him. The birds would eat his flesh. That's what he thought as he was lying there.

Then his thoughts changed. He said, "I'm not going to die now. I'll have to try again. Maybe in that way I'll stay alive and not suffer so much. There are a lot of people nearby and they

wa!i jumal nahngia. Kut am wo i s-chukk. Nt am wo him k am wo ha ehs."

Neh, k ash wa wehoh hab e juh k amjed wud haha wash s-chu ehskam ch chum hekith an wash himhith ch ha!ichu ha ehsith ch ko!ath ch pi hab masma mu!i e pihchuth mash heki huh wenog mash wud si s-ap o!othham ch pi mahch g ha!ichu ehsig.

∞∞∞∞∞∞∞∞∞∞∞∞∞∞∞∞∞∞∞∞∞∞∞∞∞

have plenty of meat. It's just hanging low over there. When it gets dark, I'll go and steal some from them."

So that's what he did, and from then on he was just a thief and always went about stealing things and eating them. He didn't bother to work hard like he did when he was a good man and didn't know thievery.

Ban ash chum ha Junisithk Ha'ichu
kch wash si e Jehkaich

Mash g Ban chum Junisithk g Wihog Mad

Komkch'ed ash g Wihog Mad wehm wud e naipi-
jugim ch gn huh wud kihkam ge shuhthagi bahsho. Sh
g Wihog Mad si wehpeg s-mai mat haschu g wihogthag
s-kehg wud wo ha'ichu hugik. Hemu g Tohono O'othham
mu'i nahnko masma ko'a g wihog mash wehs wud
machgaj g Wihog Mad.

Sh g Komkch'ed epai ge hahshaniga ch am huh si
s-a'agko ehstokch. Sh hejel ko'a g bahidaj wehs ahith
ab ch pi hekith wipi'a ch pi hekith ha'ichu e'esha hab
masma mo g o'othham. Wehs ihtha wa chum s-mahch g

Coyote Imitates Others and Gets Tricked

Coyote Imitates Bean Child

Turtle, they say, was the friend of a little beetle called
Mesquite Bean Child, and they lived by the ocean. Bean Child
was the first to learn the kind of trees which produce good bean
pods for food. Now the Desert People eat mesquite beans in
many different ways, all known to Bean Child.

Turtle also had saguaro cactus but kept it well hidden. He
alone ate the fruit of it every year and never hunted or planted
like people do. Even though people knew he didn't hunt or plant,

o'othham ch pi hedai has kaij ch hab hi wash elith matp
an huh wa hebai g ha'ichu hugi ehstokch ch heg hekaj
wud thoakam. Sh pi hekith mehk oimed ch pi hekith g
pi e-machgai wehm neok ch hab masma s-ap ehstokch
g e-hahshaniga.

Neh, sh wenog an ha'ichug hegam mo wash chum
hekith hihimhim an ha-kihki oithch, ha'ichu hugi gah-
ghim, pi hebai s-ap kihthag ch pi hekith g ha'ichu hugi
hemapath ch washaba wud thothakam heg hekaj mo
wud wash s-chu nenealidkam.

Sh g Ban hab si chu'ig no pi wud ha-tatal g ha'ichu
thoakam. Sh gd huh wash i si heki huh s-mai mo hekith
e gegosith g hemajkam, k am si eda wo jiwia k si s-wehom
wo ha ihmath g a'al, u'uwi, ch chechoj, eda pi wehoh
ha hajunimk, wash s-mahch mat has kaitham wo neo,
mt wo gegos. T wo huh g e-nealig hab masma mat heki

━━━━━━━━━━━━━━━━━━━━━━━

they didn't say anything. They just thought he had some food
hidden away which he lived on. He never wandered far and never
talked with his acquaintances and in this way kept his saguaro
well hidden.

At that time there were some who always wandered from
home to home, looking for something to eat. They had no home
of their own and never gathered food, but just lived on what they
could beg.

Coyote was the worst because he was everyone's "Uncle".
Long ago he had found out when people eat, and he would go at
that time and name the relationship they were to him, the child-
ren, the women, and the men. Yet he had no feeling of relation-
ship at all to them. He just knew how to talk so they would feed

huh wa'i heb huh wua g si edathag k wud wash himthaj
mat wo ha nealim.

Sh an ep ha'ichug hegam hemajkam mo ha'ichu
s-ahgamk, s-chu neithamk, wo neneokath hab kaitham
mo g wehokam hab ahg. Ith ash hekaj pi ha hiwgith g
kekelbad g u'uwi am jehnigitha ch ed.

Chehegam ash hab si chu'ig, chum hekith s-a'agi
ha. kaiham g hemajkam ch wash wo chum ha'ichu kaiok
k ha hekaj wo meh am e-nawoj wui k wo ahgith k
hemhowa ha'ichu ab wash wo i wehnath. K oi wa. pi
hedai s-neithamk. Hegai wa'i Ban wud nawojij. Sh heg
wehm chum hekith e iattogith.

Sh g Chehegam am wa ep s-a'agi hih hema chuhug
k an chesh uhs t an k gn huh e ehstokch ch amjed ha
neith ch ha kah g e jehnigiththam, itham Komkch'ed

∞∞∞∞∞∞∞∞∞∞∞∞∞∞∞∞∞∞∞∞∞∞∞∞∞∞

him. He would eat what he begged like he had lost all sense of
shame and it was his habit to beg.

There were also those who like to gossip and were curious.
They would talk like they were really telling the truth. That's why
the men of that time wouldn't allow women in the meetings.

The little woodpecker was especially like that, always eaves-
dropping on people and running and telling his friend what he had
heard. And of course, he just had to add something to it. Yet no
one wanted to see him. Only Coyote was his friend. They were
always telling each other lies.

One night Woodpecker snuck out and climbed a tree, keep-
ing hidden. From there he saw Turtle and Bean Child and heard
them having a discussion. They were discussing what a good-for-

ch Wihog Mad. Sh ith a!aga mo g Ban pi haschu wud
wehhejedkam ch wud wash s-nealkam ch ep s-chu
iattomk. Bo kaij ch gm huh has am ahg. Sh ith ia kaiok
meh g Chehegam k gahgim g e-nawoj, Ban. Sh g Komk-
ch!ed ch Wihog Mad pi neith g Chehegam ch si s-wehom
g ha!ichu e-chegitoi e ahgith.

Sh g Ban e kaiok bagat k hab kaij, "Pi at koi wud
wo gi!ik tashk, nt wo s-mai, s haschu ko!a g Komkch!ed
ch hab pi hekith wipi!a ch pi hekith e!esha hab masma
mo g o!othham, eda wa chum hekith s-kohwog. Tp
hems ha neal. Nt wo wa s-mai hemu." Bo kaitham
s-bagam neok.

Sh wa wehoh am him k am huh e ehstokch ¡Komk-
ch!ed kih miabij ch amjed s-a!agi am neith g Komkch!ed.
Sh oi wa pi hebai hih g Komkch!ed. T wash bihugim
g Ban k thagito k e-nuhkutha, wa chum pi ha!ichu
mahchok, k wash hih.

∞∞∞∞∞∞∞∞∞∞∞∞∞∞∞∞∞∞∞∞∞∞∞∞

nothing Coyote was, just a begger and a liar. When they had said
this they went on criticizing him. When Woodpecker heard this, he
ran looking for his friend, Coyote. Turtle and Bean Child hadn't
seen Woodpecker and were really telling each other their thoughts.

When Coyote heard what was being said, he was angry and
said, "It won't even be four days until I find out what Turtle eats
that he never has to hunt or plant like people, and yet he always
eats well. Maybe he begs. I'm going to find out now." He spoke
angrily.

Sure enough, he went and hid himself near Turtle's house.
He watched Turtle, and as might be expected, Turtle did not go
anywhere. When Coyote got hungry, he left, even though he had

Sh ia jijiwhia wehs tash ab ch hebai am s-a'agi
hihhim ch am wo koachk kihjeg t am. Sh am wo
wo'okath g Komkch'ed ch wo ne'eth. Sh pi hekith
s-amichuth g Ban mas haschu ahgch ne'e ihtha s-pad-
makam. T hab wo kaitham ne'ichuthath g hahshani:

> *M ant hemuch bak ia·kehk.*
> *Mu'i u'uhig mu'i kuhu ch ia ni-i'ajith.*
> *Mu'i nahnko kaij.*
> *Mu'i u'uhig mu'i kuhu ch ia ni-i'ajith.*

Neh, bash kaitham wo ne'eth g Komkch'ed g
e-hahshaniga wehhejed. K ith hekaj s-kehg wuhshani ch
s-kehg babhe wehs ahith ab. Sh nen'e g Komkch'ed
wenog mat ab wo i wuhsh, ab wo i heo, ab wo i hikugt
ch wenog mat ab wo i bai. Neh, sh ihtha hemako hah-
shani ch e-mahmadsig mamka g Komkch'ed g s-ap
kihthag wehs ahith ab.

∞∞∞∞∞∞∞∞∞∞∞∞∞∞∞∞∞∞∞∞∞∞∞∞∞∞∞∞∞∞

learned nothing.

He went every day. Sometimes he would sneak up and peek
in at the door. Turtle would be lying there singing. Coyote never
understood why the lazy fellow was singing. He would sing like
this for the saguaro:

> *I've ripened and am standing here.*
> *Many birds sing many songs and swarm over me.*
> *They say many different things.*
> *Many birds sing many songs and swarm over me.*

You see, that's how Turtle would sing for his saguaro. That's
why the fruit formed and ripened well every year. Turtle sang
when it budded, when it blossomed, when the fruit formed, and
when it ripened. So this one saguaro and its branches gave Turtle
a good living all year.

Hema tash am wa ep hih g Ban k gn huh oimed ge shuhthagi bahsho kch amjed neith g Komkch!ed. K am hudunihim tho!ag t amjed, ge chew uhs u!a ch hema e-nowi ab ha!ichu shahku!a.

Tsh am i namki g Ban k ga huh wash kiap mehk himath ch hab kakithach, "Shah!o wud ahga hegai uhs?"

"Tho ni-ku!ibad," bo epai kakithach g Komkch!ed.

Eda pi hedai ha ku!ibad. K hekaj hab pi amichuth g Ban mas haschu hab wud ku!ibad.

Sh hab hahawa kaij g Komkch!ed, "Nap pi mahch mani ahni shopolk ch pi hekith ha a!ahe g s-kehg wihog ch heg wa!i ha ko!a em-ohhotha mamki an gantan jewedo ch hemu ith hab juh k hekaj wo i ha nohndath g kui k hahawa g si s-kehg wihog wo ko!ath." Bo kaij g Komkch!ed, wash s-ehstokch g e-hahshaniga.

∞∞∞∞∞∞∞∞∞∞∞∞∞∞∞∞∞∞∞∞∞∞∞∞

One day Coyote came again and was wandering around by the ocean. He saw Turtle coming down from the mountain, carrying a long stick with something in the palm of his hand.

Coyote started out to meet him. While he was still a long way from him he kept saying, "What is that stick for?"

"It's my harvest stick," Turtle kept answering.

At that time no one had a harvest stick, so Coyote didn't understand what it was.

Then Turtle said, "Don't you know I'm short and can never reach the good mesquite beans. I just eat what you all throw out and scatter on the ground. Now I've made this so I can bend the mesquite down and eat good beans." As Turtle said this he kept his saguaro seed hidden.

K hab hahawa ep kaij g Ban, "Heg haschu wud map an shahku'a?"

"Do wash ge ha'ichu ch s-ta ehbithama ha wehhejed g o'othham. Nt hemu im wo him k gd huh wo hiash ge shuhthagi wecho. T hab pi hekith in huh wo wuhsh ith ab jewed."

K hab ep si s-ap kaij g Ban, "Kus wa chum s-ta ehbithama, pt haschu ahg k am wo hiash? Nap pi mahch mo g shuhthagi ab hihhim ch am wo i wuhas? Nt hemu wo m-ahgi matt has wo juh ihtha s-ta ehbitham ha'ichu, t pi hekith im huh wo wuhsh. Ia ant wo wagt s-juhkam. Tt am wo hiash k g ge hothai wo i melchuth k hekaj ia wo ma'ish. T pi has e juh k ia wo wuhsh."

K hab kaij g Komkch'ed, "Chum achs hems wa s-juhkam wo hiash, t gd huh wo tatkt k ia wo wuhshani k ab wo bak ia wo gantad g e-kai. T ith amjed wo mu'itha."

Then Coyote said, "What's that in your hand?"

"It's just something strange that's dangerous for people. I'm going to go and bury it in the ocean, so it will never come up on the land."

Coyote answered very nicely, "If it's supposed to be dangerous, why are you going to bury it there? Don't you know that the water coming up will bring it out? I'll tell you now what we'll do to this dangerous thing so it will never come out. I'll dig a deep hole here. We'll bury it and roll a big rock here to cover it. It won't be able to come out."

Turtle said, "Even if we bury it very deep, it will take root and come up and ripen and scatter its seed. From here it will multiply."

Sh hab kaij g Ban, "A! Tp wud haꞌichu kai? Nt hig wo nei. Shahꞌo mahs?" Bo kaij ch gm huh wahm kehkhim.

Sh hab kaij g ꞏKomkchꞋed, "Pt wo sha nei, t wo m-mumkich."

"PiꞋa! PiꞋa! Nap pi mahch mani ahni hab wud wa ep si mahkai. Hekaj hab pi hekith haꞋichu ni-mumki-chuth." Bo kaij g Ban ch wahm kehkhim.

Sh am i ul g e-nowi g KomkchꞋed, haꞋas huh am al kuhpio.

K hab kaij g Ban, "KiꞋagani! KiꞋagani! Nt wo si miajed nei." Bo kaij ch gn huh wahm kehkhim k ga huh si i miabi g KomkchꞋed k hab ep kaij, "Thohwai! Nt haha wo si s-ap nei."

Sh wa chum kuhpio g e-nowi g KomkchꞋed, sh

∞∞∞∞∞∞∞∞∞∞∞∞∞∞∞∞∞∞∞∞∞∞∞∞∞∞∞∞∞∞∞∞∞

Then Coyote said, "Ha! Is it some kind of seed? Let me see. What's it like?" As he said this, he kept inching forward.

Turtle said, "If you see it, it will make you sick."

"No! No! Don't you know I'm also a great medicine man? That's why nothing ever makes me sick." As he said this he kept inching forward.

Turtle held out his hand, opening it just a little.

Coyote said, "Wait! Wait! I must see it close up." As he said this he still kept inching forward. When he got real close to Turtle he said, "There! Now I'll see it real well."

As soon as Turtle opened his hand, Coyote struck it hard

wechojed am si shonihi g Komkch'ed nowi. Neh, sh wenog an gantad g kaij m an s-hahshanig hemuch. Hab chu'ijok gm huh med k i gahghi g Wihog Mad k wo namkith heg hekaj mo s-ko'okam has ahg.

Sh eda s-amichuth g Wihog Mad mat wo jiwia g Ban. Sh e'esto g e-bahbhiama. K an wash s-masma i shon g kihj. Pi an huh ha'ichu mat am wo ehstoisk g ha'ichu hugi. Sh am wash thaha g Wihog Mad ch nenida g e-tatal mat wo jiwia k wo nei g e-chu'ichig k ia wo s-mai, s hedai wehoh wud si mahkai. Wihog Mad ash am wa s-chegito mat wo si jehkaich g e-nawoj wehhejed. Sh e nahtokch, hoa gad chekch ch gn huh ha'agjed g chehpithkud ep wohthch.

T eda jiwia g Ban k hab kaij, "Chum ant wipi'amed k washaba pi ha'ichu mea. Nap pi mahch mat hekith

—————————————

from beneath. So, right then, he scattered the seed wherever there's lots of saguaro now. When he had done this, he ran off looking for Bean Child to pay him back for the distressing things he had said about him.

Right then Bean Child understood that Coyote was going to come. He hid his supplies. All that was visible was the foundation of his house. There was no place there where food could be hidden. Bean Child was just sitting there waiting for his uncle to come and discover his fate, and to learn who was a great medicine man. Bean Child remembered that he must get even with him for the sake of his friend. So he was ready, with a basket set up on one side and a pestle on the other side.

Then Coyote came and said, "I tried to go hunting, but killed nothing. Don't you know that when a man gets old he can

wo kelit g o!othham k pi hahawa ap hab wo juh hegai
mo ˙s-mahch heki huh. S-hohtam wo bihugim k wo
chegito g e-hajuni mo wud wihpiop ch s-e mamche wehs
ha!ichu k ab."

Sh hab kaij g Wihog Mad, "Hah! Tatal! Pi atki
m-abam. Edapk at i huhug g ni-bahbhiama m an wash i
shon g ni-kih. Pt wo thahiwua k wo ni-nei. Tp hems wo
wa s-ap e juh g ni-mahchig. Nt wo wa m-gegos."

Bat che!iok gam thahiwua k am shonwuich g e-ne!i:

Ahni hi wa chum chumaj, wihog s-u!ithag.
Jehgkaj ant wo gegos mat hedai ia wo ni-nei.

Kutsh am i kuhgithok g e-ne!i k ab e-koa ab si e
shonihi g chehpithkudkaj. T wash pi ha!ichu has e juh.

∞∞∞∞∞∞∞∞∞∞∞∞∞∞∞∞∞∞∞∞∞∞∞∞∞∞∞∞∞

no longer do what he knew how to do before. Soon he gets
hungry and remembers his relatives who are young men and skilled
at everything."

Bean Child said, "Ha! Uncle! You're out of luck. Just now
my supplies ran out. There's just the bare foundation of my
house. Sit down and watch me. Maybe my powers will work and
I'll be able to feed you."

When he had said this, he sat right down and started his
song:

Even though I'm so small,
I can gather mesquite beans.
With the pod meal I will feed
Anyone who comes to see me.

When he had finished this song of his, he hit himself hard
on the forehead with the pestle, but nothing happened. He sang

T am ep ah g e-ne'i k am heg wa oithk hab ep e juh. T
wash pi ha'ichu has e juh. Hab e wuihim ch ahij g gi'ik
k ab e-koa ab si e shonihi. Sh g jehg hahaisig am e iawua
hoa ch ed. T g shuhthagi am to'a k si i widwua k mah
g e-tatal.

T ith hekaj si s-kohwoth g Ban k hab kaij, "T wo
gi'ik i si'a, pt am epai wo ni-nei. Nt hab epai wo juh
ha'ichu k wo m-gegos."

Neh, sh i'ajed ha kuint g tash g Wihog Mad k ahij
g gi'ik k gm huh him k chehgimed g e-tatal k gd huh
jiwia.

K am thaha g Ban ch gad chekch g hoa ch gn huh
ha'agjed g chehpithkud ep wohthch. T jiwia g Wihog
Mad. K hab kaij g Ban, "Hah! Ni-ma'i, pi atki m-abam.
Edapk at i huhug g ni-bahbhiama m an wash s-mahs g
shonaj g kih. Pt wash hi wo wa thahiwua k wo ni-nenida.

∞∞∞∞∞∞∞∞∞∞∞∞∞∞∞∞∞∞∞∞∞∞∞

his song again and did the same thing to himself, but nothing
happened. When he had done it the fourth time, and hit himself
hard on the forehead again, pieces of bean pod poured out into
the basket. He poured in some water and stirred it hard and gave
it to his uncle.

Coyote got very full on this and said, "In the fourth morn-
ing, you come and see me. I'll do something to feed you."

So, Bean Child counted the days and on the fourth he left
to visit his uncle.

When he arrived Coyote was sitting there with a basket
placed on one side and a pestle on the other. Coyote said, "Ha!
Nephew! You're out of luck. Just now my supplies ran out.
There's just the bare foundation of my house showing. But just

Nt am hab wo chum juh g ha!ichu ni-mahchig. Tp hems
wo wa s-ap!et. Pt wo wa e gegos."

Bat che!iok i wuhshani k gd huh bei g hoa s-apko-
jed k gn huh ha!agjed g chehpithkud ep bek am ah ihtha
ne!i:

> *Ahni hi wa chum chumaj, wihog s-u!ithag.*
> *Jehgkaj ant wo gegos mat hedai ia wo ni-nei.*

Sh am i kuhgithok ab e koa ab si e shonihi g
chehpithkudkaj. T wash pi ha!ichu has e juh. T ep nei.

K wa chum s-mahch g Wihog Mad mat pi wehoh
s-ap wo jehgt g Ban. T wash hab wo wa namkith g Ban
wehhejed g e-nawoj k hab ahg g Ban, "Hah! Tatal, pi
at ap hab wo e juh g jehg nap pi ab wash tattam. Si g

ooooooooooooooooooooooooooooooo

sit down here and wait for me. I'll try to use my powers. Maybe
they will work and you will eat."

When he had said this, he arose and took the basket on the
right and the pestle on the other side and sang this song:

> *Even though I'm so small,*
> *I can gather mesquite beans.*
> *With the pod meal I will feed*
> *Anyone who comes to see me.*

When he had finished, he struck himself hard on the fore-
head with the pestle, but nothing happened. He sang again.

Bean Child knew Coyote couldn't really make mesquite
flour, but he wanted to pay Coyote back for his friend, so he
told Coyote, "Ha! Uncle! No bean pod meal can be made that
way. You're just tapping yourself. Really hit yourself with all
your might, and what you .want will happen. Then I won't be

e gewkath k si s-wehom e shonihin. T hab wo e juh g
m-tatchui. Nt pi wo bihugim ia m-kih am."

Sh wa wehoh am i amhugi k si e gewkath k si
s-wehom e shonihi. Sh e me'a k am kahch.

K washaba s-mahch g Wihog Mad mat has wo juh,
t ep wo e chegito g Ban. Kush ia'i s-ap ahg k am him k
am kihch g Ban. Sh am wui i thahiwua k hab kaitham
nei:

> *Mual. Mual. Nant ahni hab m-thohththa? Pi'a.*
> *Hema ash hab wud t-thahm keli.*
> *Heg ga huhjed i gehsh k heg hab m-thohththa.*

Sh am i kuhgi g e-ne'i ch am thahm si i ihbheiwup
hab masma mo g mahkai. Am i amhugi. T ep e chegito
g Ban.

∞∞∞∞∞∞∞∞∞∞∞∞∞∞∞∞∞∞∞∞∞∞∞∞∞∞

hungry at your house."
     So he finished the fourth sing, and hit himself with all his
might. In fact he killed himself and was lying there dead.
     But Bean Child knew what to do to make Coyote come
back to life. When he accomplished his purpose he went and drew
a house around Coyote to hold the power. Then he sat facing him
and sang like this:

> *Spin! Spin! Did I do this to you? No!*
> *One, they say, is an old man above us.*
> *He fell from way up there and did it to you.*

     Then he finished his song and breathed on him like a medi-
cine man. When he sang the fourth time, Coyote came back to
life again.

~~~~~~

Mash g Ban chum Junisithk g Chuk Wamad

Sh hab wa chu'i na'ana.

Sh am huh hebai g Chuk Wamad hema kih. Sh am haha wash g Ban jiwia kihj am. Sh am e jehnigithahim.

Sh am i e ai mash wo ha'ichu huh. Sh ha'as i nahthch g Wamad. Sh am i chuh g nahthaj. Sh am sha'i golshan k am eda thahiwua k ash hab ahg g e-oksga mash am wo i hiash.

Sh am him k am hebai i cheka. Sh ga huh hab haha wash i wuhsh g Chuk Wamad. Sh am i jiwia k ash hab ahg g e-oksga, "Pt wa am ha'ichu i chuama."

Sh am hih g oksgaj k im huh hab sha'i nua g matai. Sh am ge hahl thaha. Sh am i si s-i'owim e gegos hekaj.

∞∞∞∞∞∞∞∞∞∞∞∞∞∞∞∞∞∞∞∞∞∞∞∞∞∞∞∞

~~~~~~

Coyote Imitates Black Snake

They say this happened long ago.

There was a black snake living somewhere. Once Coyote came to his house, and they were visiting.

Then it came time to eat. Black Snake had a good sized fire going. When his fire died down he scratched it away, sat in it, and told his wife to cover him up.

Some time passed and Black Snake suddenly came out. He went over and told his wife, "You have something roasted there."

So his wife went over and scraped the ashes away, and there was a squash. They had a very delicious meal of it and Coyote

Sh gm huh hih g Ban, si s-kohwothk.

Sh am him k hebai i cheka. Sh am epai jiwia g Chuk Wamad kihj am g Ban. Sh am epai i s-gegositham. Sh epai haʼas i nahth k am eda si sikolim woʼiwua mash am i chuhthagi k ash hab ahg g e-oksga mash am wo i maʼish.

Sh gm huh wash i si heʼes. Sh hab kaij g Chuk Wamad, chum nenidachkahimch g Ban, "Mat wa am haʼichu i chuama."

Sh am hih g Ban oksga k am chum i maʼishpio g e-chuama. Sh am woʼo g shoʼigkam ch ash heki huh ab wash i gewka.

Sh am waʼi at hoabdag.

∞∞∞∞∞∞∞∞∞∞∞∞∞∞∞∞∞∞∞∞∞∞∞∞∞∞∞∞∞

went away well filled.

Some time passed and Black Snake went to Coyote's house. Again they wanted to eat. Coyote made a good sized fire and curled up in it where there were coals and told his wife to cover him up.

A long time passed as Black Snake was waiting for Coyote. Then he said, "There's something roasted there."

Coyote's wife went over and uncovered her roast. There the poor thing lay, already stiff.

That's the end of the story.

~~~~~~

Mash g Ban chum Junisithk g Uwpio

Sh hab wa chu'i na'ana.

Sh am huh hebai g Ban med. Kush g Uwpio am haha wash hema oimmed kch g chuhhug hehelig.

Sh am jiwia g Ban wui k ash hab kaij, "Ni-shehpij, bahpt ui g chuhhug?"

Sh hab kaij g Uwpio, "Heki ant huh kiht k am i nahto k an thahm i kekiwua k amjed amog ch hab kaij mat ia ni-kih am wo si ge'e e jehnigi. Kut mu'i hemajkam ia e hemapath k am e ba'iha ni-kih ed. T am neneo g si ha'ichu s-a'amichuththam.

K am hu'i hebai, ni hab kaij, "Nt hi wo sha i wuhshani k wo sha i ni-ohshad." Neh, nt am wuhshani

∞∞∞∞∞∞∞∞∞∞∞∞∞∞∞∞∞∞∞∞∞∞∞∞∞∞∞∞∞∞

~~~~~~
Coyote Imitates Skunk

They say this happened long ago.

Coyote was running along somewhere when suddenly there was a skunk going about hanging up meat to dry.

Coyote came to him and said, "Where did you get the meat, my little brother?"

Skunk said, "A while ago I built a house. When I finished, I stood on top of it and announced that there would be a big meeting at my house. Many people came and crowded into my house. And the wise men spoke.

"After a while I said, 'I'm going out to stretch a bit.' So I went out and stood in the doorway, stooped over a bit and spray-

k ab i kekiwua kihjeg t ab k sha i ni-jumalkath k ab si
ha uiwi. T gm wash komal i gei g hemajkam. Nt am
hahawa i ni-ulin k ha e'elkon k inhab ha hehelig g
chu̧hhug.''

Sh am i ha'ichu amich g Ban k ash hab kaij, ''Pegih,
nt wo meh.''

Sh am i meh g Ban k ash am huh hebai hema kiht
k ash am i nahto k ash an thahm i kekiwua k amog ch
hab kaij, ''Ni-hajuni, mehk jewed thahm ani memelhim
ch nahnko ha'ichu kah. Kumt ia wo i e hemapath k
wo kah.''

Sh am sha'i he'es, kush a'aijed sha'i e hemapai g
o'othham k ash am e ba'iha kihj ed. Sh am neneo g
ha'ichu s-a'amichuththam.

Kush am huh wa'i he'es, sh hab kaij g Ban, ''Nt hi
wo i wuhshani k wo sha i ni-ohshad.'' Sh am him k ab
i kekiwua kihjeg t ab k ash sha i e jumalkath k am chum

∞∞∞∞∞∞∞∞∞∞∞∞∞∞∞∞∞∞∞∞∞∞∞∞∞

ed them with odor. The people just fell flat. Then I got busy and
skinned them and am hanging the meat up to dry.''
   When Coyote got the idea, he said, ''Well, I'm going to run
on.''
   Coyote left and built himself a house. When he finished, he
stood on top of it and announced, ''My relatives, I've been travel-
ling all over, hearing different things. Come and hear about it.''
   So the people came from all around and crowded into his
house. And the wise men spoke.
   After a while, Coyote said, ''I'm going out to stretch a bit.''
So he went and stood in the doorway. He stooped over and tried

si e uiw k ash an chum i ha nei g hemajkam. Sh gm huh a!ai sha ne!iopa.

Sh hema ab si kihjeg t ab thak ch ash heg hi wa sha al s-e chuhugi nash pi kohsh k tha!iwush. Sh heg gam keichkwua g Ban.

Sh am ba!ich i mahsi. Sh gad hab oimmed g Ban ch gn huh hab i hehelig g si hemako e-me!a. Sh gn huh hab him g uwpio k ch si ash.

Am o wa!i at hoabdag.

∞∞∞∞∞∞∞∞∞∞∞∞∞∞∞∞∞∞∞∞∞∞∞∞

to spray the people with odor, and then watched them. They ran off in all directions.

One was sitting right in the doorway. He was stunned because he was asleep. He rushed out and Coyote kicked him and knocked him out.

At dawn, Coyote was walking around hanging meat from his one little victim. Skunk went by and laughed at him!

That's the end of the story.

Mash g Kakaichu si Jehkaich g Ban

Sh hab wa chu'i na'ana.

Sh am huh hebai g Ban i wo'iwua k koi. Sh am haha wash g Kakaichu ge thatha k ash am i nei mash si kohsh g Ban. Sh hab i e ah mash higi wo si jehkaich g Ban. Sh am si hikuch g a'atapudaj k ash am i wuwhas g ataj gihgi k ash ab uhhum si shoh, g hohothai am ba'ihamk. Sh amjed am nehni k ash am huh hebai i thadhaiwua k gag'e g gihgi.

Sh am i neh g Ban k am i wamig k i wuhshani k kah mash am eda ha'ichu kolig, ch pi mahch mo wud wash hohothai ch am kolig, ash hejel hab kaij, "Matp wud ni-hohothaiga ch am kolig."

Quail
Tricks Coyote

They say this happened long ago.

Coyote lay down somewhere and went to sleep. Suddenly some quail came along and saw Coyote there. They decided to play a mean trick on him. They cut his rump open and took out his tail fat and sewed him back up, stuffing in rocks instead. After that they flew off and landed somewhere and were roasting the fat.

When Coyote woke up and started out, he heard something rattling on himself. Not knowing it was the rocks, he said, "It must be my medicine charms rattling."

Sh am him k am hewegi g ha-gaᴵi k am ha cheh g
Kakaichu mash am thadhak ch si s-iᴵowim koᴵa g gihgi.
"Ni-sheshepij, ab g wo i ha ni-mahki g e-gaᴵi," bash kaij
g Ban. Sh am i ha mah. Sh hugiok hab kaij, "Bahmt bei
ihtha chuhhug. K shaᴵi s-iᴵowi."

Sh hab kaij g Kakaichu, "Wahshaj thoᴵag wehbig
o g hoha e gagda ch am e beh."

Sh hab chei g Ban, "Pegih, nt wo med k ha bei."
Sh am med k am huᴵi cheka.

Sh si hihnk g Kakaichu kch hab kaij, "Ban t-wehm-
kal hejel e-at gihgi hugiog k hahawa meh."

Sh ha kaiok g Ban k am i nen k hab kaij, "Shahm
ni-ahg, ni-sheshepij?"

Sh hab kaij g Kakaichu, "Wahshaj thoᴵag wehbig

When he went on he smelled the fat roasting and found the
quail sitting there enjoying the fat. "My little brothers, give me
some of your roast," Coyote said. So they gave him some. When
he had eaten it he said, "Where did you get this meat? It's so
delicious!"

The quail said, "Way over behind the mountain, baskets are
traded for it."

Coyote said, "Well then, I'll run and get some." So he ran
a little way.

The quail shouted, saying, "Coyote, our totem, ate his own
tail fat and then ran."

When Coyote heard them he looked around and said, "What
are you telling me, my younger brothers?"

The quail said, "Way over behind the mountain baskets are

o g hoha e gagda ch am e beh."

Sh am hi wa ep chum i meh g Ban. Sh hab ep kaij g Kakaichu, "Ban t-wehmkal hejel e-at gihgi hugiog k hahawa meh."

Sh eda g Tohbi an medath ch ash ha kah g Kakaichu mash has kaij. Sh am i s-ho'ige'el g Ban k ash hab kaij, "Ni-sihs, bo kaij g si pad haha'ichu, Ban t-wehmkal hejel e-at gihgi hugiog k hahawa meh."

Sh hab kaij g Ban, "Ih, nt wo si em-jehkaich, am i em-oithk."

Sh gm huh si nehni g Kakaichu k ash am huh hebai wag ch ed wahp k ash gm huh si juhko g ho'i am thai, hobinodk g e-a'ankaj.

Sh am i mel g Ban k ash am i ha golshan k am chum bei g wehpegkam, ash hab kaij, "Nap ahpi hab ni-ahg?"

∞∞∞∞∞∞∞∞∞∞∞∞∞∞∞∞∞∞∞∞∞∞∞∞∞∞∞∞∞∞∞∞

traded for it."

Coyote started off again. The quail again said, "Coyote, our totem, ate his own tail fat and then ran."

Just then a cottontail rabbit was running by and heard what the quail said, He was sorry for Coyote so he said, "My older brother, the awful things are saying, "Coyote, our totem, ate his own tail fat and then ran."

Coyote said, "Well! I'm coming after you to get even with you."

The quail flew off and went into a hole. Below them, they put a cactus they had wrapped with their feathers.

When Coyote got there, he dug in and got the first one,

Sh hab kaij hegai wehpegkam, "Pi!a, juhko thakam o hab m-ahg."

Sh am i thagito k am hahawa ha!i ep i ha wuwhas wag ch ed k ab ep ha kakke, "Nap ahpi hab ni-ahg?"

Sh wehsijj hab kaij, "Pi!a, juhko thakam o hab m-ahg."

Sh gm huh ai hegai mash gm huh si juhko thaha, ash hab ep kaij? "Nap ahpi hab ni-ahg?" Kush pi sha!i hudawog. Sh hab kaij g Ban, "Ahpi apki hab kaij, hab pi has kaij. Kunt hemuch wo si m-jehkaich," ash oi wa ab chum si ki!ishud k wash e ho!ish nash pi wud hegai ho!i mat wehpeg am thai g kakaichu.

Am o wa!i at hoabdag.

∞∞∞∞∞∞∞∞∞∞∞∞∞∞∞∞∞∞∞∞∞∞∞∞

saying, "Did you say that about me?"

The first one said, "No, the one below said that about you."

He let that one go and got out the others and asked them, one by one, "Did you say that about me?"

They all said, "No, the one below said that about you."

He got to the last one and said, "Did you say that about me?" But it didn't pay any attention, so Coyote said, "You're evidently the one that said it since you don't answer my question. Now I'm going to give you what's coming to you." With that he sunk his teeth into it, but just stuck himself because it was that cactus.

That's the end of the story.

Mash g Tohbi si Jehkaich g Ban

Sh hab e juh na'ana.

Kush am huh hebai g Tohbi thaha. Kush am haha wash g Ban jiwia. Kush g Tohbi ga huh ha hekaj thagsh g waw.

Kush hab kaij g Ban, "Nt wo m-huh ahpi Tohbi."

Kush hab kaij g Tohbi, "Si g s-ni-ho'ige'ith k pi am huh ni-huhgi heg hekaj mat wo i gei g waw k wo t-gewish k wo t-koktha." Kush hab hahawa kaij g Tohbi, "Ia apt hig wo thagsh ihtha waw. Kunt wo med k wo hema bei g cheoshpa gm huh tho'ag wehbig."

Kutsh am i s-wehoch g Ban, atsh ab thagsh g waw. Kutsh gm huh meh g Tohbi. Kush an i chum nenidahim g Ban g Tohbi, atsh hab hahawa i em-ah g Ban matsh

---

Cottontail Tricks Coyote

They say this happened long ago.

Somewhere, Cottontail was sitting. Suddenly Coyote came and immediately Cottontail went over and leaned against the big cliff.

Coyote said, "I'm going to eat you, Cottontail."

Cottontail said, "Have mercy on me and don't eat me, because the cliff is going to fall and crush us and kill us." Cottontail went on to say, "How about you leaning here on this cliff, and I'll run and get a prop over behind the mountain."

Coyote believed him and leaned against the cliff, and Cottontail ran off. Coyote was waiting there for Cottontail. Then he

hig wo thagito g waw k wo si meh. Kutsh am i thagito g waw k si i meh. Kutsh oi wa pi i gei g waw. Kutsh si bagat g Ban k hab kaij, "Mant wo i oi g Tohbi, hebai ep wo sha ai, k haha wo huh."

Kutsh am i oith k am huh hebai i ai mash ep thaha g Tohbi, ash hab kaij, "Nt haha wo m-huh napt pi ni--iattogi."

Kush hab ep kaij g Tohbi, "Si g s-ni-ho'ige'ith k pi am ni-huhgi.   Kunt am wo i m-wanim matsh am huh hebai g chuhhug wo e huh. Kush hema e tatchua g pako'ola. Kupt ahpi am wud wo pako'olak."

Tsh am i s-hohhoi g Ban. Kush hab kaij g Tohbi, "Mant gm huh hebai ab wo si ha bibithsh g m-wuhpui. Pt washaba hekith wo i kah g kukuitas mat wo si kokp, pt am haha wo i si e pako'olachuth k am ep wo si hihinnakath."

∞∞∞∞∞∞∞∞∞∞∞∞∞∞∞∞∞∞∞∞∞∞∞∞∞∞∞∞∞∞∞∞∞

thought he would try letting go of the cliff and really run. So he let go and really ran. But the cliff didn't fall after all. Then Coyote really got mad. He said, "I'm going to follow Cottontail. When I catch up with him again I'll eat him."

So he followed him and sometime later he got to where Cottontail was sitting again. He said, "Now I'm going to eat you because you lied to me."

Cottontail again said, "Have mercy on me and don't eat me. I'll lead you to where there'll be meat to eat. But a jig dancer is needed, and you will be it."

Coyote agreed so Cottontail said, "Somewhere over there I'll plaster your eyes shut. But when you hear firecrackers popping, then you are to really dance and shout."

Kutsh am i ep s-hohhoi g Ban. Kutsh am hihim k am huh hebai thatha mash am ge s-wahpkag. Kutsh ab si bibithsh g Tohbi g wuhpuij g Ban g ushabikaj. Kutsh ab hahawa mehi g Tohbi g wahpk.

Kutsh am i mei g wahpk, ash si kokpk. Kush si e pako'olachuth g Ban ch ash am ep si hihinnak. Kutsh eda i tonih hahawa. Kush hab em-ahg g Ban mat wash tonith heg hekaj mo e pako'olachuth. Kutsh eda ai g mehi, oi wa am i mei g Ban.

Amai i at hoabdag.

Coyote again agreed to it. So they went and came to a place where there was a cane patch. Cottontail plastered Coyote's eyes with pitch. Then Cottontail set fire to the cane.

The cane burned and popped loudly. Coyote danced and shouted for all he was worth. Then it got hot, but Coyote thought it was just hot for him because he was dancing. Then the fire reached him, and burned him up.

That's the end of the story.

Ha'ichu A'aga

ab Amjed g Ha'i Ehp Ha'ichu Thothakam

Mash Has wo e Juh g S-woikimakam

Komkch'ed ash wehs hemajkam ha ba'ich wud si mahkai heki huh. Sh ab wud kihkam m ab hemu wud Komkch'ed Wahiaga. Sh s-woikima ch tash oitham e woikimhun ch ith hekaj s-kaithag wehsko jewed ab.

Sh hebai wa wehoh ha'ichu si has wua, sh ith kaithgim gn huh ai g t-thahm kahchim. Sh eda anai g hemajkam wehoh s-mahch ha'ichu t-ba'ich.

Sh an wud kihkam g Tokithhud ch am i s-ko'okoth mo g Komkch'ed chum hekith s-woikim neok. T hab

---

Other Animal Stories

What Happens to a Braggart

It is said that Turtle used to be a more powerful medicine man than any other person. He lived at what is now called Turtle's Well. He was a braggart who bragged all day long, so he was heard of all over the earth.

When he really did something wonderful, the reports of it would be so loud they would reach the sky. Yet the people up there really know a lot more than we do.

Spider lives up there, and he was offended that Turtle always talked boastfully. He said he would go and challenge Turtle

129

chei mat wo i him k wo pi!ich g Komkch!ed· k wo gehg
hemhowa. Tp hems heg hekaj wo si e elith k pi thahm
ep wo s-woikim neokath. Bo kaij ch wijnat ch keihomin
ch am i nahto g wijna k ab e-kih ab wulsh k ith ab i
huduni k ia jiwia Komkch!ed kih am.

Sh g Komkch!ed pi amichuth mo has masma pi
ap ha!ichu chegito g Tokithhud ch si s-ap e taht mat
jiwia g o!othham mehkjed am kihj am. Sh si s-ap
nuhkuth k si s-kehg e-bahbhiama i wuwhasith k ith
hekaj gegos g mehkjed himtham. Sh gi!ik s-chuhugam ab
e jehnigith ch ha!ichu e-mahchigkaj e pi!ichuth.

Kush eda wenog g si cheoj s-nakog g bihugig, to-
nomthag, ch wehs ha!ichu s-ko!ok, pi hekith has ahg
ch wash nakog. T am i si ulinihogith k si s-kohwoth g
Tokithhud k hab kaij, "Nt wo m-chichwih hab masma

and surely defeat him. Maybe then he would be ashamed and
never again talk boastfully. After saying this, he made a rope and
sang songs of defiance to break his opponents power. When he
finished the rope, he tied it to his house and went down to
Turtle's house.

Turtle was unaware of what evil thoughts Spider had toward
him and was glad a visitor had come to his house from afar. He.
took good care of him, and brought out his best stores to feed
the traveler from afar. They talked for four nights, challenging
each other with their powers.

At that time, a true man could endure hunger, thirst, and
all kinds of pain, without complaint. When Spider was rested and
well fed, he said, "I'll compete with you in not drinking any water
nor eating anything. And whoever asks for water or food first

matt pi wo ih g shuhthagi k pi wo huh ha'ichu, k hedai
wehpeg wo ah g shuhthagi o g ha'ichu hugi k wo e
gehgch k amjed pi wud wo mahkaik ch pi thahm ep wo
s-woikim neokath." Sh hab masma e ap'echuthok am
wohpiwua e-huhugith am k e keihomin.

Sh gi'ik mamshath ha hugio. T ia'i bihugim k ep
tonom g Tokithhud k an i nene'ith g e-owi (e-saio). T
wo si ta'i wo'okath ch hema e-kahiokaj an e-tohn an
wo e keishchith, e-nowi hema wo uhg ulinch ch ha'agjed
e-nowikaj mamshath wo ha kuintath. Sh pi hab sha'i
mahs mas bihugim. Sh g giwuligthaj pi sha'i gawul e juh
ch g ba'itkaj wash kiap si s-gewk ch ep s-kehgaj.

Tsh eda g Tokithhud pi nako g bihugig k hab kaij,
"Ni-gehg apt. Ahpi apki ni-ba'ich i s-gewkthag."

T ha hekaj i wami g Komkch'ed k wasibi g e-owi

~~~~~~~~~~~~~~~~~~~~~~~~~~~~~~~~~~~~

will lose, and from then on will not be a medicine man or talk
boastfully. When they agreed to this, they lay down side by side
and sang songs of defiance to each other.

They spent four months this way. Spider became so hungry
and thirsty that he kept looking at his opponent. He would be
there on his back with his legs crossed, holding one hand up and
counting the months with the other. He didn't appear at all hun-
gry and his waistline hadn't changed in the least. His voice was
still strong and clear.

Then, not able to stand the hunger any longer, Spider said,
"You have me beaten. It looks like you have more endurance
than I."

Right away Turtle arose and gave his opponent water and

k ep gegos.

T am wo i hih g Tokithhud k hab kaij, "Pt wo
ni-nenidath gi!ik tash wehbig. Nt wo jiwia k ep wo
m-chichwih." T gm huh hih g Tokithhud, gahgimedk g
jewed heosig ch kohsithakud.

T wa wehoh jiwia g Tokithhud gi!ik tash wehbig.
Sh si s-ap e tahtk g Komkch!ed ch ep gegos g e-owi.
T am hahawa ep a!aga g chichwihthag mat has masma
ep wo e chichwih. Sh pi amichuth g Komkch!ed mat
pi wo ap!ek wehhejed ihtha chichwihthag k si s-hoh-
ho!ith ch si jehni. Sh eda g Tokithhud pi jehni ch wash
iattogith g Komkch!ed. Tsh pi mehk i hih g s-chuhugam,
t g kohsithakud gewkthag ai g Komkch!ed. T gehsh k
am kahch. T g Tokithhud g e-wijnakaj wuh g Komk-
ch!ed am ohj ed k ga huh wulsh kih edawi ch ed.

∞∞∞∞∞∞∞∞∞∞∞∞∞∞∞∞∞∞∞∞∞∞∞∞∞∞

food.

When Spider was about to go, he said, "Wait four days for
me. I'll come and challenge you again." Then Spider went off
looking for earth flowers (an attractor) and sleeping tobacco.

Just as he said, Spider came back four days later. Turtle
fed his opponent and was very glad to see him. Then they dis-
cussed what the terms of the contest would be this time. Turtle
was unaware that the contest would not turn out well for him.
He was enjoying it immensely and smoking for all he was worth.
Yet spider was just deceiving Turtle and not smoking. Before the
evening had progressed far, the sleeping tobacco had overcome
Turtle. He fell and lay there dead to the world. Using his rope,
Spider tied Turtle over on his back and hung him from the ceiling
of his house.

Sh ia wahawa i wuwhas g jewed heosig g Tokithhud
k ith e wehnath k am i s-behim g Komkch'ed hohnig.
Sh am huh wa'i he'es, t pi nako g gewkthaj g jewed
heosig ihtha uwi k e hiwigi, mt i bei.

Sh am i huhug g gewkthaj g kohsithakud. T neh
g Komkch'ed k gi'ikko kupal i gei. T e wantsh g wijna.
T i wamig k am thak ch si e tahtk heg hekaj mat s-ta
edam e juh g chu'ichigaj. T am wuhshani k in hasko
s-jumad himath ch am wa'i e wecho neithahim ch eda
g e-hohnig gahghim.

Kush gn huh t-thahm thaha g Tokithhud ch amjed
neith g Komkch'ed mo ia oimmed ch hebai i himath ch
am wash wapaththakhim.

Kush ith am neith g Tokithhud ch amjed ne'it k
gn huh thak ch a'aga ihtha ne'i:

∞∞∞∞∞∞∞∞∞∞∞∞∞∞∞∞∞∞∞∞∞∞∞∞∞

Then he brought out the earth flowers and put them on to
attract Turtle's wife. In just a little while, she couldn't resist the
power of the earth flowers, and allowed herself to be taken.

When the power of the sleeping tobacco was gone, Turtle
flipped over four times and the rope was wrenched apart. He got
up and sat there sadly because of his shameful experience. He
went out with his head low, looking around, searching for his wife.

From where he was sitting up above, Spider saw Turtle
wandering around. Wherever he went he seemed to shine as he
went along.

As Spider watched, he composed a song. Then he sat up
there singing this song:

Al s-nanawki honkam Komkch!ed
at g hejel e-hohnig heb huh melch.
Wahshan Waw Giwulk thahm at an cheshath
k am chum chehg
K oi wa pi edagith
k amjed wawich i gegsih.

Sh g gewkthaj ihtha ne!i am himch g Komkch!ed.
T ab chesh Waw Giwulk thahm k gn huh thak ch amjed
neith g jewed wehsko. K pi hebai ha!ichug g hohnigaj.
T amjed i gei mo hab che!is am ne!i ch ed.

Bash masma muh g si mahkai heki huh.

Little sparkling bodied Turtle
Made his own wife run away.
Yonder on Baboquivari he climbed
And tried to find her.
But he found her nowhere,
And fell down the rocks from there.

The power of this song made Turtle go and climb Babo-
quivari. From where he sat up there he could see all over the land.
His wife was nowhere to be seen. Then he fell from there, just as
it was said in the song.

That's how the mighty medicine man died long ago.

Mash g Ko'oi Ha'ichu ha Mashcha

Ko'oi ash wud si mahkai heki huh kch haha wash mumku. Sh eda hab wud si mahkai ch si e hiwig. Kush g e-hohnig am ahgithahim mat has wo juh k has ehp. Sh wa chum wehs ha'ichu s-ap hab e junihim hegai uwi, k eda wa pi thoajim g Ko'oi ch wash muhkim. Sh hab kaij, "Pt wo ha ahgi g ni-naipiju. T ia wo ni-neith k ith wa'i hemho am has ep wo ni-juh."

T wa wehoh gn huh ha ahgith g naipijjuj. T thatha.

K hab kaij g Ko'oi, "Mt wo hema ni-kihch. Nt am eda wo banimmedath, sisi'almath imhab hudunig tahgio wo banimmedath ch im hu'i juhk, nt imhab si'alig tahgio ep wo banimmedath, washaba ia ni-kih ed." Bo kaij g mumkutham.

K wa chum pi amichuth g naipijjugij mo has mahs

oooooooooooooooooooooooooooooooooooooo

Rattlesnake Teaches Something

Rattlesnake, it is said, was a powerful medicine man, but he suddenly became sick. Since he was a powerful medicine man, he had great confidence in himself. He began telling his wife what to do for him. Even though the woman did everything right, still he was dying instead of getting better. So he said, "Tell my friends to come and see me and do something for me just this once."

So, just as he said, she told his friends, and they came.

Rattlesnake said, "Make me a place to live in which I can languish. I'll spend the mornings on the west side, and afternoons on the east side, but still in my house." That's what the sick man said.

Even though his friends didn't understand what kind of

kih ahg g mumkutham. T am wash wagt k nahto k am ahgith g e-nawoj mat wo i bei am kihj wui.

K hab kaij g mumkutham, "Pi o hab mahs ihtha wechij kih mani hab mahs kih tatchua. Hi wa s-kehgaj. Nt hekith wo muh, mt heg eda wo ni-wua. Kuni hemu wud wash kaip thoakam, mt wo hema ni-kihch, nt am eda wo banimmedath, si'alim imhab hudunig tahgio wo ba-nimmedath ch im hu'i juhk imhab si'alig tahgio ep wo banimmedath washaba ia ni-kih ed."

Sh hab epai kaij g naipijjuj, "Bo wa chu'ig g mum-kutham, wo muhkith ch wo neokath pi ta machma. K washaba wash pi e mahch ch hab kaij." Sh kiht k nahto k ahgith g e-nawoj mat nahto g uhkshaj. T ep pi hohhoi g e-kih k hab kaij, "Hab mahs kih o s-kehgaj g hewel wehhejed ch an wo shohbi g hewel k wash pi an huh wo

house he asked for, they just dug a hole and when they finished they told their friend they would take him to his house.

The sick man said, "This new house is not like what I want-ed. But it's very nice, and when I die you can throw me in it. Now, while I'm still alive, you must build me a house I can lan-guish in. In the morning I'll crawl around on the west side, and in the afternoon I'll crawl around on the east side, but still in my house."

With that his friends said, "That's the way a sick person is. He'll be dying and talking away unintelligibly, not knowing what he's saying." So they made a windbreak, and when they finished they told their friend. Again, he didn't like it and said, "This kind of house is good for the wind, to stop the wind, but it won't

ni-shohbi mant am wo tha'iwuni k wo ni-tho'ibia. Mt wo hema ni-kihch, t wo oimmedath ihtha ni-kih, nt wehmaj wo himhid. Si'alim am wo ehhegk hudunig tahgio. Kunt heg eda wo banimmedath. T wo hih g ehheg, nt wehmaj wo hih. Im hu'i juhk, t gm huh ha'ag wo ehheg, nt am wo banimmedath, no pi wud ni-kih ehkathag."

Sh pi hebai ha'ichug g watto. K pi hedai s-mahch. K hab nahnko chechcheg g Ko'oi ch hab a'aga "oimmedtham kih" o "mumkutham kih". K wash pi koi s-amichuth g naipijjuj ch am wash kei g si s-wehom.

Sh ep pi hohho'ith k hab kaij, "Hi wa s-kehgaj g kih. T am wo kih g ni-hohnig hemu mant wo muh. Mt wo kiht, t wo ma'ishpik hab masma mo kih kch gi'ik wo che-tondagk ch washaba pi an huh wo kihtask."

Sh wenog am hahawa kei hegai mach hemu hab stop me from running through it and saving myself. Make me a place to live that will move around, and I'll move around with it. In the morning there'll be shade on the west and I'll spend my time there. When the shade moves, I'll go with it. In the afternoon the shade will be on the other side and I'll spend my time there, because it's the shade of my house."

There wasn't a brush arbor anywhere then. No one knew of it. Rattlesnake called it different names like "wandering house" or "sick house". But his friends didn't yet understand and just haphazardly put up a house.

Again he didn't like it, but said, "It is a nice house. My wife will live there soon when I die. But make me one that will be covered like a house, with four posts, but without walls.

Then they put up what we now call a "brush arbor". Rattle-

chechcheg "watto". Sh ia muh g Ko!oi e-watto ehkathag
ed. T am hiash heg eda mo am wagt heki huh. Sh g
hohnigaj am i chiwia heg eda wechij kih. Sh mu!i shoak
ch ia hejel kih.

Sh g ihbthaj g kunaj ia jijiwhia ch gewkmhun mat
pi wo shoakath, matp hems wo mahmadho k g e-mah-
mad ha wehm wo wa s-hehkig. Neh, t wa wehoh hab e
juh k gohk a!alga ch ha wehm s-hehkig wenog mo al
chu!uchumag ch washaba wash chum sha!i ge!ege!etha
k g a!al ha wehm chichwih ch ash shelam i ha cheggia ch
shoani. K g ha-je!e chum hekith ha kawani g u!uwi ha
wehm ch ith hekaj hahawa ep pi ap e tahtk.

Sh hab haha wash ha ahg g e-mahmad, "Mamt wo
hihim k wo nei g e-tatal. T wo em-kukuikudch. Mt hekaj
wo chichwih ch pi hedai wo cheggiath. Nt pi hedai wo

∞∞∞∞∞∞∞∞∞∞∞∞∞∞∞∞∞∞∞∞∞∞∞∞∞

snake died in the shade of his brush arbor. They buried him in
the hole they had dug. Then his wife moved into the new house
they had built, but she mourned a lot, living there alone.

The spirit of her husband kept coming and encouraging her
not to mourn, that perhaps she would have some children and be
happy with them. So then it happened just as he said. She had
two children and was happy with them when they were small. But
when they grew bigger they played with other children and were
continually fighting with them and crying. Their mother was
always arguing with the women, so again, she was unhappy.

Then she told her children, "Go see you uncle. He'll make
you some flutes. Then you'll play with them and not fight any-

kawnith ch wo s-ap ni-tahtkath. Tp hems wo wa s-ap!ek
g t-kihthag." Bo kaij ch ha ah!ath g e-mahmad imhab
hudunig wui.

Sh mu!i e sho!igchuthahim k hahawa ai g shuhthagi
mo am heg eda kih g ha-tatal. Kush ia thadhaiwua, pi
amichuth mas has masma am wo hihih shuhthagi thahm.
Sh am wash kia thadha, k g gohk o!othham ab hihim
shuhthagi thahm ch ia thatha k ha hekaj ha chu!ichk g
wihpiop mas hebaijed hihim ch hebai e tatchua.

K hab kaij g wihpiop, "T-je!e at i t-ah!ath k hab
kaij, "Im o huduni wecho kih g em-tatal. Mt wo hihim
k wo nei. T wo em-kukuikudch. Mt hekaj wo chichwith
ch wo s-ap e tahtkath ch pi hedai wo kudutath." Tt hi
pi ap wo hihih am shuhthagi thahm k hekaj hab ia wash
thadhak ch nenida mat ia wo jiwia g t-tatal k ia wo t-ui."

oooooooooooooooooooooooooooooooooooo

one. I won't be arguing with anyone and will be happy. Perhaps
that way our home will straighten out. When she had said this
she sent her children off to the west.

They suffered many things as they went and finally reached
the water where their uncle lived. They sat down there, not know-
ing how to go over the water. They were still sitting there when
two men came on the water. When they arrived, they asked the
boys where they came from and where they wanted to go.

The boys said, "Our mother sent us here, saying, 'Your
uncle lives over to the west. Go and see him. He'll make you some
flutes. You will play with them and be content and not bother
anyone.' But we can't go on the water like you. so we're just
sitting here waiting for our uncle to come and get us."

Sh hab kaij hegam o!othham, "Ahchim ach am wud
kihkam g em-tatal wehm. Mt wo t-wehm hihih hemuch."
Sh am e thahm ha thadsh k gm huh i ha u!u k gd huh
ha u!apa Wamad kih am. Sh g wahpk am chuhch. Tash
oitham ch s-chuhugam oitham g hewel medath ch ha
ugijith g wahpk k sihsk chum hekith. Sh ia ith eda kih g
Wamad.

Sh ia thatha g wihpiop k hab kaij, "Tatal! Tatal! Bo
kaij g t-je!e, ptsh wo t-kukuikudch. T hekaj hab i t-ah!ath
ia m-wui." Sh wa wehoh wa hekaj kukuikudt ha wehhe-
jed g e-mam!ai k ha mashcha g e-nen!ei, ha mashcha mat
has wo chu!igk ch hab wud wo ha-tatchuik g hemajkam.
Sh i ha u!u k gn huh ha thagito jewedo k ha ah!ath mat
wo hihim k wo nei g e-je!e.

T amjed hihih uhhum g wihpiop k ia huh thatha

∞∞∞∞∞∞∞∞∞∞∞∞∞∞∞∞∞∞∞∞∞∞∞∞∞

The men said, "We live there with your uncle. You can go
with us now." So they put them on their backs and took them
to Snake's house. There were reeds growing there. All day and all
night the wind blew and shook the reeds, whistling through them
continually. Here Snake lived in the reeds.

The boys arrived and said, "Uncle! Uncle! Our mother said
you would make us flutes. That's why she sent you to you." So
right away, just as she said, he made flutes for his nephews and
taught them his songs and taught them what kind of songs people
would like. Then he took them and put them ashore and sent
them to see their mother.

The boys went back and came to their home. Every night

e-kih am k ash chuchkagath am uhksha ch wo wohpk
ch wo kuhuth. Sh ge has kaij itham wihpiop. Sh g u'uwi
s-ha hohho'ith ch am hihhim, chum s-ha kukuntamk. K
wash pi sha'i ha chegima g wihpiop, nash pi ha'i g
chetcha s-ha hohho'ith ch gm huh wud kihkam mo am
kih g ha-tatal. Sh hegam ia thaiw chuchkagath ch chich-
wih ha wehm g wihpiop. Sh pi hedai ha neith g chetcha ch
washaba ha kah mo am neneok ch am hehem ge chuch-
kagath wash i si'al kehk k uhhum nen'e g chetcha.
Sh mu'i neneok g u'uwi ch has ha ahg g wihpiop ch wash
pi has ha thohth tha. T ha hohont itham u'uwi k i ha oi.
Sh am wud kihkam mo am chuhch g ne'etham u'us gd
huh ge shuhthagi ch ed.

they would go into a windbreak and play their flutes. They made
a strange sound. The women admired them and came wanting to
marry them. But the boys didn't pay any attention to them be-
cause some girls who lived over by their uncle admired them.
They came every night and played with the boys. No one saw the
girls but they heard them talking and laughing every night. In the
morning they would fly home. The women talked a lot and
gossiped about the boys, but they couldn't discourage them from
marrying these girls and going with them. From that time on they
lived where the singing trees grow in the ocean.

Mash Hema e Tho'ibia g Kakaichu ab Amjed g Wisag

Sh am hebai ha'i o'othhamag g kakaichu. Sh heg wud ha'ichu ha-hugi mash ha'ichu wud nanawhul ha-ohki.

Kutsh e a'ahe matsh wo u'io ihtha ha'ichu e-hugi. Kush am e nahto wehsijj k am hihih gm huh mash am s-mu'ij k gm huh thatha k am u'u hegai.

Tsh g wisag am hahawa wabsh jiwia, ash hegam si ha gewichshulig kakaichu. Kutsh ga huh amjed s-kuhgkim wo i him k am wo si e angith k ia huh he'ekia wo ha gewichshul, hab e juhka'i.

T wabshaba hemako al kakaichu gm huh si e ehsto sha'i wecho. K atsh heg al i wih.

Tsh imhab wa ep wehs ha hugio hegam kakaichu. Kutsh heg am tha'iwuni k meh am uhpam k ash im huh

◇◇◇◇◇◇◇◇◇◇◇◇◇◇◇◇◇◇◇◇◇◇◇◇◇◇◇◇◇◇

A Quail Escapes the Hawk

They say there were some quail living somewhere. Their food was the harvest of the "nanawhul".

The time came for them to get this food of theirs. They all got ready and went to where it was plentiful. They arrived there and were gathering it.

Suddenly a hawk came, striking down the quail. He would come roaring down from above and flap his wings and strike down a number of them.

But one little quail hid itself way under the brush. It was the only one left.

The hawk finished off all the others. Then the one rushed

med e-kih wui ch ash hab kaijihim, "Wahm att g nana-
whul ha-ohki am chum ko'itohio. T g ohbi am jiwia.
Wehs t-hugio! Wehs t-hugio!" (Ka kahkaha! Ka kahkaha!)

Mash Haschu Ahgch pi ha Chehgig g Chum Judumi

Sh hab wa chu'i na'ana. Sh am huh hebai ha'i
o'othhamag g jujdumi.

Sh g chum judumi shoak, si weho'i shoak. Sh g
oh'ogaj gd huh o'o hoas-ha'a ch ed. Kush ab jeh mo
s-onk g wihb.

Sh g apapaj ab kakke, "Ah! pt has e juh?" Sh oi
wa pi has sha'i kaij g chum judumi, ch wash shoak.

out and ran home. He was running toward his house saying, "Just
as we went to eat up the harvest of the nanawhul, the enemy
came. He finished us all off! He finished us all off!"

Why Little Bear had no Name

They say this happened long ago. Some bears lived some-
where.

The little bear cried, really cried. His tears dripped in the
dish. He tasted that the milk was salty.

His father, who was of the Coyote clan, said, "Hey, what
happened to you?" But the little bear didn't say anything, just
cried.

Sh hab kaij g je'ej, "Chum o hedai nahnko ahg g chum judumi no ge ha chehgig."

"Pt haschu ahg k pi hema mah g chehgig?" bash kaij g apapaj.

"No ge mu'ij g chechgig," bash kaij g je'ej, "Am apt wo i ha nei wehsijj mat haschu ahg k pi ha a'ahe g chechgig."

Ab ash thadha gamai wewa'ak chu'uchum jujdumi ch wehsijj ko'a g pahn ch wihb. Sh am i kokowod k am hahawa ha'ichu chichwih. Am i ha'asa k gm huh hahawa kohk.

∞∞∞∞∞∞∞∞∞∞∞∞∞∞∞∞∞∞∞∞∞∞∞∞

His mother said, "Everyone makes fun of the little bear because he has no name."

"Why didn't you name him?" the father asked.

"Because there aren't that many names," said the mother. "Look at them all and you'll see why the names didn't last."

There sat seventeen little bears, all eating bread and milk. When they were full they went and played. When they finished they went to sleep.

Ha'ichu A'aga
ab Amjed g Wuhshkam

∞∞∞∞∞∞∞∞∞∞∞∞∞∞∞∞∞∞∞∞∞∞∞∞

STORIES ABOUT THOSE
WHO EMERGED FROM BELOW

Mash Has Masma in Thatha g Wuhshkam

Mash am Kih g Iʼitoi Waw Giwulk Thahm

Heki huh, mash wenog g hemajkam wehoh haʼichu s-mahch, sh hema hab wud Iʼitoi ch ish ab kih Waw Giwulik t ab, heg eda mo hemu hab e aʼaga "Iʼitoi Kih".

Kush pi hedai s-mahch mads haschu i s-mahch ihtha Iʼitoi kch ish wash hi wa s-mahch mash s-wuagadag, ish ith hekaj jewed shuhthgim s-kaithag. Kush hebai wo shonwuich g e-neʼi k ash am wash wo chum sikol melch g e-shawikud. Sh heg wa wepo wo e juh mash ihtha shawikud wash i ha wanchkwua g hemajkam. Kush am wo e chehm g wihpiop, kekel, oʼoki, ch chetcha k gm huh wo wehmaj nei g Iʼitoi.

∞∞∞∞∞∞∞∞∞∞∞∞∞∞∞∞∞∞∞∞∞∞∞∞∞∞

How Those Who Emerged Came Here

Iʼitoi Lived on Indented Rock (Baboquivari Peak)

Long ago, it is said, when the people really had occult knowledge, the one called Iʼitoi lived on Baboquivari in what is now called Iʼitoi's Home.

No one knew how much he knew, but they knew that he could sing puberty songs. He was famous throughout the land. Whenever he began singing he would shake his rattle and it was as though the rattle would draw the people. The young men would gather along with the old men, the old women and the girls, and all would sing with Iʼitoi.

147

Kush hebai mehk wo wuagam ihtha I'itoi k ash am
wo i wuhsh e-kih amjed k ash hab kaitham wo nei:

> *Kuni shahli yewelime*
> *ch jewen t ab memena,*
> *Noang ab memena.*
> *Shahchu wa has o ni-nohnna?*
> *Wawai yewenam*
> *eng ena ani i wuhshani*
> *K amjen yahhai wa hime*
> *K am jewen ama chehchemoima.*

(Kuni sha'al hewelhim ch jewed t ab memda, Tho'ag ab
memda. Shahchu at has wo ni-thohththa? Waw Hewedam
heg eda ant i wuhshani k amjed a'ai wa him k g jewed
am chehchemohim.)

Kush am wash i gi'ikko wo ah ihtha e-ne'i k ash gd huh
wo jiwia chum as hems wo mehkk.

∞∞∞∞∞∞∞∞∞∞∞∞∞∞∞∞∞∞∞∞∞∞∞∞∞∞

When I'itoi had a long way to go to sing for a girl's puberty,
he would come out of his house singing this song:

> *I am blowing along a little,*
> *Running on the earth,*
> *Running on the mountain,*
> *What can happen to me?*

> *The wind is blowing in the rocks,*
> *I came out in it*
> *And from there go in all directions*
> *Reaching the ends of the earth.*

He would sing this song of his four times and then arrive over
there even though it was very far away.

Kush gn huh Waw Giwulk thahm chepaga k ash hekith am wo s-shoniwuim g wihog k ash am wo nei. Kush g hewel am wo tha'iwuni k am wo bei g I'itoi k gn huh wo u'apa Waw Giwulk thahm k ash hekith wo e nahto k ep wo nei. Kush uhhum ep wo i bei g hewel.

Kush ge matchud, sh ihab juhpin tahgio wo'o, kch ish gohk shoshonigiwul. Kush gamai hab wakoliw tahgio thadha.

Kush ep ge main ch ith thahm wo wo'iwup chum hekith ch ish hekith hasko wo himhiog k wo i holiwkath k gn huh hebai wo woi. Sh ith hekaj an hab wash i mahs g main ith tash ab.

<hr />

He had a grinding hole up there on Baboquivari and when he wanted to grind mesquite beans he would sing. Then the wind would come out and get I'itoi and take him up on Baboquivari, and when he finished the wind would take him back.

He had a big metate on the north side and two racing balls on the south. He also had a woven mat on which he lay and whenever he wanted to go somewhere he would roll it up and put it aside. That's why the print of it is there to this day.

Mamsh mea g I'itoi

Kush g Siwani in huh epai kih m an hemuch g Akimel O'othham kih. Kush wud si s-has ha'ichu ihtha Siwani. Sh g hemajkam chum hekith ab kaiham ch ish ep s-wehochuth mash haschu i ha ahgith. Kush mu'i nan'aipijju. Sh chum hekith wehmaj nahnko chu'ig. Kush hekith ha'ichu wo tatchua g Siwani k ab wo ha ahgi g e-naipijju, "Batt wo juh ihtha." Kush hemho hab wo wa e juh hegai mash haschu wo i tatchua g Siwani.

Kush ge uwi alithag g Siwani. Sh chuhwa hegai chehia. Sh gd huh s-mai g I'itoi k ab wo i ne'ihi. Sh heki huh bagat g Siwani k ash hab ha ahgith g e-naipijju, "Mt wo ni-nenida. Kunt wo'op kia ni-nahto, kutt haha wo wuago."

Sh eda gd huh shonwua g wuaga mash am huh

∞∞∞∞∞∞∞∞∞∞∞∞∞∞∞∞∞∞∞∞∞∞∞∞

I'itoi is Killed

Siwani also lived where the Pimas now live. Siwani was a very important person and people would always listen to him and believe him. He had many friends, and they were always doing different things with him. When Siwani wanted something he would tell his friends,"'Let's do this". And they would have to do what Siwani wanted.

Siwani had a daughter, and when she reached puberty, I'itoi found out and was going to come and sing. But Siwani got angry and told his friends, "Wait for me until I am ready, and we will go have a puberty celebration."

But they started the puberty celebration without him, over

hebai ge wo'og. Kush gm huh a'aijed am e hemapai g
hemajkam k ash gm huh wehmt g I'itoi.

Kush g s-chuhugam e eda i huh. Sh jiwia g Siwani
g e-naipijju ha wehm. Sh am huh wa he'es, sh am e
kawhai g Siwani g I'itoi wehm. Sh hab kaij g Siwani,
"Map ahpi pi haschu wehhejed s-ap'e. Kup chum hekith
an ha-kihki oithch oimed ch g ha'ichu hugi gahg. Kut
wash hemuch ia'i hugkam ab m-ab wo e pihchuthath g
hemajkam."

Kush hab kaij g I'itoi, "Mani ahni heg hekaj hab
chum hebai himhith ch ne'ihim mant hemu wo muh k
pi in huh wo ha'ichugk. Kut g hemajkam hekith am wo
i ni-chechegitodath ch hab kaitham wo ne'eth mani
hemu ihab kaitham ne'e."

Kush hab kaij g Siwani, "Mapt wa heki huh chehmo
g jewed g e-nen'eikaj. K hemuch ia'i s-ap'e matt ia'i
hugkam ab m-ab wo t-pihchuthath." Bash che'iok in

∞∞∞∞∞∞∞∞∞∞∞∞∞∞∞∞∞∞∞∞∞∞∞∞

by the big pond. People came from every direction and were there
with I'itoi.
   In the middle of the night, Siwani came with his friends.
Before long, Siwani argued with I'itoi, saying, "You aren't good
for anything. You always go about peoples' homes looking for
food, but from now on people will not be troubled by you."
   I'itoi said, "I go everywhere singing because now I am going
to die and I will not be here any more. And when people remem-
ber me they will sing as I sing now."
   Siwani said, "You have already covered the earth with your
songs. Now it's good if we stop being troubled with you." When

huh i wuhshath g e-shonchki k ash ab si gehg g Iꞌitoi k
gam si gewichkwua.

Sh iaꞌi e ebkio g hemajkam k gm huh aꞌai meh.
Neh, sh ia kahch g Iꞌitoi. Kush pi hedai am huh i nei
nash pi s-ehbith g hemajkam g Siwani.

Kush ab wo i chesh g tash. K wash g siswothaj ab
chuhch. Kush eda haꞌi g uꞌuwi wud waꞌigokam ch ish
edapk iaꞌi thatha k ash chum nei, sh haha wash i wami
g Iꞌitoi k ash imhab siꞌal wui nen k thahiwua k ash hab
kaitham nei:

> *Tashai wa cheshaning ani wehma hih.*
> *Tashai wa cheshaning ani yoina hih.*
> *Si mumuwini am ni-ohana,*
> *Am tashai oinkai si mumuwini am ni-ohana.*

∞∞∞∞∞∞∞∞∞∞∞∞∞∞∞∞∞∞∞∞∞∞∞∞

he had said this he took out his club and struck Iꞌitoi and knocked
him down.

The people were frightened and ran off in all directions.
So Iꞌitoi lay here dead, and no one went to see him because they
were afraid of Siwani.

Before dawn, as the sun's rays were on the horizon, some
women who were water-carriers arrived and saw him. Suddenly
Iꞌitoi got up and looked eastward, then sat down and sang this
song:

> *The sunrise I'm going with.*
> *The sunrise I'm following.*
> *With zigzag lines I'm painted.*
> *Following the sun,*
> *With zigzag lines I'm painted.*

(Tash cheshajig ant wehm hih. Tash cheshajig ant oithk
hih. S-mu'umuwij ani am ni-o'ohan. Am tash oithk ani
s-mu'umuwij am ni-o'ohan.)

Kush gi'ikko am ah ihtha e-ne'i. Sh eda ab i chesh g
tash. Sh heg wehm am wash i huhug.

Neh, sh gm huh ha ahgi g u'uwi mash hab wa e
chegito g I'itoi k gm huh heb huh hih. Kush wash chum
hud g tash, sh gd huh ep shonwuich g e-ne'i g I'itoi.
Neh, kush ith hekaj mamsh wa chum mea, sh eda wa ep
e chegito k am hab ep ha wuagith. Sh ith hekaj ab
hahawa si mu'i hemajkam am e hemapath k ash gm huh
ep wehmt g I'itoi.

Sh g s-chuhugam e eda i huh. Sh ep jiwia g Siwani
k ash am ha hekaj ep i wuhshath g I'itoi k am i ep mea.

Neh, kush ia'i ep kahchkahim ch am i mahsij. T
heg wa oithk am hab ep juh mash hab wa e-juh si weh-

∞∞∞∞∞∞∞∞∞∞∞∞∞∞∞∞∞∞∞∞∞∞∞∞∞

He sang this song four times. Then the sun rose and he just
disappeared.

The women went and told the people that I'itoi had come
back to life and had gone away somewhere. Just as the sun went
down, I'itoi began the puberty song again. Even though that's
why they killed him, when he came back to life, he made another
puberty celebration. So many people gathered and joined I'itoi.

In the middle of the night Siwani came again. Right away
he took I'itoi out and killed him again. So again he was there,
dead, until morning.

Then it happened again as it had at the first. When the sun

peg. Kush am i hud. Sh ep jiwia k gd huh ep shonwuich
g ne'i wo'o t am. Kush heg wa oithk am hab ep e juh g
chu'ichigaj mash hab wa e juh si wehpeg hudunig ed.

Neh, sh ia wud i waikkokam mamsh mea g I'itoi.
Kush waikko wa'i uhhum e chegito. Kush eda gm huh
mehk wa'i kaithaghim mash· am huh hebai ge has ha'ichu
e wua. Kush mu'ijj hab kaij mat heki huh pi e nako g
Siwani. Kush mu'ijj hab ep kaij mash ia hahawa i e ai
mamt hahawa si s-wehom wo mea g I'itoi. Neh, kush
ha'i wa chum mehk kih kch am i s-neitham mas has wo
e juh g chu'ichigaj g I'itoi. Sh ia thatha k ia e hemapai
wo'o t am.

Kush gm huh jumal gei g tash. Sh jiwia g I!itoi k
gm huh ep nei. Sh hahawa si ba'ich mu'i hemajkam am
e hemapath k gm huh wehmt g I'itoi. Kush pi koi wa
chum e eda i huh g s-chuhugam, sh i ha melch heg hekaj

∞∞∞∞∞∞∞∞∞∞∞∞∞∞∞∞∞∞∞∞∞∞∞∞∞

went down, he came again and began the puberty song at the
pond. After that, it was just his luck to have happen what had
happened the first night.

So you see, they had killed I'itoi three times and he had
come back to life three times. The news spread far that something
important was happening. Many said Siwani was already defeated
but many others said that now the time had come that they
would really kill I'itoi. Even though some lived far away, they
wanted to see what I'itoi's fate would be, so they came and
gathered here at the pond.

Just as the sun went down, I'itoi came and sang there again.
Then more people gathered and joined him. And even before
the night was half over, he made the dancers run because he knew

mash s-mahch mash e aihim mash ep wo jiwia g Siwani. Sh ith eda melchutha mu'i nahnko kaij g I'itoi, hab ahgch mash ith hekaj wo s-mai g hemajkam mash wa wehoh ha'ichu s-mahch.

Kush wa wehoh hab e juh g Siwani k jiwia g e-nai-pijju ha wehm k ash am i wuhshath g I'itoi k am i gewichkwua k ash amjed gewittan k gam si mahsij.

Kush heki huh ab i chesh g tash k ga huh i juh. Sh hahawa i thagito k ash hab kaij g Siwani, "Matp hedai ia wo bei ihtha muhki, kunt hab wo wa ep juh mant hemu ith hab juh."

Sh eda hab s-ehbith g hemajkam g Siwani kch ish wa wehoh pi hedai am huh taht. Kush mu'ijj hab kaij, "Mash wud wo gi'ik i tashk, t wo e chegito g I'itoi." Neh, sh am chum neith, kush am wash i e ai g gi'ik tash, sh pi wehoh e chegito k ash jewa. K g chuhhugaj

∞∞∞∞∞∞∞∞∞∞∞∞∞∞∞∞∞∞∞∞∞∞∞∞∞∞

it was about time for Siwani to come again. As he stepped up the pace with his rattle, I'itoi said many things so that through this the people would learn that he truly had supernatural powers.

Sure enough, Siwani came with his friends, and took I'itoi out and knocked him down and beat him until morning.

The sun was already up in the sky when Siwani left him, saying, "Whoever takes this corpse, I'll do to you just what I did to him."

The people were afraid of Siwani so no one touched the body. Many said, "In four days, I'itoi will come back to life." So they were watching. But after four days he was still dead. Finally his flesh rotted and disappeared and only his bones were left. So

huhug. K heg wa'i oh'oj am wih. Kush gm huh a'ai
kaitha mash has masma mea g Siwani g I'itoi. Kush
he'ekiajj i kah ihtha, ish i'ajed chum hekith hab junihim
g ha'ichu ahgaj g Siwani ch hab elith mash pi hedai has
e juh k wo ba'iwich. K oi wa wash ith hi wehoh wehs
hemajkam ha ba'ich i ha'ichu s-mahch.

Mash ep e Chegito g I'itoi

Sh wenog mamsh ia mea g I'itoi, sh eda wud wash
si wiapo'oge'el. Sh wash mu'i a'ahithag e a'ahe. Sh heg
wa'i oh'oj am gantani mash am i wo'okahim.

Hema tash, sh g a'al am wo chichwih wo'o t am
k am thatha k chum nei, sh g al keli am thak ch g
e-wako i gishshum. Sh hab kaij g a'al, "Bahjed ap him,
al keli?"

∞∞∞∞∞∞∞∞∞∞∞∞∞∞∞∞∞∞∞∞∞∞∞∞∞∞∞∞

the report went in every direction about how Siwani had killed
I'itoi. After that everyone that heard about it always did what
Siwani told them, thinking that no one was greater than he. And
he really did know more than anyone.

I'itoi Comes Back to Life

When they killed I'itoi he was just a young man. Many years
passed, and his bones were scattered where they had been.

One day the children were going to play at the pond and
when they got there they saw a little old man sitting there, knit-
ting a carrying strap for a water jar. The children said, "Where do
you come from, little old man?"

Sh pi am huh ha ahgith ch hab wash chech'e, "Hah, gamai g wo wohpo'i, a'al. Wat wo tahhatham ha'ichu e juh."

Kush wa wehoh gm huh uhhum wohp g a'al k ash gd huh ha ahgi g e-hajuni mash am huh g al keli thaha wo'o t am. Kush chum chu'ichk mash hebaijed him. Sh hab wash kakithach, "Hah, gamai g wo wohpo'i, a'al. Wat wo tahhatham ha'ichu e juh."

Kush am hahawa ha'i hihih g ge'eged. K hab kaij, "Tt wo nei mas hedai wud keli kch am thak ch haschu ahg ch hab kaij mash wo tahhatham ha'ichu e juh." Kush gd huh thatha k chum nei.

Sh wud I'itoi kch washaba al kelit k ash hab kaitham ne'e:

> *Shahni u wa chuhunga? Shahni u wa chuhunga?*
> *Shahm ingi junihim wa si mamache?*

∞∞∞∞∞∞∞∞∞∞∞∞∞∞∞∞∞∞∞∞∞∞∞∞∞∞∞

He didn't tell them but just said, "Hah. Run along children. A startling thing is going to happen."

So the children ran home and told their relatives that a little old man was sitting at the pond and they tried to ask him where he came from, and he just kept saying, "Run along little children . A startling thing is going to happen."

Then some of the adults went, saying, "We will see who the old man is sitting there and why he says something startling is going to happen."

So they went there and found that it was I'itoi, but he had gotten old. He was singing:

Ith al ni-emajta si aichu ni-junihi.
Tashai wa wepo ni shopoli sha mumuku.

Wani ge chuhinga. Wani ge chuhinga.
Pi imki edai wa si mamache.
Shohing al ni-emajta shohing ni-junihi.
Mashatha wepo ni shopol sha mumuku.

(Shahni huh wa chu'ig? Shahni huh wa chu'ig? Shahmt
higi junihim k wo si mamche? Itham al ni-hemajta si
ha'ichu ni-junihi. Tash wepo ani shopol sha mumuku.

Wahm ani chu'ig. Wahm ani chu'ig. Pi amtki hedai wo
si mamche. Sho'ig al ni-hemajta sho'ig ni-junihi. Ma-
shath wepo ani shopol sha mumuku.)

Sh ia'i nahto g wako gishshum k ash imhab hih
si'al wui. Kush hi wa chum mu'i hemajkamag amai mash

∞∞∞∞∞∞∞∞∞∞∞∞∞∞∞∞∞∞∞∞∞∞∞∞∞∞∞∞∞

What characteristics are mine,
What characteristics are mine,
What can you do to really know.
Little people that I made.
They did a dreadful thing to me.
Like the sun, I die repeatedly.

Great are my characteristics.
Great are my characteristics.
The poor little people I made
Treated me cruelly.
Like the moon, I die repeatedly.

Just then he finished the water jar strap, and went off
toward the east. There were many people along his route, but he

am him. Sh am wash bibijim heg hekaj mash s-mahch mash hegam hemho ab wo wa wehmt g Siwani.

Kush gm huh mehk si'al wecho wa ep ge s-hemaj-kamag. Sh am jiwia g I'itoi k gm huh hebai ha chu'ichk mas hebai kih g ha-ge'ejig. Kumsh am i ahgith. Sh gm huh hih.

Kush hebai i him g I'itoi kch a'agahim g e-ne'i nash pi s-ha kailithamk g hemajkam mash wud wa ihtha mat wa nahto g hemajkam. Kumt gi'ikko mea. Kut gi'ikko e chegito, k ith wa wehoh ha'ichu s-mahch.

Neh, sh ia'i kuhgi g e-ne'i k ia'i thahiwua heg wui mash am wud ha-ge'ejig k ash hab ha hekaj chei, "S--ohbsgam hemajkam at s-ta bagam ni-thohththa. Kuni hab sho'ig kaij ch in oimmed."

Sh hab ha hekaj chei g ge'e, "Na'anis pi has wo

○○○○○○○○○○○○○○○○○○○○○○○○○○○○○○○○○○○

just passed by because he knew that they would surely help Siwani.

Over in the east there were many people. I'itoi arrived there and asked them where their chief lived. They told him and away he went to see him.

As I'itoi was going along he was singing this song because he wanted the people to hear that he was the one that had made them, yet they killed him four times, and he came back to life four times and really knew something.

Just then he finished his song. Then he arrived and sat down with the chief and said right away, "An Apache-like people have done something maddening to me so I'm going about pleading for help."

m-thohththa. Gamai o juhpin tahgio kih g ni-sihs. Kupt gamai wo him k wo nei. Kut heg has am wo ni-ah, kunt heg oithk am hab wo ni-juh." Neh, sh ab ha hekaj si wuhshani k gm huh ep hih.

Sh gm huh hebai mehk juhpin shon am ge kihhim g hemajkam. Sh am jiwia ha-ge'ejig wui k ash hab ha hekaj chei, "S-ohbsgam hemajkam at s-ta bagam ni-thohththa. Kuni hab sho'ig kaij ch in oimmed."

Kush hab chei g ge'e, "Na'anis pi has wo m-thohththa. Gamai o huduni wecho kih g ni-sihs. Kupt gamai wo him k wo nei. Kut heg has am wo ni-ah, kunt heg oithk am hab wo ni-juh."

Neh, sh ia'i wuhshani k gm huh ep him k gm huh mehk huduni wecho jiwia. Sh am ge s-o'othhamag. Sh ia jiwia g I'itoi ge'e wui k ash hab ha hekaj chei, "S-ohbsgam hemajkam at s-ta bagam ni-thohththa. Kuni

<hr />

Then the chief said, "I may not be able to do anything for you. My older brother lives to the north. Go and see him. Whatever he says, I'll do." So he left and traveled on.

Far to the north there was a big village. He came to their chief and said right away, "Apache-like people have done something maddening to me so I'm going about pleading for help."

The chief said, "I may not be able to do anything for you. My older brother lives to the west, go and see him. Whatever he says I'll do."

So he went out and traveled on. He arrived in the far west. There were many people there. I'itoi went to the chief and said, "Apache-like people have done something maddening to me so

hab sho'ig kaij ch in oimmed."

Sh hab ha hekaj chei g ge'e, "Na'anis pi has wo m-thohththa. Im o wakoliw tahgio kih g ni-sihs. Kupt gamai wo him k wo nei. Kut heg has am wo ni-ah, kunt heg oithk am hab wo ni-juh."

Neh, sh ia'i ep wuhshani k gm huh ep hih g I'itoi. Sh gm huh mehk wakoliw shon am ge kihhim g hemajkam. Sh am jiwia g I'itoi ha-ge'ejig wui k ash hab ha hekaj chei, "S-ohbsgam hemajkam at s-ta bagam ni--thohththa. Kuni hab sho'ig kaij ch in oimmed."

Kush hab kaij g ge'e, "Wihpiop, gamai g wo wohp k ha ahgith g t-wecho hemajkam. Kut hedai wo oi s-neitham g e-cheojthag k ab wo i hih. Kutt wo wehmt ihtha o'othham. Wehoh o wa mo mu'i wa'i e sho'ig-chuth."

∞∞∞∞∞∞∞∞∞∞∞∞∞∞∞∞∞∞∞∞∞∞∞

I'm going about pleading for help."

Right away the chief said, "I may not be able to do anything for you. My older brother lives to the south. Go and see him. Whatever he says I'll do."

So I'itoi went out again and traveled on. The people in the far south had a big village and I'itoi came to their chief and said right away, "Apache-like people have done something maddening to me so I'm going about pleading for help."

The chief said, "Young men, run and tell the people below that whoever wants to prove his manhood soon, come and we will help this man. It's true that he has suffered many things."

Mash g O'othham i Wuwhag k am i Wehmt g I'itoi

Kush gohk wud al jejewho wihpiop ch ish itham nuhkuth g ha-kihjeg g gd huh wecho hemajkam. Kush gm huh hihim k ash am huh wa'i he'es, sh thatha k hab kaij, "Mamtsh ia wo si ha kekeihominath. Tsh i'ajed wud wo i gi'ik tashk, kutsh wo thatha g t-wecho hemajkam k wo em-wehmt."

Neh, kush am wud i gi'ik tash, kush gam kuhpi'o g kihjeg itham jejewho wihpiop. Sh ab i wuwha g mu'i hemajkam. Sh ga huh i ha wanim g I'itoi.

Kush eda ia huh i s-mai g Siwani mash g si ge'e cheggi'adag hab wo e juh. Kush am chum ha waith g hemajkam mash am wo i wehmt. Sh pi mu'i am huh thatha. Sh washaba ia jiwia g Ban. Kush am ah'ath g Siwani mash gm huh wo i miajkai g I'itoi k wo s-mai

∞∞∞∞∞∞∞∞∞∞∞∞∞∞∞∞∞∞∞∞∞∞∞∞∞∞

The O'othham Emerge from Below and Help I'itoi in Battle

There were two gopher boys who guarded the doorway of the people below. They went down and before long they returned saying, "You must weaken the enemy by singing. Four days from now the people from below will come and help you."

So in four days these gopher boys opened the doors and many people came out. I'itoi began to lead them.

But Siwani had found out that there was going to be a big battle and he invited the people to help him. Not many came, but Coyote came and Siwani sent him to go and find out how many

mas he'ekia ab wo i wehmt g hemajkam. Sh amjed meh
g Ban k ash gn huh i chesh Waw Giwulik thahm k ash
amjed neith mash gd huh haha wash e kuhpi'o g jewed
wakoliw shon am, k am wuhsh g mu'i nahnko mahs
hemajkam.

∞∞∞∞∞∞∞∞∞∞∞∞∞∞∞∞∞∞∞∞∞∞∞∞∞∞∞∞

people were going to help I'itoi. Coyote ran and climbed up
Baboquivari, and from there he saw the earth open up in the
south and many different people come out.

Sh eda g Ban ith epai s-mahch mash hekith ha'ichu pi wo hohho'ithach, kush wo s-a'asim, kush wo gawul e juh. Neh, sh ia'i chum ha neithchkahim. Sh wash si mu'ithahim g hemajkam. Kush hab haha wash kaij, "Ha ha ha! A no ge pi hebai ha bahi wanchki g hemajkam." Neh, sh ab si e kuh g kihjeg. Sh wash eda wa mu'i hemajkam ab i wuwhag k ga huh hihih.

Sh amjed i meh g Ban k ia huh mel Siwani kih am k ash hab chei, "Im at huh wakoliw tahgio g jewed e

∞∞∞∞∞∞∞∞∞∞∞∞∞∞∞∞∞∞∞∞∞∞∞∞∞∞∞∞∞

Coyote also had this power, that if something displeased him, he would laugh at it and it would change. So he was watching them. The number of people was increasing greatly, and he said, "Ha, ha, ha! Oh, won't the peoples' tail ever break off?"

So, the opening closed right up on the rest of them. But many people had already come out and gone on.

Coyote ran back from there and returned to Siwani's house and said, "The land opened in the south and many different

kuhpi'o. Kut ab i wuwha g mu'i nahnko mahs hemaj-
kam, k as he'ekia ab wo wa chum wuwha. Kunt s-ha
a'asim. T ab si e kuh g jewed. Kut wash heki huh mu'i
ab wuwha g hemajkam k ab i hihih." Bash kaij g Ban.

Sh ab i ha wanim g hemajkam g I'itoi. Kutsh hebai
wo ge s-hemajkamagk ch ish ha hekaj ab wo wehmt g
I'itoi. Neh, sh wash i mu'ithahim k am i si mu'itha k ia
huh thatha Siwani kih am k ash am huh hebai i woh.

Mash g O'othham ia e Ahgal g Jewed

Sh hab kaij g I'itoi, "Mat si'al kehk wo i tha'iwush
g Siwani. Kutp hedai si wehpeg wo ha mea, kunt heg
wo si wehpeg hiwigi mat am wo e ahgal matp hebai wo
s-hohho'ithach g jewed mat am wud wo kihjk."

∞∞∞∞∞∞∞∞∞∞∞∞∞∞∞∞∞∞∞∞∞∞∞∞∞∞∞∞

people came out. Who knows how many would have come, but
I laughed at them and the earth closed up. However, many people
had already come out and are coming this way." That's what
Coyote said.

I'itoi led the people and wherever there were a lot of people
they would immediately go along to help. So the people increased
and reached quite a number by the time they arrived near the
house of Siwani and camped.

The O'othham Claim Land Here

I'itoi said, "In the morning Siwani will come out and who-
ever kills the first man, I will let him choose whatever land pleases
him to be his home."

Neh, sh ith ia'i kaiok g Ko'oi k amjed hih wash
i hudunk k ash am huh hebai thahiwua Siwani wohgga
ed. Sh am i si'al keh, msh i ha tha'iwush g hemajkam.
Kush g Kǫ'oi si wehpeg ha mea. Kumsh wenog ia padch
g Siwani kih k ep ha hugio g Siwani hemajkamga. Kush
wenog am e ahgal g Ko'oi g jewed mo hemu am wud
Ko'oi Kih.

Kush hegam mo hemuch an kihhim akimel oithch,
gm huh mehk wakoliw tahgio wud kihkam ch ish wud
o'oithkam ch heg hekaj hab an bei g jewed akimel huhu-
gith an. Kuch ith amjed hab ha a'aga "Akimel
O'othham".

Kush hegam mash wud mohmbdam an epai bei g
jewed Waw Giwulk wecho nash pi wenog an s-huawig
ch ep mu'ij g nahnko ha'ichu hugi. Neh, k i'ajed hab
epai e a'aga "Tohono O'othham".

∞∞∞∞∞∞∞∞∞∞∞∞∞∞∞∞∞∞∞∞∞∞∞∞∞

So when Rattlesnake heard this he went in the evening and
sat in Siwani's road. In the morning the people ran out and Rattle-
snake was the first to kill someone. Then they wrecked Siwani's
house and destroyed his people and Rattlesnake chose the land
for himself that is now called "Rattlesnake House".

Those who now live along the river lived far to the south
and were farmers, so they took the land along the river. From that
time on we call them the River People.

Those that were hunters took the land below Baboquivari
because there were many mule deer and plenty of other food
there. From that time on they were called the Desert People.

Neh, sh i'ajed gamai hab uhhum i e gantnahi g hemajkam.   Kush hebai ha'i s-ha hohho'ithachuth g jewed, sh am i chichiwia.

Kush g Ban hi wa chum e tho'ibia k ash wash ith hekaj mash g Siwani ab i wehmt e keh'ithachuth ch heg hekaj hab pi hekith ab hu'i ha mimiabith g e-hajuni. Kush hekith ab wo i ha mimiabij g e-hajuni, kush hema hab wo sha chei, "Hah, tatal, bahjed ap him?" sh hab wo em-ahgath mo wash chum s-behimk ch hab kaij mat wo bek wo mea. Neh, sh ith hekaj an hab hejel oimed g Ban.

∞∞∞∞∞∞∞∞∞∞∞∞∞∞∞∞∞∞∞∞∞∞∞∞∞∞

From there the people were scattered homeward. Wherever the land pleased them they settled.

Even though Coyote escaped, he hated himself because he had helped Siwani. That's why he never goes near his relatives and when someone says, "Hey, Uncle, where do you come from?" he thinks that they want to catch him and are saying this so they can catch him and kill him. That's why Coyote goes around alone.

Mash g O'othham Githahioppo

Mamsh Hema Bei g Ohb Ali

Wenog mash g jewed e kuhpio gm huh wakoliw shon am, sh am wuhsh g hemajkam k amjed i ha cheggia-hi. Sh hebai hema g jewed wo s-hohho'ith k am wo kei g uhs k hab wo chei, "Matp ha'ichu wo s-ni-ho'ige'el, nt wo thoak ch ia wo bei ihtha jewed."

Neh, sh hab e juh k am kei g uhs g o'othham amai mo hemu hab wud Ahngam. Sh amjed i hihim k in huh ha thagito g e-obga Ge Akimel bahsho k amjed hihih uhhum.

Sh ia huh wa'i wih g Suhani Mahkai mat heg bei

∞∞∞∞∞∞∞∞∞∞∞∞∞∞∞∞∞∞∞∞∞

The O'othham Scout the Enemy

An Apache Child is Captured

At the time the earth opened in the south, it is told, the people came out and came this way, fighting as they came. Wherever someone liked the land, he would put up a stick and say, "If I am fortunate, I will live and take this land."

That's how it happened that a man put up a stick in the place that's now called Desert Willow. He and his companions went on and finished with the enemy on the banks of the big river. From there they returned home.

The man who took Ahngam was a medicine man named

g Ahngam k ia huh i chiwia m am hemu g Akimel
O'othham ha-kih. Sh hema hab wud Gohk Si'isiwliki
ch wud si mahkai ch heg ab bei g jewed wahshaj huh
hab tho'ag bahsho k ab hejel kih. Sh g ohb ali neholga.
T am i ge'etha k s-mahch g Akimel O'othham ha-ne'oki.
Shp hab wa e tahtk mo wud Akimel O'othham.

Mamsh Mea g Ali Enigakam

Neh, sh haha wash s-mai g Gohk Si'isiwliki mamt
wo mea. Sh hab ahgith g e-neholga, "Wat wo ni-mea g
m-hajuni. Pt gamai hebai has wo e juh. T hekith ia wo
ni-tha'iwush g ni-obga, pt pi ia huh wo i ni-neith k ia
wash wo ni-kaihamath. T ia wo ni-oimelchuthahim ch ia
wo ni-mea. Pt ga waha wo him k ia wo ni-nei. Nt wo
wa chum s-uam mahsk ch am wo kahchk, pt wa has wo

∞∞∞∞∞∞∞∞∞∞∞∞∞∞∞∞∞∞∞∞∞∞∞∞∞

Suhani. He stayed and made his home where the Pimas now live.
Another powerful medicine man named Two Dust Devils, took
land further up at the foot of the mountain, and lived there alone.
He had an Apache child as a slave. When the child grew up he
knew the Pima language, and must have considered himself to be
a Pima.

His Master is Killed

One day Two Dust Devils knew he would soon be killed.
He told his slave, "Your people are going to kill me. You must
hide somewhere and don't come to see me when they run me out.
Just keep listening. They'll make me run round and round before
they kill me. Then you come and see me. Even though I'm there
in an unsightly condition, you must not think anything of it, just

ni-elith k ab wo si ni-hohowo gi'ikko. T am wo i s-ap'ek.
Pt haha wo hih maptp hasko wo i e tatchua. Waptp wo
i ha oi g e-hajuni mat ia wo ni-mea. Pi aps hab hig wo
e juh k imhab ha'ag wo him k wo ha nei g ni-hajuni k am
wo ha ahgi mat has masma hab e juh ihtha ni-chu'ichig.
Tp hems wo wa s-m-ho'ige'ith k wo m-bei. Pt wo e
kihkamchuth k ha wehm h'a'ichu wo tatchua. T heg
hekaj hab wo s-ap'ek g m-kihthag."

Bo kaij g keli. Sh wehoh hab wa e juh. Sh am
thatha g ohb chuhug. Sh gm huh meh g wiapo'oge'el
k gd huh e ehsto sha'i ch ed mash am e gaggatahim ch
si'ispolkthas g sha'i. Sh i'ajed am wash kaiham mo am
huh i cheggiahim g keli ch am i me'ok gm huh hihih.
Sh gam hahawa hih g wiapo'oge'el k hab e juh mam
hab ahg k washaba pi ha oi g e-hajuni k ia huh ha'ag
hih Akimel O'othham ha wui k ia huh wash chum jiwia.

⚬⚬⚬⚬⚬⚬⚬⚬⚬⚬⚬⚬⚬⚬⚬⚬⚬⚬⚬⚬⚬⚬⚬⚬⚬⚬⚬⚬

inhale over me four times. That's all that is necessary. You may
go wherever you want. Perhaps you will follow your people who
kill me. Or instead, you might go the other way and see my
people and tell them what my fate was. Maybe they'll be kind to
you and receive you. You will settle with them and work with
them. That way you'll have a good life."

That's what the old man said, and that's just what happen-
ed. The enemy came during the night. The boy ran and hid in one
of the piles of brush where they were clearing land. From there
he heard them fighting the old man. When they had killed him
they went away. Then the boy went and did what he had been
told. But, instead of following his people, he came back to the
Pimas.

T am tha'iwush g o'othham k si hihnk ch hab kaij,
"Ga g wo! Ia at g t-obga jiwia. Mt am has masma wo
i chegito matt hab wo juh." Sh am ha hekaj e chehm
g hemajkam k am chechga ch ha'ichu chu'ichk.

Kush hab kaij g nehol, "Mea amt g keli mani heg
wehm kih ga huh tho'ag bahsho." Sh am i shoanihim
wehmaj ch am hahawa hihih wehmaj k ga huh thatha
k am i hemapai g gaggata k am thahm woi g muhki k
mehi. T am i hagito. T hihih uhhum. Sh i ha oi g nehol
itham Akimel O'othham.

∞∞∞∞∞∞∞∞∞∞∞∞∞∞∞∞∞∞∞∞∞∞∞∞∞∞

As soon as he arrived a man ran out yelling and saying,
"Everyone come out! An enemy has come. Think of what we're
going to do to him." Right away the people gathered and looked
him over and questioned him.

The slave said, "They killed the old man I live with over at
the foot of the mountain." After they mourned with him, they
went with him to the place. There they gathered up the brush
that had been cut and laid the body on it and burned it. When it
finished burning, they went home and the slave went with them.

Mash ha Hohnt k hahawa e Muhkith

Sh g Suhani Mahkai bei ihtha ohb ali k ge'elith k mah g e-alithag. Sh hab wud Puhl Ha'akam.

Sh pi tash amjed mat hohnt ihtha wiapo'oge'el, sh wipi'am. T heki huh e ai mat wo jiwia, k wash kiap pi ha'ichug. Sh am i taht g uwi mamtp hems mea g kunaj k hab haha wash kaitham ne!e:

> *Baht huh wa hih g ni-kun?*
> *Baht huh wa hih? Baht huh wa hih?*
> *Nagas heki huh hebai muh g ni-kun.*
> *Heg wepo g mehi gamai huh kehkim.*

Sh g chechoj kaiok k ha hekaj an e bahmuth k gm huh gahghio g wipi'amdam k ab cheh g muhkigaj mo ab hemu hab wud Wonami. Sh g al hahshani am kehk

He Marries and Later is Killed

Suhani Mahkai took this enemy child and raised him and gave him to his daughter. Her name was Puhl Ha'akam.

Not long after this boy married her, he went hunting. Long after time for him to come back, he was still gone. Suddenly, sensing that her husband might have been killed, the girl sang:

> *Where did my husband go?*
> *Where did he go? Where did he go?*
> *Maybe my husband already died.*
> *It looks like the death fire*
> *Appearing there in the west.*

When the men heard it, they called for help right away and a search party went out looking for the hunter. They found his body at a place that's now called "Hat". There was a little

ch g moꞌotkaj g wipiꞌamdam ab wahkithas hab masma
mo g wonami. T iaꞌi neithok gd huh wahawa bei g
hohnigaj ihtha muhki. Sh ia ha wehm hemapai g chuhhu-
gaj g wipiꞌamdam k mehi. Sh iaꞌi hagito. Sh gm huh
hahawa hihih uhhum k gd huh thatha e-kih am.

   T am ha hekaj e nahto g Suhani Mahkai k hih am
Ahngam wui, nash pi ith am e ahgal heki huh. Sh ia
jiwia g Suhani Mahkai. Sh ia wahawa mahmadho g
alithaj. Msh hab chehch g ali "Pad Ahngam".

∞∞∞∞∞∞∞∞∞∞∞∞∞∞∞∞∞∞∞∞∞∞∞∞∞∞

saguaro cactus standing there with the scalp of the hunter put on
it like a hat. When they saw it, they brought the dead man's wife
there. With their help she gathered up the flesh of the hunter and
burned it. When it finished burning they went home.
   When they arrived, Suhani Mahkai made ready and went to
Ahngam because he had spoken for the land there long before. He
made his home there and his daughter bore a child which they
named Ugly Desert Willow.

Mash am i Ge'etha g Alithaj Ahngam t am

Sh am sha'i ge'etha ihtha ali, sh g bahbaj gahtchuth k ep hahpotch. Kush edapk i nahto, matsh wo wipi'o g ge'eged. Tsh s-ha oitham ihtha ali k chum ahgith g e-je'e. Tsh pi hiwigi. Sh am wa e ahg mat wo wa ha oi g wipi'okam. Tsh am hahawa i thagito g je'ej. Sh gm huh ha wehm hih.

Sh am huh hebai i woh. Tsh wash i si'alim wami g ali. K ge koawul am kehk ch g u'uhig mahmad am nen'e heg eda koawul. Sh am ha cheh g ali k am oimed ch chum ha mummu. Tsh ia cheh g wihpiop k wehmt k hekith hema mem'a ch hab wo chei, "Behini. Pi ap wa ni-makima g e-je'e." Sh ha u'ihim g ha-ko'ij ch gn huh ha chulshpahim. Tsh am i e nahto g ge'eged k gm

∞∞∞∞∞∞∞∞∞∞∞∞∞∞∞∞∞∞∞∞∞∞∞∞∞

The Apache's Son Grows up at Desert Willow

When the child was partly grown, his maternal grandfather made him a bow and some arrows. Just as he finished the people were going hunting. The child wanted to go with them, and told his mother. But she wouldn't let him. Again he declared that he must go with the hunters. So his mother let him go and he went out with them.

They made camp somewhere. Early in the morning the child got up. There was a wolfberry bush standing there with some birds singing in it. The child saw them and was circling the bush trying to shoot them when the young men found him and helped him. Each time one of the young men killed one he would say, "Take it. You don't want to give me your mother." So he went along picking up what they killed and putting it under his belt.

huh wipi'o. Sh am wa'i nod g ali k gm huh hih uhhum k gd huh jiwia e-kih am.

Sh am thaha g je'ej. T am wecho ha shul g u'uhig mahmad ha-ko'ij k hab ahgith mo has kaij g wihpiop ch mamka g e-ko'ij, "S has ahg ch hab kaij g wihpiop? Ni pi ha amichuth."

Sh am i shosha k am i ehb k hab ahgith mat has masma e muhkith g ohgaj wenog mat pi koi mahsi, "Hemuch ap heg hekaj sho'ig e wua ch an oimmed."

Sh am epai i shosha k am i ehb k hab kaij, "Mant hemu hab o wa epai juh g ohb hab masma mashp hab juh g ni-ohg. Pt wo him k wo ahgi g jehjenakud chekchim, t wo ha hemapai g o'othham. Nt am wo ha'ichu ha ahgi."

<hr/>

The men got ready and went hunting, but the boy returned to his home.

His mother was sitting there and he let the baby birds they had killed fall at her feet, and told her what the young men had said when they gave him their kill. "I wonder why the young men say this. I don't understand them."

She began to cry and when she stopped, she told him how his father was killed before he was born. "That's why you are wandering around so pitifully now."

He began to cry too and when he stopped he said, "The time has come for me to do the same to the Apache as they have done to my father. Go tell the Meeting-place Keeper to have the people gather. I'm going to tell them something."

Sh hi wa chum pi hohhoi g je'ej k hab ahg, "Thap wash ali ch pi wehoh ap ha'ichu wo ha ahgi g ge'eged."

Sh shoak ch am wa ah'ath g e-je'e mat am wo wa hih, "S-mahch ani wa mant haschu wo ha ahgi." Sh am i s-ho'ige'el g e-mad k gm huh wahawa him k gd huh ahgith g jehnikud chekchim mo has kaij g ali.

Sh hab kaij g keli, "Am o wa s-ap'e. Nt wo wa ha hemapai g hemajkam. Tt wo kah, s haschu wo t-ahgi g ali." T wa wehoh am ha hemapai g hemajkam. T jiwia g uwi k u'apa g e-mad.

◦◦◦◦◦◦◦◦◦◦◦◦◦◦◦◦◦◦◦◦◦◦◦◦◦◦◦◦◦◦◦◦◦◦◦◦

His mother objected, telling him, "You're still just a child. You can't speak to the adults."

He cried as he told her again to go. "I already know what I'm going to tell them." She pitied her child and went to tell the Meeting-place Keeper what the child said.

The old man said, "That's alright. I'll gather the people and we'll hear what the child is going to tell us." So he gathered the people, and the woman brought her child.

Mash wo e Agwua g e-Ohj Muhkigkaj

K hab kaij:

"Ni wa hebai g ni-kih ahg ch heg thahm am kahch ch pi has s-ni-mahch. K wa wud hejel ni-mataithag. Ni wa heg eda am banimmed ch pi has s-ni-mahch.

"K wa im si'alig tahgio thaha g Ge s-Tontham Ba'ag Mahkai. T wa heg am chum ni-neith k am s-ni-ho'ige'i-tham e tahtam k am wuhsh. K wa wud si s-edaweso kehkam s-kohmagi bahiwuaj. T wa gam si huhpan k at wa haschu hogi sikolk wepogith k nahto k heg ab si ni-ihbachuth k wa ab si s-ap ni-hekowithachuth.

"K wa im hudunig tahgio thaha g Ge s-Chehthagi Wisag Mahkai. T wa am chum ni-neith k amp s-ni-ho'i-

∞∞∞∞∞∞∞∞∞∞∞∞∞∞∞∞∞∞∞∞

He must Avenge His Father's Death

He said:

"I lived, as you know (speaking for his father) in the land I called my home, and lay there not knowing who I was. There were the ashes of my cremation. I was crawling around in them, not knowing who I was.

"To the east, as I've seen and told you, sat Great Shining Eagle Medicine Man. As soon as he saw me, he felt kind toward me and rose (to present his gift). It was his very center firmly rooted gray tail feather (he gave me). He pulled it right out and made it like some kind of circular hide (shield) and finished it and gave me heart with it, hanging it very well under my arm.

"To the west, as I've said, sat Great Green Hawk Medicine Man. As soon as he saw me he seemed to feel kindly toward me

ge'itham e tahtam k am wuhshani k ab gi'ikko i e
holiwkath k ia ni-chehmo. K wa wud si s-edaweso
kehkam bahiwuaj. T wa heg ab si huhpan k haschu uhs
shopolk wepogith k nahto k heg ab si ni-ihbachuth k wa
an si s-ap ni-komishpadath.

"K wa im wakoliw tahgio thaha g Ge s-Oam
t-Wehmkal. T wa am chum ni-neith k am s-ni-ho'ige'i-
tham e tahtam k am wuhsh. K wa wud kukujjuki. T wa
heg hewelchuth k heg wepcho ab gi'ikko i e komadwua
k ia ni-chehmo. T wa heg am s-ni-hohho'ithach. K wa
wud kukujjuki. T wa haschu gaht gi'adkam wepogith
k nahto k heg ab si ni-ihbach.

"K wa im juhpin tahgio thaha g Ge s-Kohmagi
t-Wehmkal. T wa heg am chum ni-neith k am p s-ni-

∞∞∞∞∞∞∞∞∞∞∞∞∞∞∞∞∞∞∞∞∞∞∞∞∞∞∞∞

and rose (with his gift). He rolled over in the air four times and
overwhelmed me. It was his very center firmly rooted tail feather
(he gave me). He very quickly pulled it and made it like some
kind of short stick (tomahawk) and finished it and gave me heart
with it, attaching it very well on my back.

"To the south, as I've said, sat our Great Yellow Clan
Companion (Buzzard). As soon as he saw me he felt kind toward
me and rose (with his gift). He rolled over in the air four times
and overwhelmed me. It was heat waves (he gave me). He made
them into wind and came under cover of it four times and over-
whelmed me, to my pleasure. It was heat waves (he gave me). He
made it like some kind of bow string and finished it and gave me
heart with it.

"To the north, as I've said, sat our Great Gray Clan Com-
panion (Coyote). As soon as he saw me he seemed to feel kind

-ho'ige'itham e tahtam k am wuhsh. K wa wud shashkaj. T wa heg chewagi wepogith k heg wepcho ab gi'ikko a'ai i hejelwua k ia ni-chehmo. T wa heg am s-ni-hohho'i-thach. K wa wud shashkaj. T wa haschu wahpk chu'ichig wepogith k nahto k heg ab si ni-ihbachuth, k i wuhshani k an ni-nohnhoi an ni-u'u k i ni-wuhshath k i ni-gegoki-dath k mahkai wohgga oithk i ni-wanchkwupahi.

"T wa wenog ni-chehgi g Ohb jewedga, Ohb tho'agga, Ohb shuhthagga. Nt wa ab hudunig wua. K wa ab kehk g uhs muhkig. Nt wa heg ab wanimun k am nai, wehbig g washai wahkut k heg thahm thai g ni-wiapo'oge'elga, ni-mahkaiga.

"T wa wenog ab i mahsi. Nt wa am wuhshani k gi'ikko ha cheggia k ab chehmo g ni-obga thaikud. K wa

∞∞∞∞∞∞∞∞∞∞∞∞∞∞∞∞∞∞∞∞∞∞∞∞∞

toward me and rose (with his gift). It was a morning mirage (he gave me). He made it like a cloud and slid from side to side under cover of it four times and overwhelmed me, to my pleasure. It was a morning mirage (he gave me). He made it like a reed (arrow shaft) and finished it and gave me heart with it. He arose and took me by the hands and strengthened me and dragged me along the path of a medicine man.

"At that time, as I've said, he showed me the enemy's country, the enemy's mountains, the enemy's water. I kept going until evening. There stood a dead tree. I pulled it down and made a fire. By it I made a grass mat on which I set my young man, my medicine man.

"When morning came, I went out and fought four times and overcame my enemies post. They were sitting there, row after

ha'akiapa e wehbig thadha. T wa ni-neithok g hejel
e-washaiga keikon k i gehshok in i ialhi. T wa wenog g
ni-wiapo'oge'elga chum neithok ab e iawua k pi haschu
thathgichuth k s-kehg muhkigaj neith k i e nodagi.

"K wa wud s-Kohmagi ni-Wehmkal ch in med ni-
-huhugith an ch si s-ap kaitham hihnkim. K wa heg hekaj
g jewed wehsko si wo'iwua ch kahch, thohtha'ag chuh-
chim, wehsko si shashawk ch chuhch. K wa wud
chewagigaj. T wa uhg i bek in huh t-thahm ul. Ni wa
heg wecho ab wanchkwuhim g ali ni-behi ch g uwi ni-behi.

"Nt wa hab ni-juh k ab chehmo g ni-jewedga. K wa
ab kahch g keli wi'ithag, wuhpui s-chuhug, nohnhoi
s-ko'ok, kakio s-ko'ok, k ab kahch. T wa ni-neithok ab
uhg i e bei. K wa ab ep kahch g oks wi'ithag, wuhpui
s-chuhug, nohnhoi s-ko'ok, kakio s-ko'ok k ab kahch.

∞∞∞∞∞∞∞∞∞∞∞∞∞∞∞∞∞∞∞∞∞∞∞∞

row. When they saw me they stumbled over their own grass mats.
When they had fallen they rolled down. When my medicine man
saw that, he poured out his power on them. Without a struggle he
saw the enemy's body completely dead, and returned.

"It was my Gray Clan Companion running and yelping at
my side, and his yelping sounded good. That's why the earth lay
firmly everywhere, the mountains stood firmly, echoing loudly
everywhere and standing firmly. It was his clouds, as I've said.
He raised them and put them over us. Under their protection I
struggled along with my child and my woman.

"I went through my land, as I've said. There lay an old man
that was left, eyes darkened, hands pained, legs pained, lying there
very still. When he saw me he raised himself up. There lay an old
woman that was left, eyes darkened, hands pained, legs pained,

T wa ni-neithok ab ep uhg i e bei. T wa i tha'iwuni k in a'ai si chuhthk. T wa heg hekaj g ni-jewedga wehsko si ugij. Ni-thohtha'agga chuhchim wehsko si ugij ch chuhch.

"Nt wa heg thahm u'apa g Ohb s-kehg nahnko chu'ichigaj, hewelgaj, chewagigaj, ha'ichu mahchigaj, ha'ichu amichuthadgaj, s-mahch g ha'ichu ahgaj. Nt wa heg thaish k thahiwua. T wa g ni-wiapo'oge'elga g jewed huhugithag keish k kekiwua, ha'ichu medtham e wepogith, u'uhig tha'atham e wepogith.

"Nt wa heg neithok heg hekaj si wahm ni-tahtk ch thaha. Ha'ab g wo hems hu'i elith k tatchua, nahnko ni-ihmigi. Ch hemu hab s-ta padma juni g Pad Shoiga. Nani s-ap o s-ta kaihogim kaij?"

Sh ia'i amich g kekel mo haschu ahg ch hab masma

⬦⬦⬦⬦⬦⬦⬦⬦⬦⬦⬦⬦⬦⬦⬦⬦⬦⬦⬦⬦⬦⬦⬦⬦⬦

lying there very still. When she saw me she raised herself up. She ran out and danced wildly from side to side. That's why my land shook everywhere, my mountains standing firm, shook everywhere and still stand.

There, as I've said, I brought the enemy's wonderful powers, his winds, his clouds, his knowledge, his understanding, his learned sayings. I claimed the spoil and sat down. My medicine man stepped on the earth's edges and stood, making himself like things that run, making himself like birds that fly.

"Because I have seen this I am in a position to look forward confidently. I wish you would also think this way and want to do this, my relatives. Now we are acting lazily toward Ugly Slave. Is what I say right or unacceptable to you?"

Then the old men realized why the boy had these visions,

ha'ichu neith ihtha ali k s-wehoch mat ith s-ap wo i ha
wanim am Ohb ha wui. T hab wo e juh am ha tahgio
m am hab che'is ne'okij ed ihtha wiapo'oge'el.

Mash Ep Neok g Ali

Am huh hebai, sh am ep i e chehm g hemajkam.
K hab kaij ihtha wiapo'oge'el:

"Ia att wa t-chehm, nahnko ni-ihmigi.

"K wa hemu hab mahs. Ihtha t-wahkus kahchim,
ha'akia a'ankaj e ma'ishch ch kahch. Thohtha'ag chuh-
chim, wehsko si s-wihgithag ch chuhch. T wa am g
s-chuhugam chum hih, pi ha ehkathag ch i hih. T wa am
g tash chum hih, pi ha tonlig ch i hih.

"Kunt wa hab masma ha'ichu nei. K wa wud hejel

∞∞∞∞∞∞∞∞∞∞∞∞∞∞∞∞∞∞∞∞∞∞∞∞∞∞∞∞∞∞

and believed he would be able to lead them against the Apaches.
It would happen to them as was said in the talk of this young
man.

The Child Speaks Again

Later, the people gathered again and the boy said:
"We have gathered here, my relatives.
"Now it was like this, as I have told you. This mat of ours
(land) is always lying here, covered with so many feathers (clouds).
The majestic mountains are always standing there. They're cover-
ed all over with down (clouds). The night tried to go, and having
no shadow, it went. The sun tried to go, and having no light, it
went.
"I saw something like this. It was the dry remains of my own

ni-ohʼo wakumigthag. Kunt wa heg ab wanimun k am nai. Kut wa heg mek am e eda bebeth k am e eda thoahim k g thahm kahchim si maggan k s-kuiwodam i e nahsh kihj wui. K g jewedgaj s-mahsko i e ul. Thohthaʼaggaj si s-wepgumith ch am chuhch. K wa wud hejel ni-koshwa. Kunt wa heg s-kehg wakot. K wa wud hejel ni-ehʼed. Kunt wa heg ab waʼig k iʼok s-naumam neok.

"Kunt wa am wuhshani k g jewed chuʼuchwithk i pi ha wia, uʼus eʼekathag i pi ha wia. Hebai g jewed s-thahpk thahm kupal hejelwua k am chum si s-kehg shoʼigthag thathge ni-elith. Pim okis huh haʼichu. Ia okis huh t-thahm ulini g s-kehg shoʼigthag ch amjed kuawith (agshp) i hejelwua k ia ni-bahsho gei. Kunt wa an chum kohm k an wabsh hejel ni-koh. Has huh juh k am bei hegai am ni-matk ed k aʼai wuhpa k chum nei,

<hr />

bones. I pulled them off and made a fire there. They burned and rumbled and thundered in themselves and cracked open the heavens and turned westward toward his home. His land appeared in view. His mountains were standing there all lit up. There was my own skull. I made a good canteen of it. It was my own blood I carried in it and when I had drunk it, I talked drunkenly.

"I went on and left none of the earth's hills untrodden, no trees' shadows unsearched. Somewhere I slid face downward on the barren earth and thought I struggled with the beautiful lowly life. Alas, it wasn't here. I found that this beautiful lowly life was up above and came sliding down from there and fell in front of me. I tried to embrace him, but just embraced myself. Somehow, I took him in my hands and turned him over and over, surprised

k wa hab s-ta neithhogim chu'ig ch kahch, wuhio s-
-chukthag ch kahch, mo'o s-hikiwoni ch kahch.

"Ia okis huh t-thahm ulini g s-kehg sho'igthag ch
amjed g oh'ogaj si'iskol ia e iawua k g jewed si wa'akpan
k cheh. K wa wud kihkij chuhchim. Kut wa gm i si
wi'um k gm i si i'imikidath k chuhcha. K wa wud
shuhshuggaj wehchim. T wa gm i si wi'um k gm i si
wapkoladath k toa.

"K wa wud wopogaj wehchim. Kut wa gm i si wo-
pogbadchuth k toa. Kut heg thahm s-wechijgam e
gohkich g ni-obga. Kunt wa amjed shopol oithchugim k
ab hemako shuhthagigaj ab hemapi ul g s-kehg wiapo'o-
ge'elgaj, s-kehg chehiagaj, s-kehg keligaj, s-kehg hohnigaj,
s-kehg alithaj, s-kehg uwigaj, s-kehg haschu uhsgaj, ge
shawadk tatk, ge shawadk wa'ug, ge s-tadani hahhag,

that he was unpleasant to see, lying there so still, face blackened
and lying there, hair cut ragged and lying there.
"So the beautiful humble life is up above, and from there
his tears were poured out in drops and left the earth well sprin-
kled. His houses were always standing there. It gushed and pushed
against them but left them standing. Then it lay in puddles. It
gushed against them and piled up driftwood on them.
"There were his roads. It left them ruined. My enemy left
fresh tracks there. From there I tracked on his heels. At one of
his water holes I gathered his handsome boy, his pretty girl, his
handsome old man, his pretty wife, his pretty child, his pretty
sister, his pretty tree of some kind with thick root, thick trunk,

s-kehg mudathag, s-kehg heosig, s-kehg hikugthag ch pi
ha muhkigam kaij ch wo bai.

"Kunt wa ha'akia nahnko chu'ichigaj ab si hemapi
ul. Kut wa wenog hahawa i nehni g ni-wihpiopga k ab
pi haschu thathgichuth k g s-kehg muhkigaj neithok i e
nohnogi.

"Ha'ab g wo hems hu'i elith k tatchua, nahnko
ni-ihmigi. Kutt hemu hab wo s-padmakam wepo thoh-
ththa g Pad Shoiga. Nani s-ap hab kaij, aha nani s-ta
kaihogim kaij?

<hr>

wide leaves, good tassles, good flowers, good fruit, and healthy
seed that will bear fruit.

"I gathered a number of different powers of his in one place.
Then, as you know, my boys (medicine men) flew and, without
a struggle, saw him completely dead and returned.

"I wish you might think this way, my various relatives.
Soon we will be treating Ugly Slave like a lazy person. Is what I
say right or unacceptable to you?"

Mash Wehoh hab e Juh mo Has Kaij g Ali

Sh wenog ab hihim k in huh oiopo e-obga ha-kih
an. Tsh wehoh hab e juh mo hab che'is am ne'okij ed
ihtha wiapo'oge'el. Tsh gi'ikpa ha cheggia k gi'ikko ha
gehg k g ohb ali hema bek hebai i wohpo ch am thathsha
jeg ed ch wo ne'eth ch wo e a'aschuthath ith hekaj ohb
ali.

Sh ia huh ai g e-jewedga k am wa ep woh k am
thai g ohb ali k hab kaitham nei:

> *Yeweli uhksha, yeweli uhksha,*
> *Eng ena am m-nashawua. Haia a!*
> *Yeweli uhksha, Yeweli uhksha kch ia him.*
> *Shohing ali neholi, pi ipki yebai ng*

∞∞∞∞∞∞∞∞∞∞∞∞∞∞∞∞∞∞∞∞∞

What the Child Says Takes Place

Then they went and wandered in the land of their enemies.
What was said in this young man's speech came to pass. Four
times they fought, and four times they defeated the Apache,
capturing one of their children. Then wherever they made camp
they would set him in the open and sing for him and make each
other laugh.

When they reached their own country they camped again
and set the Apache child up and sang for him:

> *Windbreak. Windbreak.*
> *In it we set you. Poor thing!*
> *Windbreak.*
> *You have a windbreak and come here.*
> *Poor little slave, you never*

E-hajuni a neina.   Haia a!
Yeweli uhksha kch ia hime.

(Hewel uhksha, hewel uhksha. Heg eda att am m-thash-
wua. Haia ha! Hewel uhksha. Hewel uhksha ap kch ia
him. Sho'ig al nehol, pi apki hebai g e-hajuni ha neith.
Haia ha! Hewel uhksha ap kch ia him.)

Sh amjed hihim k hab ahg g nehol mat wo med k
hebai wo i kekiwua, t am wo mea. Tsh wa wehoh i med
k ab huh hebai i kekiwua. T am me'a k hab juh mamsh
hab juh g mo'obdam k g kahioj hema wahawua k u'ath
ch am ai m an ge jehjeg k am heg oithch gohkitahim g
ohb ali k hab kaij, "Tad oki wah memda." Sh amjed hab
e a'aga "Tad Memelkud".

See your people.   Poor thing!
You have a windbreak and come here.

When they went on, they told the slave to run, and wherever
he stopped they would kill him. So he ran, and where he stopped,
they killed him and did to him as was done to the hunter. Then
they removed one of his legs and took it with them, going to an
open place. There they made tracks with the leg and said, "A foot
has been running here."   From then on the place was called
"Foot Running Place".

Ohb Alithag ash wud Wisag Namkam

Heki huh, sh hema wud mo'obdam ch an huh hebai kih m an hemu g Akimel O'othham kih. Sh chum hekith hejel wipi'a nash pi wud si cheoj. Kush eda hi wa chum s-ta thoajkima.

Sh am wa ep wipi'amed k ash pi jiwia. Kush eda hemu i hohntok. Sh gd huh i chum nenidahim g e-kun ihtha chehia.

Sh am wash i e ai g gi'ik tash. Sh am hahawa hih hegai chehia k gd huh jiwia tobtham wui k hab kaij, "Gamai at wa hema wipi'amed k pi koi jiwia k atp hems chum s-ap'e mamt gamai wo i gahghio. Wahshan amtp heki huh hebai i mea. K hab pi ha'ichug." Bash kaij ihtha chehia.

Kush ha hekaj wuhsh g tobtham k si amog ch hab

∞∞∞∞∞∞∞∞∞∞∞∞∞∞∞∞∞∞∞∞∞∞∞∞

The Apache's Son is Hawk Man

Long ago, it is said, there was a hunter who lived somewhere over there where the Pimas now live. He always hunted by himself because he was a brave man. Yet the area was dangerous.

One time he went hunting and didn't return. He had just gotten married and the girl was waiting there for her husband.

Four days passed. Then she went to the hunt caller and said, "Someone went off hunting and hasn't come back yet. So it might be good if you all go out there looking for him. He may have already been killed out there somewhere and that's why he's not here."

When the girl said this, right away the hunt caller went out

kaij, "Matsh im g o'othham wipi'amed k pi jiwia. Kumt
gamai wo ne'iopa k wo nei. Wahshan amtp hebai heki
huh i mea. K hab pi ha'ichug."

Kush am ha hekaj ne'iopa g wihpiop k gm huh a'ai
wohp k ash ab huh wa wehoh hebai cheh mamsh ab
mea. Kumsh g chuhhugaj i hikchulith k an al hahshani
wehbig bihag k g mo'otkaj gam wahawua k ab wonamich
g hahshani. Kush ith ia'i neithok k gm huh uhhum hihih
g wihpiop k ash gd huh thatha k hab kaij, "Mamtki wa
wehoh ab mea g wipi'amdam."

Kush am i shoak hegai chehia k ash mu'i tash ab
shoakihim ch am hahawa i ehb k ash hab kaij, "Mant
hema tash wo wa ni-agwua."

∞∞∞∞∞∞∞∞∞∞∞∞∞∞∞∞∞∞∞∞∞∞∞∞∞∞

and broadcast it, saying, "It's reported that a man went out hunt-
ing from here and didn't come back. You must hurry out there
and see. He may have already been killed out there somewhere."
      So right away the young men rushed out and ran in every
direction and found it was really true that he had been killed.
They had stripped off his flesh and wrapped it around a little
saguaro cactus and made a hat of his scalp for the cactus. When
they saw this the young men went home. When they arrived they
said, "They really did kill the hunter."
      The girl cried for days. When she stopped she said, "Some
day I will get even."

Mash i Ge'etha g Alithaj Hegai Wipi'athambad

Kush am huh wa'i he'es, sh haha wash mahmadho ihtha chehia. Sh wud al cheoj g ali, k ash am sha'i ge'etha. Kush g woskaj ge gahtch. Sh an kih wehbig chum hekith wipi'a ihtha ali. Sh wash pi hedai ahgith mash has e juh g ohgaj.

Kush wash kiap chumaj. Sh am wo ge kuhshtho k an e hemapai g wihpiop. Sh s-ha oitham ihtha ali. Sh chum pi hiwigi g je'ej. Sh am wa e ahg mash wo wa ha oi. Sh am hahawa i thagito. Sh gm huh ha oi. Sh am i hud. Sh am huh hebai i woh.

Sh wash i si'alim wami ihtha ali k ash g kul-wichi-gam mahmad am ha cheh koawul ch ed k ash am oimmed ch chum ha mummu. Sh am i wahpami g wihpiop k ash am thatha k ash hema hema mem'ath ch am al wiapo'o-

∞∞∞∞∞∞∞∞∞∞∞∞∞∞∞∞∞∞∞∞∞∞∞∞∞∞

The Hunter's Child Grows Up

Not long after that the girl had a child. It was a boy, and when he was partly grown his father's father made him a bow. He always hunted around the house, but no one told him what had happened to his father.

Once while he was still small, the young men were going to chase game. When they gathered he wanted to go with them. His mother didn't want to let him but he was determined to go. She finally let him go and he went with them. The sun went down and they made camp.

Early in the morning the boy got up and found some curved-bill thresher babies in a wolfberry bush and was running around trying to shoot them. The young men got up and came and

ge'el wui thatha'ichuth kch hab kakithach, "Behini k hekith am wo wa ni-wehhejed neo e-je'e wui," o ash hab wo ah, "Behini. Pi ap wa ni-mahkimk g e-je'e." Kush pi ha amichuth mas haschu ahg ch hab kaij itham wihpiop, ch hi wash ha ui itham u'uhig. Kush an i kuhshthahim ch gm huh uhhum hihim k gd huh thatha.

Sh am hab i ahgith g e-je'e ihtha wiapo'oge'el mash has kaij g o'othham. Sh washaba pi ha amichuth mas has ahg ch hab kaij itham o'othham. Kush wenog hab hahawa kaij g je'ej, "Mu'ij o hegai hab kaitham ne'oki heg hekaj mat pi ha'ichu ni-abam. Kumt mea g m-ohg. Ni mu'i shoakihim ch heg hekaj amjed pi ha kun ch ia wash thaha. K hab nahnko kaij g wihpiop, atp chum s-ni-ihmimkch."

Bash kaij ihtha chehia kch shoak. Sh g madaj am i chum neithok epai i shosha k am hab i kaij, "Mant

꙰꙰꙰꙰꙰꙰꙰꙰꙰꙰꙰꙰꙰꙰꙰꙰꙰꙰꙰꙰꙰꙰꙰꙰꙰꙰

one of them would kill one and throw it to the boy saying, "Take it and sometime talk to your mother for me," or "Take it. You don't want to give me your mother." He didn't understand why the men said this and would just take the birds. After the chase they went home.

The boy told his mother what the men said but that he didn't understand what they meant by it. Then his mother said, "There is a lot of that kind of talk because of my misfortune. Your father was killed. I cried very much and so from then on had no husband and just stayed at home. That's why the young men jokingly say they would like to marry me."

The girl was crying when she said this. Her son also cried

hema tash heg wa oithk am hab epai wo juh g Ohb."

Kush eda kelit g woskaj k ash pi wipi'a ch pi githa-himmed, ish am wash thak ch ha'ichu ahgith g e-wosmad. Kush am wash chum sha'i ge'etha k ash hab wa chu'ig mash hab chu'ig g ohgajbad, chum hekith hejel oimmed ch wipi'a. Kush hekith pi wo wipi'amed k si'al kehk wo wamig k gm huh wo e memelch.

Mash am ha Nam g Wisag ch Ba'ag

Sh am wa ep e melchuth k am huh hebai wash kia med. Sh ha'ichu haha wash si s-kuhgkim i him k gam si gewichkwua. Sh am wo'o kch neith. Sh am ge e cheggia g hemajkam. Sh g wisag am thath'e ch ga huh ohb ch ed gegshshe kch gm huh wash i komad ha wuhppa. Sh am wo'o. Sh g tash ab i chesh. Sh am hahawa i e taht

∞∞∞∞∞∞∞∞∞∞∞∞∞∞∞∞∞∞∞∞∞∞∞∞

and said, "Some day I'm going to do the same thing back to the Apache."

Then his grandfather got old and didn't hunt or go scouting Apaches. He just stayed and told things to the grandson. And he grew up and was just like his father used to be, always going around by himself and hunting. When he wasn't going hunting he would get up early in the morning and go for a long run.

He Encounters Hawk and Eagle in Visions

One time he was running again and something came roaring at him and struck him down. He lay there and saw this. There were people warring. And a hawk was flying along, dropping among the Apache and knocking them flat. The boy was still lying there when the sun rose. Then he came to and got up.

k am i wamig k chum nei, sh g wisag gnhab thaha uhs
t an. Sh am i neithok gm huh hih uhhum k ash gd huh
jiwia.

Sh am i hud. Kush hab kaitham ne'e:
Gam uh ni inga wa ho menkai,
Gam uh ni inga wa ho menkai,
Wisange ni-ahahe ka ni-ena si nahiwuna

(Gam ant huh hig wa wo medka'i, t g wisag ni-a'ahe k
ni-eda si tha'iwuni.)

Kush gi'ikko am ai g wisag. Sh hab em-ahg mash
haha wo e melch. Sh am ep meh k ash am huh hebai
wash kia med. Sh hab wa ep e juh mash hab wa e wua.
Sh am wo'okahim. Sh ab i chesh g tash. Sh am hahawa
i nen k am i wamig k chum nei, sh g ba'ag gnhab thaha
uhs t an. Sh gm huh hih uhhum k gd huh jiwia.

∞∞∞∞∞∞∞∞∞∞∞∞∞∞∞∞∞∞∞∞∞∞∞∞∞∞∞∞∞∞∞∞

Suddenly he saw a hawk sitting up in a tree to one side. When he
saw it he went home.
    When the sun went down, he sang this song:
Yonder, as I was going to run,
Yonder, as I was going to run,
A hawk caught up with me
And went right through me.
    Four times the hawk met him. Then one time he thought
he would go running again. As he was running along it happened
again as it had been happening. He lay there and the sun came up.
Then he awoke and got up. Suddenly he saw an eagle sitting up
in a tree to one side. He went back home.

Sh am i hud. Kush hab kaitham ne'e:

> *Gam uh ni inga wa ho menkai*
> *Gam uh ni inga wa ho menkai*
> *Bahange ni-ahahe ka ni-ena si nahiwuna.*

(Gam ant huh hig wa wo medka'i, t g ba'ag ni-a'ahe k ni-eda si tha'iwuni.)

Kush ia wo wo'ok ch mu'i cheggiathag wo neithath. Sh pi hedai s-mahch mash has masma ha koktha g huawi. Kush am hi wo wa him k ha hekaj wo jiwia k wo u'apa g huawi. Sh nahnko kaij g hemajkam. Sh ha'i hab kaij mash ihtha wiapo'oge'el e wisagchuth. Sh ha'i hab kaij mash hab wa e ba'agchuth.

∞∞∞∞∞∞∞∞∞∞∞∞∞∞∞∞∞∞∞∞∞∞∞∞∞∞∞

When the sun went down, he sang this song:
> *Yonder, as I was going to run,*
> *Yonder, as I was going to run,*
> *An eagle caught up with me*
> *And went right through me.*

He lay there and saw many battles. No one knew how he killed mule deer. He would go out and right away come back bringing a mule deer. People were talking about him. Some said this young man could become a hawk. Some said he could become an eagle.

Mash Githahio

Kush wud wash kiap si wiapo'oge'el ch hab haha wash kaij mash hab wo wa githahim.

Sh hab chum kaij g kekel, "Map wud wash kiap ali kch pi wehoh hebai s-e mahch k wo hih."

Sh am wa e ahg mash hab wa heki huh i ge'etha k heki huh i s-ap'e mash am oi wo e agwua. Neh, k ash am e nahto k gm huh hih mu'i hemajkam ha wehm. K ash gn huh oiopohim ch wa wehoh ha koktha g Ohb k ash hema wash bek ash an u'ahith ch hab kaitham ne'ichuth:

Yeweli kehsha, Yeweli kehsha,
Eng ena am m-nashawua. Haia!
Yewel kehsha kch am i jiwia.

He Goes on a Scouting Party

He was still a young man when he said they would go scouting Apache.

The older men tried to say, "You are still a child and don't know how far you can go."

But he said that he had already grown up and it was time for him to get even for his father's death. So he got ready and went out with many people. And they did go about killing Apaches. One they just captured and were taking him along and singing this to him:

Windbreak, windbreak,
In it we set you. Poor thing!
A windbreak you have and came here

Shohing ali neholi, pi apki yebai ng
E-hajuni neina. Haia.
Yewel kehsha kch am i jiwia.

(Hewel kehsha, hewel kehsha, Heg eda att am m-thash-wua. Haia! Hewel kehsha ap kch am i jiwia. Sho'ig al nehol, pi aptki hebai g e-hajuni wo ha nei. Haia. Hewel kehsha ap kch am i jiwia.)

Neh, kush uhhum i hihim k ash ab huh hebai i cheka. Sh hab ahg, "Mapt i'ajed wo meh. Kut hebai wo i hud. Kutt am wo m-mea."

Neh, sh wa wehoh amjed i med k i med k wash chum hud. Sh am i me'a k hab wa juh mamsh hab juh hegai mo'obdam. Kush g kahioj hema wahawua k u'a kch ab huh hebai, sh am ge jeg. Sh heg oithch am mahstahim. K hemu am hab chehgig Tad Memelkud.

Kush amjed i hihih mehk k ia huh thatha m an hemuch g Akimel O'othham kihhim k ash gm huh ge e

∞∞∞∞∞∞∞∞∞∞∞∞∞∞∞∞∞∞∞∞∞∞∞∞∞

Poor slave, you never
Will see your people. Poor thing!
A windbreak you have and came here.

So they started back home. They got so far and told him, "From here you will run. When the sun goes down we'll kill you."

So from there he ran and ran, and just as the sun was going down they killed him and did to him just as the Apaches had done to the hunter. Then they took off one of his legs and brought it to where there is a plain. There they made tracks with it. The place is now called "Foot Running Place."

From there they went a long way and arrived here where

ne'ich. Kush wenog am hab hahawa ha ahgith hegai wiapo'oge'eli mash haschu has e wua wenog mash am e memelchuth. Kush wenog mash am wo kahchk ch heg wo wa i wepok mashp wud muhkigaj, ish mu'i nen'ei wo ha kahk kch mu'i cheggiathag wo neithath. Kush ith ia'i kah g hemajkam k ash i'ajed hab a'aga "Wisag Namkam." Sh ha'i hab a'aga "Ba'ag Namkam."

Mash g O'oi Wonamim Nahnko Ahg g Wisag Namkam

Sh am hema wud wiapo'oge'el ch ash wud si cheoj ch ash am i s-hehgam g Wisag Namkam heg hekaj mash mu'i g wihpiop s-hohho'ith g Wisag Namkam kch ash chum hekith wehmaj oiopo ch wipi'a ch githahioppo kch ash wud si naipijjugij. Kush eda hegai hema mash hab wud si cheoj hab chehgig O'oi Wonamim heg hekaj mash ge wonamit k ash hekith wo githahimed k wo

∞∞∞∞∞∞∞∞∞∞∞∞∞∞∞∞∞∞∞∞∞∞∞∞∞

the Pimas now have a village and put on a sing. The young man told them what was happening when he was going out running. He said he would be on the ground as though dead, and then he would hear many songs and see many battles. The people heard this and from then on some called him "Hawk Man", and some called him "Eagle Man".

Striped Hat Ridicules Hawk Man

They say there was another young man who was very brave, but he was jealous because many of the young men liked Hawk Man and went around with him hunting and scouting Apache and were his close friends. The one that was so brave was named "Striped Hat" because he made a hat he wore when he went

wahki ihtha e-wonami, k ash hebai wo mea g Ohb k g
eh'edajkaj an hema wo chekshad k ash am i mu'i ha
koktha g Ohb. Sh wash s-chekshshas ihtha wonamij.

Kush eda wenog hekith ha'i wo githahiop k hekith
wo thatha k am wo e ne'ichuth k hekith am wo i
amhugi, kush g chetcha ha'i wo ha ui mash ha'i wo si
s-kehgajk, k ash am wo ha ahgi mash has i masma hihim-
him k thatha, mash hedai ha'ichu mea, k hedai i pi
ha'ichu mea, k hedai i bihugim, k hedai i tonom, k ash
wehs ha'ichu am wo ha ahgi mash haschu has i e juh
am githahimel ch ed s-ta ehbitham, s-ta hohho'itham,
s-ta edam, s-ta a'askim kch wehs ha'ichu mash haschu
i s-ta kakaim has e juh am ha tahgio. Kush itham chetcha
am wo "e eda i wohp" k ash amjed am wo ha chehch g
githahiokam.

Neh, kumsh wenog ihab ha' chehch itham O'oi

∞∞∞∞∞∞∞∞∞∞∞∞∞∞∞∞∞∞∞∞∞∞∞∞∞

scouting Apaches, and whenever he killed one he would put
another stripe on his hat with the blood. He had killed so many
his hat was all stripes.

Whenever anyone returned from a scouting trip they would
put on a sing. When they finished they would bring some of the
girls, those that were pretty, and tell them how they wandered
and returned, who killed an enemy and who didn't, who was hun-
gry and who was thirsty. They would tell them everything that
happened during the hunt that was dangerous or interesting or
shameful or funny, whatever was worth listening to that happened
to them. These girls would do the "run to center" dance. Then
they would name the warriors.

After they named Striped Hat and Hawk Man, Striped Hat

Wonamim kch Wisag Namkam. Kush ihtha O'oi Wona-
mim chum hekith mu'i nahnko ahg g Wisag Namkam.
Sh ith am i pi nako g Wisag Namkam k ash hab kaitham
ne'e:

> *Ganai mui neoki ini kaichunge.*
> *Shohing ali ni-imuinanga yaias am i hoin.*
> *Wani chum tahtoka ia yoiwingi.*
> *S-ungiongam kaij ch thah eng ena.*

(Ganai mu'i ne'oki ani kaichug. Sho'ig al ni-ihbthag at
ha'as am i hoin. Want chum tahtok ia oiwigi s-hugiogam
kaij ch thaha heg eda.)

Bash kaitham ne'e, chum tatchuathch mash wo oi nei
mas hedai hig wehoh wud si cheoj.

Sh am huh wa i he'es. Sh am huh ge githahio g
hemajkam. Sh ab wo hihih g O'oi Wonamim ch Wisag
Namkam. Sh eda hab s-e hehgamk ch s-e keh'ith. Neh,

∞∞∞∞∞∞∞∞∞∞∞∞∞∞∞∞∞∞∞∞∞∞∞∞

would always give a long ridicule of Hawk Man. Hawk Man
couldn't stand him and would sing:
> *I hear a lot of talk there,*
> *And my poor heart is grieved.*
> *When I feel this way,*
> *I say I want to end it soon.*
> *So I sit here singing this.*

He sang this, wanting to find out right away who was the most
manly.

Later on the people went on another scouting party. Striped
Hat and Hawk Man were going but were jealous and hated each

kush hekaj ge gohk e hugith am hihim g githahiokam.
Sh hebai wo i woh, sh gohkpa wo e ne'ich.

Sh am huh hebai wa ep i woh. Sh hab kaij g Wisag
Namkam mamakaiga mattki ha ai g Ohb.

Mash e Agwua g Wisag Namkam

Kush hab kaij Wisag Namkam, "Mamt si'alim wo
wahpag k wo e nahto k wash pi hedai hebai wo hih.
Kutp pi ia huh wo t-ahgi g O'oi Wonamim k gm huh
wash wo hih. Kumt pi hedai am huh wo oi. Kut am wo
him k am wo nei hegai mo heg pi hebai neith."

Neh, kush wa wehoh hab e juh k am i mahsi. Sh
am e nahto g O'oi Wonamim, neh, k gm huh hih, pi am
huh ha ahgithok g e-wehmkam. Kush eda ihtha Wisag
Namkam wud si mahkai k ash heki huh s-mahch mash

∞∞∞∞∞∞∞∞∞∞∞∞∞∞∞∞∞∞∞∞∞∞∞∞∞∞

other. So the raiders went in two parties, side by side. When they
camped, they would hold a sing in two places.

So they camped again somewhere. Hawk Man's medicine
men said, "We're getting close to the Apache."

Hawk Man Gets Even

Then Hawk Man said, "Get up and get ready in the morning
but no one go anywhere. If Striped Hat goes without telling us,
no one is to go with him. He'll go and see what he's never seen
before."

So sure enough, when morning came, Striped Hat got ready
and left without telling them. Yet Hawk Man was quite a medi-
cine man himself and knew already what would happen to Striped
Hat.

haschu has wo e juh am O'oi Wonamim tahgio.

Sh am huh wa he'es. Sh hema haha wash mel g o'othham k hab kaij, "Mo ia m-waith g O'oi Wonamim maptsh wo him k wo i neith k wo i wehmt."

Kush hab kaij g Wisag Namkam, "Mapt gamai wo med k wo ahgi g O'oi Wonamim. Kut am wo si s-checho-jim ha nakogath. Kunt im wo wa himath ch antp hems wo wa ha'ichu nei."

Neh, sh gm huh uhhum meh. K ash sha'i ha'as, sh ep meliw k hab ep kaij, "Maptsh wo him k wo nei g O'oi Wonamim. Kuhgam amtsh ha melch g wihpiop. Kush hejel am hahawa chum ha nakog."

Sh hab ep kaij g Wisag Namkam, "Mapt gamai wo med k wo ahgi g O'oi Wonamim. Kut am wo si s-checho-jim ha nakogath. Kunt im wo wa himath ch antp hems wo wa ha'ichu nei."

Sh gm huh uhhum ep med. k ash ha hekaj ep meliw

∞∞∞∞∞∞∞∞∞∞∞∞∞∞∞∞∞∞∞

Before long a runner came and said, "Striped Hat is calling for you to come and help him."

Hawk Man said, "Run and tell Striped Hat to fight like a man. I may see some action when I come."

So the man ran back. Before long he came running again saying, "Go see Striped Hat. They've turned the boys back. He's standing alone."

Hawk Man said again, "Run and tell Painted Hat to fight like a man. I may see some action when I come."

The man ran back again but came running again right away

k hab ep kaij, "Maptsh wo him k wo nei g O'oi Wona-
mim k wo i wehmt. Pi atsh e nako."

Sh hab ep kaij g Wisag Namkam, "Mapt gamai wo
med k wo ahgi g O'oi Wonamim. Kut am wo si s-checho-
jim ha nakogath. Kunt im wo wa himath ch antp hems
wo wa ha'ichu nei."

Sh gm huh uhhum ep med k ash ha hekaj ep meliw
k hab ep kaij, "Maptsh wo oi him k wo nei g O'oi
Wonamim. Pi atsh e nako k am hi wa chum. Sh eda pi
am huh ta chechojima ha'ichu chu'ig."

Sh am hahawa i ha ahgith g Wisag Namkam g e-
-wehmkam' mash wo oi hihim k wo nei g O'oi Wonamim
k wo i wehmt. Sh wa wehoh gm huh hihih. Sh gm huh
tohnk thahm i chehchsh k chum nei, msh ab oith g O'oi
Wonamim.

Sh wenog hab kaitham ne'e g Wisag Namkam:

oooooooooooooooooooooooooooooooooo

saying, "Go see Striped Hat and help him. He can't stand it even
though he's trying."

Hawk Man again said, "Run and tell Striped Hat to fight
like a man. I may see some action when I come."

So he ran back but came running again right away saying,
"Striped Hat says to come and see him right away because he's
not doing very well and can't overpower them even though he's
trying."

Then Hawk Man told his companions to go right away and
help Striped Hat. So they went and climbed a hill and suddenly
saw them down there going after Striped Hat.

Then Hawk Man sang this song:

Hemuch ipa S-ohoi Wonamime
Hemuch ipa si cheoji m-ahngana
Wahshowai kih miako.
S-uwim apa kaij ch mumuki.

(Hemuch ap wud S-o'oi Wonamim. Hemuch ap si cheoj m-ahg wahshan kih miako. S-uwim ap kaij ch mumuki.)

Neh, msh eda gd i ak am i mea.

Kush ihtha Wisag Namkam gnhab haha wash chehk k thath'ehi, si i e angiwithahim k an haha wash i tha'a k wud wisag k ash gn huh i uhgka k an i nod k ash amjed si s-kuhgkim i him k ab si gei Ohb ch ed k gm huh wash i komad ha wua k ash pi mu'ikko hab e juh k am i ha hugio g Ohb.

Neh, sh ia hahawa s-mai g hemajkam mash wa wehoh g wisag namk ihtha wiapo'oge'el.

<hr>

Just now you were Striped Hat.
Just now you were a brave talker
Yonder by the house.
Now you are talking like a woman and dying.

Just then the enemy overpowered Striped Hat and killed him.

Suddenly Hawk Man hopped to one side like a bird and flapped his arms and flew. He was a hawk. He flew up, and turned and came roaring down among the Apache, knocking them flat. He didn't do this many times before he finished them.

So you see, the people learned then that this young man really did meet a hawk.

Mash g ha Namkam ab Amjed Bebhe g Gewkthag

Sh hab e juh na'ana.

Sh am huh hebai g wiapo'oge'el kih. Kush ha'ichu chum s-mahchimk mas haschu ab ab ulini.

Sh ihtha wiapo'oge'el nahnko ha'ichu nakog, bihugig, tonomthag, gewkogig, kohsimthag, heg hekaj mash hab masma s-mahch matsh am hebai ha'ichu has wo e juh am kohsij ed. Heg i amjed mash mu'i ha'ichu nakog kch hab i em-ah matsh heg hig amjed am wo si i e nako mat wud wo s-melithkamk. Kutsh am huh hebai ge jegdat e-kih hugith am. Wehs sisi'almath am e memelchuth.

Kush am huh hebai am wa ep e melchuth k am

∞∞∞∞∞∞∞∞∞∞∞∞∞∞∞∞∞∞∞∞∞∞∞∞∞∞∞∞∞

The One who has an Encounter with Something Gets Power from It

They say this happened long ago.

Somewhere a young man lived who wanted to know what his abilities would be.

This young man endured various things, hunger, thirst, fatigue, and lack of sleep because he knew that in this way something would happen to him in his sleep. After he had endured many things he thought that, through this, he would be a good runner. One time he made a big race track beside his house. Every morning he would exercise himself running.

One time he was running again and, although he felt him-

hi wa i s-e tahtk mash am med, atsh am huh hebai wash
s-e chuhugi. Pi sha'i e mahch mas he'es i tash am wo'o.

Am huh hebai hahawa i e taht k am i nen k chum
nei mash g wisag an thaha kui t an. Kutsh oi am wash
i s-mai matsh heg gewichkwua g e-a'ankaj. Kush eda
e-kohs ed hab wa hi wa neith mash g wisag am jiwia wui
matsh hab wud wo wa si s-melithkamk ch ep wud wo
si s-e mahchimkamk ab githahim t ab ch wud ep wo si
mahkaik hab masma mash hegai wisag kch hab ahg hegai
wiapo'oge'el, "Mat pi hedai wo sha'i m-ai ab melchutha
t ab. Kupt ahpi ep wo i ha wanimedath g githahiokam
heg hekaj mapt hab wo masmak mani ahni, wo e wisag-
chuthath. T pi wo sha'i m-amich g m-obga mapt ahpi
am wo ha ahgithath mo hebai has chu'ig. T hekaj pi wo
hasig mat wo ha koktha g o'othham g e-obga."

Heg ash neith wenog matsh am gewichkwua g wisag,

○○○○○○○○○○○○○○○○○○○○○○○○○○○○○○○○○

self to be running, he just fainted somewhere. He couldn't tell
how long he lay there.

Later on, he regained consciousness and discovered a hawk
sitting in a tree nearby. He knew then that it had knocked him
down with its wings, since in his sleep he had seen a hawk come
so that he would be a good runner and know warfare and be a
powerful medicine man like that hawk. The hawk had told him,
"No one will surpass you in running. You will also lead the war-
riors because you will be like me, able to become a hawk. The
enemy will not understand how you can tell where they are. So
it will not be hard for the people to defeat them."

That's what he saw when the hawk knocked him down and

am hab s-e chuhugithk, k washaba hab masma s-e mahch
mat wash koi, sh am i ahgithahim g wisag heg eda mash
hab em-ahg matsh wash koi. K oi wa wenog am i ahgith,
"Mapt wud wo wisag namkamk heg hekaj mapt wehs
ha'ichu wo s-mahchk hab masma mani ahni."

he passed out. But he learned his abilities by going to sleep. The
hawk was telling him during the time he thought he was asleep.He
was telling him then, "You will be a hawk man because you will
know everything like I do."

Ha'ichu A'aga ab Amjed g Chichwihthag

Mash Hema g Uwi si s-Hohho'ith g Tokada

Sh am huh hebai g uwi kih kch ash s-e mahch ab tokada t ab kch s-melthag ch s-wuithag g ola matsh wo ha chichwih g hemajkam. Kush am kih kch hema mad g chehia.

Kumsh eda am waith matsh am huh hebai wo ha wehmt heg ab tokada. Kush am wuiokai ihtha e-mad chehia, an ge kuhnat k an wohthoka'i, k g ha'u an ge ha makodagt k ab naggia k am ep chuishpith k ab naggia k hab ahgi mat hekith wo nen k ab wo ui hegai k wo u'u k wo i gahghi g e-je'e. Sh pi am huh ahgith matsh hebai wo him k hab hi wash kaij. Kush wa wohoh hab

∞∞∞∞∞∞∞∞∞∞∞∞∞∞∞∞∞∞∞∞∞∞∞∞∞∞∞∞

Stories About Contests and Skills

A Woman who Loved Field Hockey

Once, it is said, there was a young woman who was skilled at field hockey and a fast runner. She could send the puck right where she wanted when she was competing. She lived there and had a daughter.

One time she was invited to help in a hockey game. So she made a hammock, placed her daughter in it and left her. She tied some gourd dippers together and hung them by her daughter, along with some lunch she had made for her. She told her that when she awoke she should take them and go looking for her mother. But she didn't tell her where she was going when she told

e juh ihtha chehia k am i nen k am bei hegai hahu'u mash ab ge kuawush ch naggia ch chuishpa k hih, him k am hebai jiwia am wui g Ba'ag mash am kih k ash hab kaij, "Mapt wo ni-ahgi mas hebai oimmed g ni-je'e."

Kush hab kaij g Ba'ag, "Mapt ho'ip kia hema ni-mah g e-ha'u, nt haha wo m-ahgi mo hebai oimmed g m-je'e."

Kush am hema i mah. Kush hab kaij, "An o g tho'ag wawani m gn huh wawani. Kupt heg thahm wo i cheshath k gm huh wo nei gm huh heg wehgaj mo am oimmed g m-je'e."

Kush amjed him k am huh hebai jiwia wui g Wisag. Kush hab kaij, "Pt wo ni-ahgi mas hebai oimmed g ni-je'e."

Kush hab kaij g Wisag, "Pt ho'ip hema ni-mah g e-ha'u, nt haha wo m-ahgi mo hebai oimmed g m-je'e."

∞∞∞∞∞∞∞∞∞∞∞∞∞∞∞∞∞∞∞∞∞∞∞

her that. The girl did just as she was told. When she awoke she took the dippers that were hanging there tied together, and the lunch and left. She went until she came to where Eagle lived and said, "Tell me where my mother is."

Eagle said, "When you give me one of your dippers, then I'll tell you where your mother is."

So she gave him one and he said, "There's a mountain range over there. Climb up it and you will see where your mother is, beyond it."

She went on from there and came to Hawk. She said, "Tell me where my mother is."

Hawk said, "When you give me one of your dippers, then

Kush am hema i mah. Sh hab kaij, "Am o oimmed heg wehgaj tho'ag m an wawani."

Kush amjed him k am hebai jiwia mash am kih g Hawani. Kush am jiwia wui k ash hab kaij, "Mapt wo ni-ahgi mas hebai oimmed g ni-je'e."

Kush hab kaij g Hawani, "Pt ho'ip kia hema ni-mah g e-ha'u, nt haha wo m-ahgi mo hebai oimmed g m-je'e."

Kush am hema i mah. Sh hab kaij, "An o oimmed heg wehgaj tho'ag m an wawani."

Kush amjed him k am jiwia wui g Hohhi mash am kih. Sh am jiwia k hab kaij, "Mapt wo ni-ahgi mas hebai. oimmed g ni-je'e."

Kush hab kaij g Hohhi, "An o oimmed ith wehgaj tho'ag m an wawani."

<hr />

I'll tell you where your mother is."

So she gave him one and he said, "She's over there, beyond the mountain range."

She went on from there and came to where Crow lived. When she arrived she said, "Tell me where my mother is."

Crow answered, "When you give me one of your dippers, then I'll tell you where your mother is."

So she gave him one, and he said, "She's over there beyond the mountain range."

She went on from there and came to where Mourning Dove lived. When she arrived she said, "Tell me where my mother is."

Mourning Dove said, "She's just beyond this mountain range over here."

Kush amjed him k an i cheshath k wa wohoh chum
nei mash am hemajkamag ch am e hemapai hegam mash
am wo e toka. Kush am him k koi gd huh jiwia k ha nei
mash am g a'al oiopoth ch chichwih. Sh am jiwia ha wui
k ash hab kaij, "No ia oimmed g ni-je'e?

Kush hab kaij hegam a'al, "Heu'u. Ia o oimmed."

Kush hab kaij, "Mamt am wo hema med k wo ahgi
mant ia jiwia. T ab wo i meh. Want wo nei g ni-je'e."

Kush im huh meh hegai matsp am wo ahgi. Kush
ia huh chichwih ha wehm g a'al ch ash am hebai sh hab
kaij, "Mant wo hema ni-chehgi g hiani kih," nash pi g
je'ej am wash e toka ch pi jiwia. Kush wa wohoh hab e
juh k am hema cheh mash am hebai kih g hiani. Kush
heg eda am kekiwu k am ne'e k ash gm huh wash i
juhpinihi gm huh jewed wecho k koi wehs gm huh wah,

∞∞∞∞∞∞∞∞∞∞∞∞∞∞∞∞∞∞∞∞∞∞∞∞∞

She went on from there and climbed it and found that there
really were people there who had come together to play hockey.
Going on, she could see there were some children playing. When
she came to them, she said, "Is my mother here?"

The children said, "Yes. She's here."

Then she said, "One of you run and tell her I've come. She
should run here. I must see my mother."

The one that was going to tell her ran over there, and she
played with the children. Later, she said, "I'm going to find a
tarantula house for myself," because her mother was just play-
ing hockey and didn't come. And that's just what she did. When
she found where a tarantula lived, she stood in it and sang and
began to go down into the earth. She hadn't yet gone all the way

kush eda mel g je¹ej. Kut eda gm huh wehs wah. Kush
am i ahgith g Kahw, "Mapt am wo i oith k wo bei g
ni-mad. Im at huh juhpi jewed wecho."

Kush am i chum oi g Kahw k hi wa chum a¹ahe k
ash wash g nowij an wahawu k u¹apa k hab ahg hegai
je¹ej, "Mant hi wa chum a¹ahe. K eda s-gewkam himath
ch im huh juhpi.   Nt wash g nowij an bek am wash
wahawu." K am hi wa i mah hegai nowij. Kush am bei
hegai k am him am hebai hiash.

Kush am hu¹i hebai, kush am wuhsh g hahshani k
am kehk ch am i ge¹elhim k ge¹etha.   Kush g a¹al am
oiopoth ch chum hekith ab ma¹ikkash. Kush oi wa heb
huh hih. Kush eda ab i wuhsh g ihbthaj mat hab wo e
juh hemu k ab wo i wuwha g ha-ihbthag k wo bai. Kush
hab e juh k heb huh hih.   Kush am i pi edagi g hemajkam

∞∞∞∞∞∞∞∞∞∞∞∞∞∞∞∞∞∞∞∞∞∞∞

in when her mother came running. Then she went all the way in.
The mother told Badger, "Follow my child in and get her. She's
gone down into the earth."

Badger followed her and tried to reach her, but just pulled
off an arm and brought it and told the mother, "I tried to reach
her. But she was going down too fast. I just got hold of an arm
and pulled it off," so he gave her the arm. She took the arm and
buried it somewhere.

Some time later, a saguaro cactus came up and grew there
until it was big. The children wandered around there, always
throwing things at it. So it went away. Yet the buds had come
out, as they do now when they come out and ripen. It had done
this and then gone away. When the people couldn't find it, they

k am e ahgith k am e hemapath am a'aga mas hebai wo cheh, k ash hab kaij, "Matt am hig wo ah'ath g Ban. T am wo i gahghi. Heg o wash chum hebai melhim. T am wo i gahghi." Kush wa woho'o meh g Ban k am chum i gahghim k pi hebai sha'i edgith k ash uhhum jiwia k hab kaij mash hab wa pi hebai sha'i chehg k ash am hebai jiwia mash am ge wahiag. Kutsh am i koatsh. Kush ab hi wa si s-jewow. Kush hab elith matp hems am wa-chum heg eda wahia.

Bash masma hab kaij. Kush hab kaij itham o'oth-ham, "Matt am hig wo ah'ath g Hawani mo heg hab wa ep chum hebai tha'a. Kut am wo him k am wo i gahghi."

Kush wa wohoh am wo i hih Hawani k ash hab kaij, "Mamt wo e nahtokchith. Mat wo sha s-ni-abam mant wo chehg k wo jiwia, mt eda heki huh wo e nahtok-chith." Kush am tha'a k am him k him k ash am hebai

∞∞∞∞∞∞∞∞∞∞∞∞∞∞∞∞∞∞∞∞∞∞∞∞∞

told one another and met to discuss where to find it. They said, "Let's send Coyote. He'll go looking for it. He runs everywhere. He'll go looking for it." So Coyote ran, trying to find it. When he didn't find it anywhere, he came back saying that he couldn't find it anywhere, but that he had come to a well and peeked in. It was giving off a rotten odor, so he thought it might have drowned in the well.

When he said that, the people said, "Let's send Crow. He also flies everywhere. He'll go looking for it.

So Crow went saying, "Be ready. If I'm lucky I'll find it and come, so you be ready." Then he flew off and kept going until he saw a mountain range. There were a lot of birds flying around in a canyon. When he arrived he found the saguaro cactus

nei mash g tho'ag an wawani. Sh ga huh shahgig ch ed
ab ge nen'e g u'uhig. Kush ab jiwia k chum nei mash ab
kehk g hahshani ch wash s-wegi, heki huh i bak wash
s-wegi g bahithaj. Kush ab ko'ihim ch ko'ihim ch ab
wash i si kopothka. Kush am uhhum tha'a k gd huh
jiwia. Sh eda heki huh u'apa g o'othham g e-huha k am
toa. Kush heg eda am wiho. Kut am nawai g o'othham.
Kut am gawulkai g kaij mach hab a'aga "kaij".

Kush am gawulkath k hab ahg g Chuhwi, "Mapt wo
shahk wo med k mehk wo iawu. Kut am wo wuwha g
hahshani amai."

Kush wa wohoh hab e juh g Chuhwi k am u'u k
med k am huh hebai wash kia med.

Kush am nam g Ban k ash hab kaij, "Shahchu ap
u'a?"

Kush hab kaij, "Pi ha'ichu."

∞∞∞∞∞∞∞∞∞∞∞∞∞∞∞∞∞∞∞∞∞∞∞∞∞∞

standing there, red with fruit that had already ripened. He ate
and ate until he was all swollen up. Then he flew back. When he
arrived, the people had already brought their baskets and put
them out so he brought up the fruit and spit it in them. Then the
people made cactus wine. They separated the seed that we call
"kaij".

When they had it separated, they told Jackrabbit, "Take
it in your hand and run and throw it far away and the saguaro
will come up there."

That's what Jackrabbit did. He took the seed and ran.

He was still running when Coyote met him and said, "What
are you carrying?"

He said, "Nothing."

Sh hab kaij, "An ap ha'ichu u'a. Nt wo nei. Shah-chu o wud?"

Kush am i tad g e-nowi. Kush im shonihi ia huh wechojed. Sh gm huh a'ai si nehni g kaij. K heg hekaj in wuwhag g hahshani mach in neith m in chuhch.

Kutsp hems hab wo e juh g Chuhwi k wo u'u k med k mehk wo shul. Kutp gm huh mehk wo s-hahsha-nigk. Hemu o in wa'i mia chuhch.

Kut eda gd huh nawai g o'othham k ab gi'ik s-chu-hugam ab keihin k am ne'ihim. T eda am i a'ahe g ha-nawait. K am i i'ihim ch nawkk. Kush nahnko masma ha o'oha g ha'ichu thoakam mach hemu in ha neith mo has masma o''ohadag.

Kush g Shoh'o am e pako'olach. Kush eda g Neh-

∞∞∞∞∞∞∞∞∞∞∞∞∞∞∞∞∞∞∞∞∞∞∞∞

Coyote said, "You're carrying something. I want to see what it is."

Jackrabbit opened his hand, and he hit it from below. The seeds flew everywhere. So saguaro cactus came up here wherever we see it standing.

Jackrabbit might have taken it and run far away and thrown it, then there would have been saguaro far away. But now it's nearby.

Then the people made cactus wine and danced and sang for four nights. When their wine was fermented, they drank it and got drunk. They painted all the markings on the animals as we see them marked now.

Grasshopper danced a jig. At that time, Nighthawk had a

pod ha'as huh al i chini ch wash am i chum s-a'asim g
Shoh'o mash am e pako'olachuth. Sh oi wa am wash si
e wantp g chinij. K ha'as chini matp hab chu'ig ch hekaj
s-e elith ch chuchkagath an hahawa i wushke ch an wo
kaithgath mam an kah mat chuhug an wo kaithgath.

Neh, ith o wud wa'i.

Mash Has Masma e Chichwih g Toka

Tokada o wud u'uwi ha-chichwihthag heki huh wa'i
amjed. K g uhskaj e chichwih mo hab e a'aga "usaga"
ch ha'ichu ehp mo hab e a'aga "ola". Itham gohk
ha'ichu o hab masma e nahto mat g uhpad mamhadag
hema wo shonch mo s-shelini k wo elpig k wo i tonij am
nahtha ch ed mat heg hekaj wo s-ap i e nahsh an e-kuhg

oooooooooooooooooooooooooooooooooooooooo

small mouth but he laughed at Grasshopper while he was jigging
and his mouth was wrenched to the size I guess he has now. He
must be ashamed because he comes out now at night and sounds
like he does as you hear him in the night.

This is all.

How to Play Field Hockey

Field hockey was the women's sport from ancient times.
It's played with a hockey stick called "usaga" and a kind of puck
called "ola". These two things are made by cutting a catclaw
branch that's straight, then peeling it and heating it in a fire so
it can be bent just right at the end for tossing the puck. Some-

an mat hekaj s-ap wo wuich g ola. Kush hebai ha'ijj
hab wua mat g elthajkaj wo i bihiwin k am haha wo i
tonij. T an wo wohi anai mo pi an huh bihags g elthaj.
T hab masma an wo e o'oha g ha-usaga. K ihtha ola hab
masma e nahto mat ha'as huh wo i ha shonch g gohk
u'us mo g uwi nowi k an wo i gi'igwulkai ha e'eda k an
wo ha makodath g s-wihnk hogikaj.

K hab masma e chichwih ihtha tokada mat he'ekia
i u'uwi ab wo i e wehmt k a'ai wo e pip'ichuth k wo e
chichwih, wehpeg am ahgk mat hebai wo e gehg. Hegam
gohk mat wo tha'ich g ola at ab e wui wo gegokiwua
k am wo tha'ich. T hedai wo e nakog k wo gewichkwua
am e-wehmkam ha wui. T hedai has masma wo gehg g
ola k gm huh wo i cheshaj mat hebai i chekshani mat an
wo e gehg. Neh, k hab masma e chichwih g u'uwi heki
huh wa'i amjed kch hab s-wohpo'ithag.

∞∞∞∞∞∞∞∞∞∞∞∞∞∞∞∞∞∞∞∞∞∞∞∞∞∞∞∞

times the women wrap the stick in its bark and then heat it. It
scorches where the bark is not wrapped around and that is how
the hockey stick is decorated. This "puck" is made by cutting
two sticks about as long as a woman's hand and making them
narrow in the middle where they are joined with tough leather.
    The game is played by any number of women who form
teams that challenge each other to play, first deciding where the
goal lines will be. The two who are going to start tossing the puck
stand facing each other. Whoever can, hits the puck to her team-
mates. Whoever gets it, hits it however they can to get it over the
goal line where the game is won.
    So that's how women have played the game from ancient
times and why they were good runners.

Ihtha tokada o wash nahnko masma e chichwih mash hebai ha'i wo ku'ago g u'uwi o wo wa'igo k ash ab e-kih amjed wo i e tokahim k gm huh wo e gehg mat hebai wo i ku'a o wo wa'ig k ash amjed uhhum ep wo i e tokahi, g e-ku'agi o g e-wa'igi mohmtk.

Sha'o wa'i s-e mahch heg ab!

Mash g Hiakim t-Gehg g Kuikud

Sh hema o'othham tahgio hab e juh ihtha wenog mat ia'i wuhsh g wuaga. Sh heb huh wua g e-hohnig am wuaga ch ed. K an huh wa memdath ch g wuaga oithahim ch ith hekaj an s-kaithag. Sh am i pi nako g e-ihbthag g wehmaj kihkam k an huh wa oimmed ch

∞∞∞∞∞∞∞∞∞∞∞∞∞∞∞∞∞∞∞∞∞∞∞∞

Field hockey was played in various ways. It's said that when some women were going for firewood or water, they would start from home, tossing the puck and racing to see who would be the first to get to where they were going for wood or water. Then they would race back the same way, carrying their wood or water on their heads.

What skill!

The Yaquis Won the Flute from Us

It is said this happened to a man when the puberty cere-mony first appeared. He lost his wife through these ceremonies, because she ran around following the ceremonies, and was told about everywhere. The sorrow of his heart overcame him and he

chum s-shoshakimk. K wash wenog g si cheoj pi hekith shoak ch wash e nakog ch ba'iwich g si edathag ch pi ap tahhathkam. "T wash wo huhug hemu," bo kaij ch an oimmed hejel.

Sh hema tash an wa ep oimmed ch tonom k ab jiwia Wahpk t ab k ab i'ok ia wash thak ch gm huh e ba'ich ha'ichu chegito. T ia hab haha wash e juh g chegitoij mat wo hema kuikudt k heg eda wo shoakath ch wo che'isithath g kohlogam. T hab pi hedai wo s--mahchk mo shoak. T hab masma wo hugio g pi ap tahhathkam am e-ihbthag ed.

Neh, sh ia hema bei g wahpk k kuikudt. K an huh hebai chehog. K am heg eda wo'o kch kuhu hab kaitham mo g kohlogam. Sh wash pi am huh si·oithch hab kaij ihtha kuikud. K am kaiham g hemajkam ch pi amich

⚬⚬⚬⚬⚬⚬⚬⚬⚬⚬⚬⚬⚬⚬⚬⚬⚬⚬⚬⚬⚬⚬⚬⚬⚬⚬⚬⚬⚬⚬

wandered around feeling like crying. Yet a brave man was supposed to endure shame and overcome sorrow rather than cry. "It will be gone soon," he said, wandering around alone.

One day he was wandering around again, when he got thirsty so he came to Reed Mountain and got a drink. He was thinking about what was ahead for him when the thought suddenly occured to him that he would make a flute and cry in it, imitating the whip-poor-will. That way no one would know he was crying, and he would overcome the sorrow in his heart.

So he took a reed and made a flute. There was a cave there, and he lay in it playing the flute like a whip-poor-will. But the flute didn't sound quite the same as a whip-poor-will. People were listening and didn't understand what kind of person was making such beautiful music. The women wanted to see who was making

mas haschu wud hemajkam ch hab s-wehom s-kehg ne'e.
Sh g u'uwi s-neithamk mas hedai s-wehom s-kehg ne'e.
Sh ia thaiw chuchkagath. T itham ha neithok ha hekaj
pi chegito g e-hohnig ihtha o'othham k amjed pi shoak
ch wash kuhuth ch ha a'aga mu'ikko g e-nen'ei.

Sh ia wakoliw tahgio ge s-hemajkamag. K am wud
kihkam g chetcha ch wud gi'ik ch wud e wepngam ch
chuchkagath am wash wohp ch s-hohho'ith g kuikud mo
ge has kaij. T hab chei mat wo i gahghio hegai o'othham
k wo bei. T am ha-kih am chum hekith wo kuhuth. Neh,
sh amjed i wohp.

Sh am huh hebai ge s-hemajkamag. K am hema g
wiapo'oge'el ha shoshobith, hab kaijch mat heg s-kehg
ne'i am wo ha ahgi i mahsik. "Tp hems wud ni-ne'i, m
heg kahk ch amtp ni-gahghim," bo kaij g Ban.

Sh wa wehoh ia woh. T si'al keh, t i wami g Ban k

<hr />

the beautiful music, so they came each night. When he saw them
he forgot his wife right away and no longer cried. He just played
and sang his songs over and over.

There were people living south of here. Four sisters living
there would lay there every night and enjoy the sound of the
flute. They said they would go looking for the man and get him.
Then he would always play at their home. So they started to run.

Along the way there was a village. A young man tried to
stop them, saying he would sing them a beautiful song in the
morning. "Maybe it's my song you hear and you are looking for
me," Coyote said.

So they camped there. At dawn Coyote got up and was

gnhab sikod memda ch si hihnk. T i wahpami g chetcha
k hab kaij, "Chum apki hi wa s-kehg ne'i ch itp hems
s-kaithag wehsko jewed ab, ch wash pi ahpi m-gahghim."
Bo kaij g chetcha kch e a'aschuth ith hekaj o'othham
mo ia ha ne'ichuth. Sh gi'ik kihhim t am thatha k gi'ik
wihpiop ha neith k am wash bibjim ch nahnko kaij ch
hehhemhith ch ep wop'o. Sh hab e junihim k ia huh ai
g e-gahgi. Sh hab masma e ap'ech mat g ge'echu wehpeg
am wo nei g cheoj k am wo ahgi mat haschu has e juh
si wehpeg tash ch si wehpeg hudunig ed k am wo wi'i
g e-oithchkam. T am epai wo ah mat haschu has e juh
ba'ich tash ch ba'ich hudunig ed. Neh, bash masma e
a'aga k ab ai g si chumchu.   T am ah hegai mamt am
wi'i. T ith ia s-hohho'i g cheoj k hohnt. Sh gm huh i
wanim e-kih wui itham u'uwi. Neh, bash e juh heki huh.

∞∞∞∞∞∞∞∞∞∞∞∞∞∞∞∞∞∞∞∞∞∞∞∞∞∞

running in a circle, shouting loudly. Then the girls got up and
said, "Even though you have a beautiful song that may be heard
all over the earth, it is not you we are looking for." When they
said this, they were making each other laugh over this man who
was singing for them. They came like this to four villages and saw
four boys, but they just passed by, saying things and laughing and
running. They went on like that until they found what they were
looking for. They had agreed that the oldest would go see the man
first and tell him what happened the first day and the first night,
and leave something for the next one to tell. She, in turn, would
tell what happened the next day and night. So that's how they
told about themselves. When the youngest sister's turn came, she
told what was left. The man liked her, so he married her. Then
they took him home with them. So that's what happened long

K ia t-amjed s-mahch g Hiakim g kuikud. Ch ahchim pi ha kuikud.

ago. The Yaquis learned about the flute from us, and we don't have the flute.

Ha'ichu A'aga ab Amjed g Wipi'ai

Mash g Huawi Hema Bei g Wipi'amdam

Heki huh, sh hema g keli g e-wosmad g wipi'ai mashcham. Sh pi ab huh ab e ul g wipi'ai g wiapo'oge'el. Sh washaba pi thagito k chum hekith heg wash i oithchug.

Sh am wa ep wipi'amed k g huawi mummu k ash ge tash huhu'ith k ash hudunith k pi ak ash gm huh uhhum him k gd huh jiwia k hab ahgith g e-wosk.

Sh hab kaij g keli, "Mapt pi wo huhu'i g e-mummuda. Kut wo med k hebai wo wo'iwua. Kutp wo s-m--abam, kut ab wo si e kuh g mummudaj k pi wo e iawua g eh'edaj. Kut ba'ich wo i mahsi, kupt am wo him k am

∞∞∞∞∞∞∞∞∞∞∞∞∞∞∞∞∞∞∞∞∞∞∞∞

Stories About Hunting

Mule Deer Capture a Hunter

A long time ago, it is said, a man was teaching his son's child hunting. Hunting didn't come naturally to the young man, but he kept working at it and didn't give up.

One time he was out hunting again and wounded a mule deer. When he had chased it all day until sundown and didn't catch up with it, he went home. When he arrived he told his grandfather.

The old man said, "You shouldn't chase a wounded animal. He'll run and lie down somewhere. If you are lucky his wound will close and he won't lose all his blood. The next morning you'll go

wo jehkcheth k am wo i oith k hebai wo ai. Kutp hems
heki huh wo muh k am wo wo'okath. Kupt hi wo chum
huhu'i g e-mummuda, kut wo med k gm huh wo jegwosh
g m-u'u ko'okthag. Kupt hebai wo chum ai, i mahsik,
kut gm huh wo si meh." Neh, bash kaij g keli.

Sh am i mahsi. Kush gm huh i jehkiamahi g e-mum-
muda hegai wiapo'oge'el k ash am huh hebai jehkch k
ash am i oi. Kush ge tash i oith k i oith k hudunith k
ab chesh Al Oam t ab.

Kush ab huh hebai ge chehog.   Kush heg eda ab
wah. Kush am oithk wah k ash gi'ik s-chuhugam ab ch
gi'ik tash ab am heg eda oimmed tho'ag. Kush am huh
hebai haha wash jiwia. Sh am ge s-o'othhamag. Sh ha
hekaj nahnam g wihpiop k gm huh i bei e-ge'ejig wui k
ash gd huh u'apa.

∞∞∞∞∞∞∞∞∞∞∞∞∞∞∞∞∞∞∞∞∞∞

and look for the tracks and follow them and come upon him
somewhere. Maybe he will already have died and will be there.
But if you run after it, it will run and work out the pain of your
arrow. Then when you try to reach it in the morning, it will run
off." That's what the old man said.

Morning came, and the young man went tracking his prey
and found the tracks and followed them. He kept following all
day until sunset and climbed Little Yellow Mountain.

There's a cave up there somewhere that the deer had gone
into. He went in after it and wandered around in the mountain
for four nights and four days. Suddenly he came to a place where
there were many people. Right away some young men met him
and took him to their chief.

Kush hab ha hekaj kaij g keli, "Ahpi apt hems am huh mummu mamtsh hema mummu. K am wo'o kch muhkhim."

Kush hab kaij g wipi'amdam, "Ahni ant hi wa g huawi mummu hekith huh k heg an chum oithahim ch ia wah ith eda cheho. Kuni ithani gi'ik s-chuhugam ab ch gi'ik tash ab ia wa'i oimmed."

Kush hab kaij g keli, "Gamai g wo i beh, wihpiop, k gamai hebai has i juhni t ho'op kia has e juh g mumku-tham. Kunt am has haha wo ah."

Kush gm huh ha hekaj hihih g wihpiop k ash wai-thahim hegai o'othham. Kush am wash i chum him k haha wash e cheh mo wud wash huawi. Sh amjed am wash oimmed ha wehm g huawi.

Am huh hebai, sh am i e ai mat uhwa g huawi. Sh e hemapath k am hema ha mamka g wihpiop g u'uwi.

∞∞∞∞∞∞∞∞∞∞∞∞∞∞∞∞∞∞∞∞∞∞∞∞∞∞

The old man said, "Maybe it is you that wounded the one they say is wounded and dying."

The hunter said, "I did wound a mule deer some time ago and came in here trying to follow him. For four days now I've been wandering around in here."

The old man said, "Take him away, boys, and put him away somewhere until we see what becomes of the wounded deer. Then I'll speak to him."

The young men went right away and called the man. He was just going, then found that he was a mule deer. After that, he just wandered with the deer.

Some time later the mating season came and they gathered

Msh haha wash ha'i mah ihtha o'othham huawi k hab
ahg mat wo i ha wanim jeg wui k am huh wa hebai wo
ha nuhkuth. T ho'op kia uhwo, t haha wo i ha ui uhhum.

Sh am wash chum i wuwha, t gm huh si wohp g
u'uwi. K am wash ha oithch med g o'othham huawi.
Sh hekith ha jukshshap, sh si che'echek nehni ch si s-
-juhu'ujul wohpo'o. Sh ihtha o'othham huawi am wash
ha neith nash pi pi mahch mas has masma e kekeishap
ch pi i shulig.

Hema tash, t ep juh. Sh inhas ep woppo g huawi.
T ia waha wash ha cheh g wipi'amdam. Sh gm huh si
wohp g huawi. T eda gewko g o'othham huawi k ga huh
mehk ha oithch med. T oi wa ia mummu g wipi'amdam.
T am wa himhim k ab ai g cheho k aṃ e tho'ibia. Sh
wenog mumku ch am chegito g huawi himthag ch s-hoh-

∞∞∞∞∞∞∞∞∞∞∞∞∞∞∞∞∞∞∞∞∞∞∞∞∞∞∞

and gave each male some females. Unexpectedly, they gave some
to the human deer and told him to lead them out somewhere and
take care of them until mating season was over and then bring
them back.

As soon as they went out, the females dashed off and the
human deer ran after them. Whenever it rained, they would spring
high and dart back and forth, and the human deer would just
watch them because he didn't know how to step to keep from
falling.

One day it rained again. The deer were running back and
forth, when suddenly a hunter discovered them. The deer dashed
off, but the human deer became exhausted and was running way
behind them and the hunter shot him. He struggled on until he
reached the cave and escaped. While he was wounded, he thought

ho¹ith. Sh pi hab sha¹i em-ahg mat wo i wuhshani k an huh wo oimmedath g o¹othham ha wehm.

Sh am haha wash ahgith mat wo hih uhhum k wo ha nei g o¹othham k wo ha ahgi, t an wash wo ha neithath g huawi k pi an huh ep wo ha mummu mat an wo ha¹ichu e gahgithath. "Pt wo ei ha¹ichu k wo nuh-kuth. T wo bai. Pt heg wo ko¹ath ch pi thahm ep wo ha mummu g huawi."

Sh wenog i wuhshani k i gahghi g s-kehg jewed k am i chiwia m am kih hemu. Ch hab ha a¹aga O¹oithkam.

with pleasure about the life of a deer. He didn't feel at all like going back out among people.

Then, unexpectedly, they told him to go back home and tell the people he was not to shoot any more deer that are out looking for food. "Plant something and raise it. When it ripens eat it and don't shoot deer any more."

When he went out he looked for some good land and settled there, and those are the people we call "farmers".

Mamsh am ha Kuh g Huawi

Kush wud gohk hegam mohmbdam, ash am chum wipi'o. Kush pi ha abam. Kush chum oiopo k pi ha'ichu cheh, ash am huh hebai i woh.

I mahsi. Kush hab kaij mat ep wo wipi'a ith i tash-kaj. Kush hema hab kaij, "Am at ha'ichu has e juh abai m ab tho'ag bahsho. Kutt am wo hihih abai k wo nei mas haschu ahg k hab e juh. Ab at g hawani hud ga huh m ab tho'ag bahsho."

Sh am e nahto k am hihim k im huh i cheka. Kush g kuhbs ab i wuhsh.

Kush am hihim k ga huh thatha. Kush g o'othham ab g huawi mea.

Kush hab ha ahg, "Oi g wo huhgi g chuhhug." Kush

∞∞∞∞∞∞∞∞∞∞∞∞∞∞∞∞∞∞∞∞∞∞

Mule Deer are Corraled

They say that one time there were two hunters who went hunting. Luck wasn't with them and when they had wandered around and found nothing, they camped out.

The next morning they decided to hunt again that day. One of them said, "Something happened there at the foot of the mountain. Let's go and see why the crow went down there."

They got ready and left. When they had gone part way, they saw smoke up ahead.

When they arrived they found a man who had killed a mule deer.

He told them, "Come and eat some meat." So they cut

ab hikuch g chuhhug k am wua tai ch ed.

Kush ab haha wash jiwia g ban k ab kehk. Kush hab ahg g oꞌothham, "Oi g huhgi g chuhhug." Kush hab kaij hegai oꞌothham, "Si g wo s-e nenꞌoith ihtha oꞌothham mat wash has huh wo chuꞌi." Bash ahg hegai ban.

Kush ab kuhpi g huawi. Kush am i bai g gaꞌij hegai ban. Kush am med k gd huh bei g gaꞌi k ash ab med k ab haha wash bei hegai hodai mash heg hekaj ab kuhpi g huawi. Kush ab neꞌiopa g huawi.

Kumsh am i chum bebhehi hegai ban. Kush med k gm huh i hud ge shuhthagi ch ed. Sh am i pi ak am i thagito k ash haha wash haꞌichu mea g mohmbdam. Sh amjed hihi hegam oꞌothham k ash am huh hebai i woh.

Kush chuhug am haha wash jiwia hegai ban. Kush am i bek ash am i chuꞌichk mats hedai ab ha kuh hegam huawi.

∞∞∞∞∞∞∞∞∞∞∞∞∞∞∞∞∞∞∞∞∞∞∞∞∞

meat and put it on the fire.

Suddenly a coyote appeared and stood there. The man told him, "Come and eat some meat." Then he said, "Watch out for this man. He might do something bad," meaning the coyote.

There were some deer corraled there. When the coyote's meat was roasted, he ran and grabbed it. Then he ran and removed the rock that was holding the gate of the corral closed, and the deer ran out.

They tried to catch the coyote, but he ran and went down into the ocean. When they couldn't catch up with him, the hunters went and killed something. Then they wandered on and camped.

Kush am i ha ahgith mash ha!i g mohmbdam ab ha kuh k hab ha ahg mat pi ha!ichu wo mea g o!othham.

Kush ia hahawa wuhsh hema g mo!obdam k chum hekith mem!a g huawi. Kushp am i s-mahchim g huawi mas s-wehoh ha tatchua ch hab chum hekith ha oithchug g huawi. Kush am wa ep hih, ash am mummu g huawi. Kush am meh. Kush am i oith k am huh hebai kia oith. Kush am g o!othham kih. Kush hab chei, "Nt wo ha chu!ich mas hekith ia!i med g ni-mummuda," k ash am him k gd huh jiwia.

Sh hab kaij hegai mash am kih, "Shahpt chu!i?"

Kush hab kaij, "Huawi ant mummu. K g gohki in him. Kuni am oith ch amjed em-cheh mam ia kih. Kunt hab chei mant wo em-chu!ich mas hekith in i med."

∞∞∞∞∞∞∞∞∞∞∞∞∞∞∞∞∞∞∞∞∞∞∞∞∞

That night the coyote suddenly appeared. They caught him and asked him who corraled the deer.

He told them that some hunters corraled them and told them that people would not be able to kill anything.

Right then a hunter came into this area who was always killing deer. The deer must have wondered if he always followed them because he really liked them. He went out again as usual, wounding a deer. It ran off and he followed it. He was still following it when he saw a house. He said, "I'll ask them when my victim ran by here," so he went up to the house.

The man who lived there said, "What happened?"

He said, "I wounded a deer and his tracks go this way. I was following them and found you living here. I thought I'd ask you when it ran by here."

Kush hab kaij hegai kihkam, "Heg o wud m gd huh kih. Med k i waithk," bash ahg hema, "K hab wo ah, "Am at g o'othham jiwia, atsh wo m-nei."

Kush am meh hegai mamt am ah'ath k gd huh jiwia, ash hab kaij, "Ia o m-waith s-hohtam. Am at g o'othham jiwia, atsh wo m-nei."

Kush am him k gd huh jiwia. Kush am thaha hegai o'othham.

Kush hab kaij hegai o'othham mash am kih, "Ia at jiwia g m-nawoj k atp am wa si m-tatchua k ithani ia m-ai. Kupt gamai wo i bek am wo thai e-kih am k wo s-ap nuhkuth. Na'as si m-tatchua k hab i m-oith k ithani ia m-ai."

Kush am i bei hegai o'othham g e-nawoj k gm huh i bei e-kih wui k ash gd huh thai e-kih am.

The one who lived there said, "That's the one that lives over there." "Run and call him," he told someone, "and tell him a man has come to see him."

The one they sent ran and arrived there saying, "Quick, they're calling you. A man has come to see you."

When he arrived the man was sitting there.

The man who lived there said, "Your friend came here and must really like you because he has reached you here now. Take him and keep him at your house and take good care of him. Maybe he really likes you since he followed you and reached you here."

The man took his friend to his house and kept him there.

Kush am hih g ahithag k ab i e ai mat wo uhwa g
huawi. Kush i wuhsh hegai ha-ge'ejig k ash si hihnk k ch
ha waith g hemajkam. Kush e chehm. Sh am ge kolhai
kehk. Sh heg eda am ha kuh, ash am ha gawulkai wehst-
-mahm. Sh hema wud cheoj ch am i ha wuwhas. Kush
im huh si wohp k ash wud huawi. Sh am ha ahgith mash
hebai wo oiopo uhwalig ch ed. Sh ha'i ep wo oi hegai
o'othham mash am wash jiwia. Kush am ha'i e gawulkai.
K am hab ahg hegai o'othham, "Mapt itham ha wehm
wo oimme. T hebai wo oiopo, kupt gd huh wash wo
wo'ok. Kut hekith wo em-ai g mo'obdam, kupt ahpi
wehpeg wo tha'iwush. Kut am wo i m-oi itham," bash
ahg k ash am kuhpi'o. Kush im huh si meh ha wehm g
huawi.

Kush hab ahg, "Ab apt wo oimmedath m ab ha
wahiaga miak ab S-chukma S-mu'uk."

<hr>

A year passed and the time came for the mating season. The
headman came out and shouted, calling the people, and they
gathered. There was a fence there and he shut them in, separating
ten of them. One was a male. He took them out and they ran off
and were deer. He told them where they were to roam during
mating season. Others would follow the man that had just come.
Some were separated and he told the man, "You will wander with
these. Wherever they wander, you are to be there. Whenever a
hunter catches up with you, you must run first and they will
follow you." When he had said this he opened the gate. He ran
out with the deer.
    He told him, "You are to roam near where they have a well,
the other side of Black Peak."

Sh wa wehoh ab oimmed. Kush ab ha cheh g mo'obdam k ash ab huhu'i. Sh inhab meh kawithk wui k ga huh chesh. Kush pi ai. Kush eda g huhchij e ma-magga. Kush wash hud. Msh hekaj pi ak am i thagito.

Kush amjed uhhum i hih hegai o'othham k ia huh jiwia mash amjed am wipi'am si wehpeg. Kush hab kaij g wehmaj kihkam, "Heki att huh pi m-chegito k hab m-elith mapt heki huh muh."

Kush am hab i ha ahgith, "Mat hab e juh ha'ichu am ni-tahgio. Kunt wa s-mai moki wud wash o'othham g huawi ch hab s-chu a'amichuth. Kuch eda hab ha elith mo wud wash huawi kch pi ha'ichu a'amichuth. Kuki pi hab masma."

That's where he wandered. A hunter discovered them there and chased them. He ran to a hill and climbed it and the hunter didn't reach him. His hooves got broken, but the sun went down so the hunter gave up and didn't reach him.

Afterward the man went back to where he had gone hunting from in the beginning. His family said, "We stopped thinking about you long ago because we thought you had already died."

He told them, "Something happened to me and I learned that deer are human and have understanding. We thought they were just deer and had no understanding, but it's not like that."

Mash g Mo'obdam Shoiga e Uwich

Sh hab wa chu'i na'ana.

Sh am huh hebai ha'i wo wipi'a g mohmbdam. Sh am hihim k am huh hebai haha wash chiwia k amjed wipi'a. Sh hema ge uwi gogs shoiga.

Sh wo wipi'op k wo thatha. Kush heki huh wo nahtoisk g hihithod. Sh am wash i pi amichuth mas hedai am ha hihitholith.

Sh am hema hab hahawa i e ah mash higi wo s-mai mash haschu has e wua. Sh am ba'ich i mahsi. Sh hab hi wa e juh mash wo wipi'am k wash am hi wa him k am huh hebai wash thahkahim.

Sh i e aihim mash wo thatha g ha'i. Sh am i wui hih g e-kih. Sh im hu'i cheka k ash haha wash nei mash gan huh hab wo'o g gogs ch ash haha wash si e ohshad k i

~~~~~~~~~~~~~~~~~~~~~~~~~~~~~~~~~~~~~~

Hunter's Dog becomes a Woman

They say this happened long ago.

Some hunters were going to hunt. They set up camp and went hunting from there. One of them had a female dog.

They would go hunting and when they returned, the food would be cooked. They just didn't understand who cooked it for them.

Then one hunter decided he would find out what was happening. The next morning, although he acted like he was going hunting, he went and sat nearby.

When the time came for the others to return, he went toward the camp. As he got close enough he saw the dog lying

wuhsh. Sh chum nei, sh wash s-bahbagi e uwichuthahim.
Sh am wash si neith. Sh am i e uwich. Sh am hahawa
him k gd huh hab i thahiwua k chui. Sh an oimmel-
him ch am i e nahto g hihithod. Sh eda e ai mash wo
thatha g wipi!okam. Sh hahawa ep si e ohshad k uhhum
ep e gogsch.

Sh am hihim k am i thatha g wipi!okam k ep chum
nei mash heki huh ep e nahto g ha!ichu ha-hugi. Sh eda
ihtha mash am s-mai mash haschu am nahto hegai hihi-
thod pi e gegos gd huh jiwiak. Sh amjed pi hekith ha
wehm ha!ichu ko!a.

Sh am huh hebai hahawa hema chu!ichk mash has-
chu ahg ch pi ha wehm ha!ichu ko!a. Sh am i ahgith
mash haschu neith. Sh an i a!ai e ahgi g o!othham mash
e uwichuth ihtha o!othham gogs shoiga.

<hr />

there, and then it stretched and got up. He saw it happening! It
was slowly becoming a woman. He was watching intently, and it
became a woman. It went and sat down and was grinding flour.
As it was wandering about it got ready and cooked and as the
time came for the hunters to return, it stretched itself again and
turned itself back into a dog.

The hunters returned and found the food already prepared.
Yet the one who had found out how the food was prepared didn't
eat when he returned. From then on he never ate with them.

One asked him once why he wouldn't eat with them. So
he told them what he had seen. So people told one another that
this man's dog turned itself into a woman.

K hab e a'aga mash am him k gd huh hebai i cheka.
Sh hahawa si s-wohom e uwich ihtha gogs k ash kunt
ihtha o'othham.

Sh amjed hab e a'aga mash itham wud ha amjedkam
g Kuk am o'othham, kch hab pi a'amdag.

It's reported that after some time the dog really did become
a woman and married the same man.
After that, it was said that the people from Where the Owl
Hooted are descendants of them, and that's why they're quick
tempered.

Ha'ichu A'aga ab
Amjed g Ge'e pi Ap'ethag

STORIES ABOUT GREAT TROUBLES

Ha'ichu A'aga
ab Amjed g s-ta Ehbitham Ha'ichu Thothakam
Ho'ok

Mash Hema Gohk ha Ge'ege'el g e-Mohms

Heki huh, sh am huh hebai g oks kih kch ish gohk mohms. Kush g ha-ohg ch ha-je'e koi mash wash kiap chu'uchumaj. Sh ihtha ha hu'ul ha thagioithahim ch ha ge'ege'el.

Sh wenog mash al chu'uchumaj itham wihpiop, sh g ha-hu'ul si'al kehkk wo i ha wahpagith k hab wo ha ah, "Ni-mohms, wahpago, e wohpo'ichuth. Pi o ta machma, hekith amt wo ge'ege'etha, t hebai ha'ichu si s-ta ehbitham wo e juh. Mtp hems g e-melkaj wo e tho'ibia, o amtp hems g e-melkaj am wo ha gehg g s-ap

---

Stories About Dangerous Beings
HO'OK
A Woman Raises Two Grandsons

A long time ago an old woman lived somewhere who had two of her daughter's children. Their father and mother had died when they were small and the grandmother had raised them.

When the boys were small their grandmother would get them up early in the morning and tell them, "Get up and take a run. When you grow up, who knows, something dangerous may happen. Maybe you will save yourselves by running, or win happiness for

tahhathkam g e-hajuni ha wehhejed." Sh gm huh wo e wohpo'ichuthok wo thatha. Sh haha wo ha gegos g oks.

Sh itham a'al wenog chu'uchumaj ch pi mahch g gahtta o g hapotta. Sh g oks ha gahtchuth k ep ha hapotch. Sh wash g al u'uhig ha a'ankaj u'umhaidath g shehsha k am i ha nahto k chum ha mah g a'al. Sh am i shoani ch hab kaij mash pa'apdaj ch pi am huh sha'i hapot oithch hab mahs. Sh am hab i ha ahgith g oks mash heg hekaj pi am huh sha'i hahpot oithch hab mahs g hahpottaj mash itham hi s-a'ap'e.

"Neh, ia g huh wo neith k am wo kaihamath," bat wo chei. Kush am hema wo bei g hapot k am wo si thagito. Sh wo si s-piugim hih. Kush hab wo chei g oks mash hab kaij g hapot, "Mea". K am hema ep wo bek am ep wo si thagito. "Chuhwi!" "Huawi!"

your relatives in a race." So they would take a long run and when they got back she would feed them.

These children were small then and didn't know bow-making or arrow-making. So the woman made them bows and arrows. She feathered the shafts with little bird feathers and finished them and gave them to the children. They cried and said they were ugly and didn't look like arrows. But she told them they didn't look like arrows because they were the very best.

"Watch them and listen to them," she would say. Then she would take an arrow and let it go. And it would go whirring. The woman would say the arrow said, "Kill!" She would take another and let it go. "Jackrabbit!" or "Mule deer!".

Kush am i ha'i ha ho'omachuth k hab kaij, "Mamt hekith hedai ha'ichu wo mea itham hema hekaj, t amjed wud wo si em-abamthagk chum hekith hek hekaj mo itham gohk hahpot t ab hab chu'ig g abamthag. Kumt hekith wo ge'ege'etha k wud wo si mohmbdamk."

Bash kaij g oks. Kush wa wehoh am i ui g a'al g e-gagt ch e-hahpot k gm huh hekaj chichwih, ish hebai ha'ichu mem'a ch u'apath.

Sh gm huh wo ha ah'ath g ha-hu'ul mash am huh hema kih g keli. Sh gm huh wo hihih g a'al k gd huh wo thatha keli kih am. Kush am wo i jehj g keli k ab wo si ha kummu g a'al k hab wo chei, "Gamai g wo si ge'e-ge'eda, wihpiop, hab chu'igk manid heki huh ahni. Mu'i o hi wa e sho'igchuth g mo'obdam. Kumt hedai wo s-mahchim g huawi himthag k si'al kehk wo wamig k wo med k wo med k koi wo i chesh g tash, mt wo ai g huawi

∞∞∞∞∞∞∞∞∞∞∞∞∞∞∞∞∞∞∞∞∞∞∞∞∞∞∞∞∞∞

She made them some very good ones and said, "When one of you kills something with one of these it will bring you luck. When you get big you'll be hunters."

When the woman said this, the children took the bows and arrows and went out to play with them, bringing back whatever they killed.

The grandmother would sometimes send them over where an old man lived. When they went to the old man's house he would smoke and blow a cloud of smoke on the children saying, "Get big, boys, and be like I used to be. A hunter suffers many things. If you want to know the way of the mule deer, you'll have to get up early and run and run before the sun rises. You must

oimmelig k pi hekith wo s-e padmachuth k hekith wo ge'etha k hab wud wo si mo'obdamk."

Neh, bash masma ge'ege'etha itham wihpiop k ats haschu ahg ch s-wehochuth g e-hu'ul kch chum hekith hab junihim g ha'ichu ahgaj.

Sh him k him k hebai i cheka. Sh wa wehoh ha koktha g huawi, kch wa wehoh s-wohpo'ithag kch wud si chechoj kch ep s-kehg wud wihpiop. Sh g hemajkam an ha neith ch s-ha hohho'ith. Kush mu'i g chetcha an oks kaichuthch wo nahnko kaijith mash heki huh s--mahch g sistolita, haha'ata, s-chu'ithag, kch gm huh epai wo a'agath mash haschukaj hab wud si uwi g uwi wenog. Kush wo wa chum ha kah g oks kch wash pi has wo kaijith, hab wash em-ahgch mo pi koi s-ap'e mat wo hohont g mohmsij.

reach where the deer wander and never be lazy, and when you grow up you will be a great hunter."

So you see, this is how these boys grew up and for some reason they believed their grandmother and always did what she said.

Later on, when the time came, they really did kill mule deer and were fast runners and handsome young men. The people watched them and liked them. Many of the girls would say different things in the hearing of the woman, like they already knew syrup-making, basketry, grinding, and what makes a woman a good woman. The woman listened to them and said nothing, thinking that it was not yet time for her grandsons to marry.

S-kehg Chehia ash Hema s-ha Kuntamk

Sh hema tash am wa'igam g oks k gd huh jiwia wo'o t am k chum nei. Sh g chehia am thak ch ish gm ha hekaj i wuhshani k gam i huduni g oks ha'a k am i shuhthath k gd ab thahshok hab kaij, "Pt wo s-ni-chegitog mat hekith wo e ai mat wo hohont g m-mohms. Want wo si s-ap ni-tahtk ch am m-wehm wo kihk ch hab wo junihith hegai map hemuch heg hab wua."

Neh, bash kaij g chehia. Sh ith ia'i s-hohhoi g oks, nash pi ep s-kehg wud chehia. Kush hab kaij, "Mapt am hema wo e ahgal. Kunt heg wo m-mah."

Sh hab kaij g chehia, "Mani wehs s-ha hohho'ith. Kuptp hedai wo i ni-mah. T am wo wa s-ap'ek."

Sh hab kaij g oks, "Mani wehs s-ha hohho'ith ch

<hr />

A Beautiful Girl wants to Marry One

One day the woman went to get water. When she arrived at the pond, she was surprised to see a girl sitting there. The girl got right up and lowered her olla for her, and filled it. When she had set it to one side she said, "Remember me when the time comes for your grandsons to get married. I will be very happy to live with you and do what you are doing now."

When the girl said this the woman agreed because she was a beautiful girl. She said, "Ask for one of them and I will give him to you."

The girl said, "I like them both, so whoever you give me will be alright."

The woman said, "I love them both and treat them kindly

s-ha ho'ige'ith ch s-ha tha'ath ch pi wehoh ap ni-tahtk
manis hema wo m-mah, k oi wa at g hema hab wo em-
-ahgath mani heg s-keh'ith ch pi tatchua ch heg hekaj pi
hema mah g uwi. Kunt wash hemu am wo m-ahgi matt
has masma wo s-mai mapt hedai wo kunt. Ia apt wash
wo thak. Kunt am wo him k wo ha ahgi g ni-mohms. T
ab wo i e wuichuth k atp hedai wo ha ak heg wo m-
hohnt."

Neh, bash che'e k gm huh uhhum hih g oks. Sh gd
huh jiwia k am hab i ha ahgith, "Mant ia'i okst, ni-
-mohms. Kuni mu'i ni-sho'igchuthahim ch em-ge'ege'el.
Mt hemuch ia'i ge'ege'etha k amtp hedai si s-ni-weho-
chuth ch wehs s-ap hab juhihim g ha'ichu ni-ahga k heg
wa wepo chu'ig matp heki huh ai g e-wehnag. Mt gamai
wo e wuichuth k amtp hedai wo e ak heg wo kunt hegai
chehia mo am thaha wo'o t am. S-kehg o wud chehia

∞∞∞∞∞∞∞∞∞∞∞∞∞∞∞∞∞∞∞∞∞∞∞∞∞∞

and treasure them and will feel sorry if I give you one and the
other thinks I hate him and didn't give him a woman because I
don't love him. Now I will tell you how we will find out who
you are to marry. Just sit here and I will go and tell my grand-
children. They will race this way, and whoever wins will marry
you." When the old woman had said this she went home.

When she got there, this is what she said to them. "I'm
already an old woman now, grandchildren. I had a hard time rais-
ing you, and now you have grown up. Whichever of you believes
me and does what I say has already won this race. You will race
over there, and whoever wins will marry that girl sitting by the

kch ep s-kehg neok. Kuni heg s-hohho'ith ch hab kaij,
Ahni ant hi okst k pi haschu wehhejed s-kehgaj."

Wihpiop ash am e Wuich mat Hedai wo Hohnt g Chehia

Sh am thahthsh g e-shoshonigiwul g wihpiop k gm
huh e wuichuth k ash eda wehsij s-wohpo'ithag ch ish
am wash i e wehmaj ch gm huh si i aihi g wo'o. Sh g
ge'echu gad sha'al i wuhsh.

Sh eda hegai chehia gd huh thakahim ch s-ha nei-
tham k i wuhshani k wash kehk. Sh eda ga huh wohpo'o
g wihpiop ch e a'ahim. Sh g ge'echu am si i cheh k pi ai
mash ab kehk g chehia. Sh g alichu ga huh wash oithch-
jed ab si i cheh k ga huh ai g chehia. Kush am ha hekaj
bei g shonigiwul k gn huh si ehsto e-i'ipud ed. Sh eda
wo'i g wihpiop k gd hab e ne'owin mats hedai e ai.

———————————————

pond. She's a beautiful girl and talks very well. I like her and so
I said, "I've grown old and am good for nothing."

The Boys Race to see Who will Win Her

So the boys set down their racing balls and raced over there.
They were both good runners and were right together and rapidly
approaching the pond. The oldest came out a little ahead.

The girl had been sitting there, wanting to see them, so she
rose and stood there. The boys came, passing each other. The
oldest kicked his ball hard, but it didn't reach where the girl was
standing. The youngest followed, kicking his ball hard, and it
reached the girl. She quickly took the ball and hid it in her skirts.
Then the young men arrived and were discussing who had won.

Kush hegai chehia am i ha kaiok hab epai kaij, "Want wo bek hih ihtha shonigiwul. Kumt wo hihim k wo nei g e-hu'ul. T heg wo em-ahgi mantp hedai wud em-eniga. Mt hekith am wo i ni-ahgi mamtp hedai e ai, Nt wenog haha wo em-mah ihtha shonigiwul."

Sh gm huh uhhum hihih g wihpiop k gd huh thatha k hab ahgith g e-hu'ul mash has e juh. Sh hab kaij g oks, "Tp hems pi koi e ai mamt hema wo hohnt. Mu'ij o g s-kehg u'uwi. T hekith wo e ai mo wenog s-ap'e mamt wo hohont, kutt chum hebai wash wo ha edagi g s-kehg chetcha. Mt gamai wash s-ap e tahtk ch wo oiopoth."

∞∞∞∞∞∞∞∞∞∞∞∞∞∞∞∞∞∞∞∞∞∞∞∞∞∞∞∞∞∞∞∞∞

The girl heard and said, "I'll take this ball and you go and see your grandmother. She will tell you whose wife I'll be. When you tell me who won, I will give you this ball."

So the boys went home and when they arrived they told their grandmother what had happened. She said, "Maybe it's not time for you to marry. There are many beautiful women, and when it is time for you to marry, we will find beautiful girls somewhere. Just be contented for now."

Hohonta Himthag

Sh wenog heki huh ha'i wo e hohont. Sh am wo wo'im g wiapo'oge'el k gd huh wo jiwia chehia kih am. Sh am ha hekaj wo ha ahgi g keli mat hebai wo woh. Sh gm huh ha hekaj wo wo'iwua k wo koi. K ash si'al kehk wo wamig k gm huh wo wipi'am o gm huh wo hih uhhum. Sh am wo i s-chuk. Sh ep wo jiwia k gd huh ep wo koi mash am wa koi si wehpeg. Sh gi'ik s-chuhugam ab am wo wa kokshoth mamsh am ha ahgith mash am kohk si wehpeg. Sh hekith am wo i amhugi k wenog hahawa wo bek hih g e-hohnig am e-kih wui o am weh-maj wo i chiwia g chehia.

∞∞∞∞∞∞∞∞∞∞∞∞∞∞∞∞∞∞∞∞∞∞∞∞

Marriage Customs

At that time when anyone got married, the boy would go to the girl's house, and the old man would tell him where to lie. Then he would lay right down there and sleep. He would get up early in the morning and go hunting, or go home. When it got dark he would go back and sleep where he had slept before. He would sleep there for four nights where they had been told to sleep the first night. When the time was over he would take his wife to his own house, or move in with the girl.

Mash Hab Hig g O'othham Ali Mahsi

Sh gm huh uhhum hih g chehia k gd huh jiwia k hab ha ahgith g e-wehm kihkam mash haschu has e juh. Sh am i hud. Kumsh am huh ha wahpakusch g wo e hohontam. Sh am wo'iwua hegai chehia. Sh wash pi am huh hema jiwia. Sh gi'ik s-chuhugam ab am koksho ch chum nenida mat am hema wo jiwia. Sh am wash i amhugi. Sh pi jiwia g cheoj.

Sh him k him k hebai i cheka. Kush haha wash wo mahmdho ihtha chehia. Sh hab kaij g oks, "Am ant wo him k wo nei g ali. Thatp hems ni-mohms ha-alithag." Sh hab kaij, "Matp hedai wo wepo mahsk, heg wud wo ohgajk."

Neh, sh am i mahsi g ali. Sh chum nei g oks. Kush hi wud wa hemajkam ch ish wash ab e-nohnhoi ab ch e-tahtad ab hab mahs mo g ha'ichu thoakam. Sh am i neithok g oks ihtha ali k gm huh uhhum hih.

∞∞∞∞∞∞∞∞∞∞∞∞∞∞∞∞∞∞∞∞∞∞∞∞∞∞∞∞

A Strange Child is Born

The girl by the pond went home and when she got there she told her family what had happened. When the sun went down they prepared a bedroll for the bridal pair, and the girl lay down there, but no one came. She slept there four nights, waiting for someone to come. The time was over, but no man came.

Time passed and suddenly this girl was going to have a baby. The old woman said, "I'm going to see the child. Maybe it's my grandson's child. Whoever it looks like, he's the father."

When the child was born the old woman was surprised to see that, although it was human, its hands and feet were like an animal's. After the woman saw this child she went home.

Mamsh gm Huh Mehk Ah'ath g Ho'ok

Kush am sha'i ge'etha ihtha ali k ash g a'al ha huk-kash kch si ha koktha. Sh chum hekith g u'uwi a'aijed am kawhaini g Ho'ok je'e. Sh am sha ba'ich i ge'etha k ash s-ko'okam has ha wua g a'al ihtha Ho'ok. Sh ith hekaj chum hekith e kawhaini g u'uwi.

Kush heg hekaj hahawa e hemapai g kekel k am a'aga mas has wo juh ihtha ali mash ha sho'igchuth g ha-a'althag kch ha padchuth. Kush heg hekaj g ha-hoho-nig chum hekith e kawhaini.

Neh, sh ith ia'i kah ihtha Ho'ok bahb k ash hab ahgith g e-alithag, "Mapt wo i bei g e-mad k hebai has wo i juh. Na'as pi wehoh hebai i cheka k wo s-ap has

oooooooooooooooooooooooooooooooooooo

The Ho'ok Child Becomes a Menace

When the child was partly grown, she would slash other children with her claws and make them cry. The women would always be arguing with the mother of "Ho'ok", as the child was called. As Ho'ok grew, she continued to hurt other children. That's why the women were always arguing.

So the old men gathered and discussed what they could do to this child who was hurting and disfiguring their children and causing their wives to always argue.

The grandfather of Ho'ok heard about this and said to his daughter, "Take your child and put her somewhere. The time may never come when your arguing will end and the people quit

chu'igk g mu'i m-kawani ch mu'i nahnko has t-ahga ch itp hems al ha'as wa'i wi'is mat am huh ha'ichu si pi ap has wo e juh. Mt ia wo mea. T heg hekaj ia pi wo ap'et g t-kihthag."

Sh hema hudunig ch ed am i waw g e-mad hegai chehia k gm huh hih ge chuhug k ash wash i si'alim am i wuhsh Kelibad Wo'oga hugith am k gamai hab hih. Sh si thahm juh. Sh am si eda i cheka hegai jeg. Sh eda s-toni. Sh g kukujjek gn huh ha ba'ich hab e wua.

Sh am i kekiwua hegai chehia k ash hab kaij, "Mapt gamai wo hih, ni-mad, k wo nei g e-ohg. Heg o wehbig an kih m an hab e wua. K heg wud gewkthaj map he-much an neith. Bo kaij g m-bahb, mash hab wa s-ta ehbithama m-wehhejed ch t-wehhejed maps am huh t--wehm wo kihk. M atsh huh wo m-mea g o'othham. Tsh heg hekaj pi wo ap'et g t-kihthag. Nt hemuch ia wo

∞∞∞∞∞∞∞∞∞∞∞∞∞∞∞∞∞∞∞∞∞∞∞∞∞∞∞∞∞∞∞

criticizing us. And maybe it won't be long before she does a great wrong if she stays here. Then they will kill her and our neighborhood will never be peaceful."

So one night she led her child out and they went all night. In the morning they were at the edge of Dead Man's Pond and went to the other side of it. At noon they came to the middle of a clearing where heat waves were rising before them

The young woman stood there and said, "Go over there, my child, and see your father. He lives beyond that, and what you see there is his power. Your grandfather said it is dangerous for you to live with us. The people will kill you and our home will not straighten out. I'm going to leave you here now. Go over

m-thagito. Kupt gamai wo him k wo nei g e-ohg. T heg
wo wa s-ap m-thagio!ithath. Pt hekith wo si s-ni-neitham
k ga huh wo him k ia wo ni-nei t-kih am, nap pi s-mahch
g wohg m ia kahch."

Neh, bash che!iok ia!i thagito g e-mad k gm huh hih
uhhum. Kush amjed hih hegai ali k chum i a!ahe g ku-
kujjek. Sh chum hekith am wash i ha!asko hab chu!ig.
Sh ge tash him k him k gam al i juh g tash k gm huh
ha!agjed i wuhshani k am i pi edagi g kukujjek k ash am
ha!ag i e wua k chum nei. Sh gn huh wa ha!ag hab ep e
wua mash ab huh wa hebai him.

Kush hab em-ahg, "Neh, mani wa ihab himath ch
pi hebai ha!ichu edagi. Nt hemu imhab ha!agjed ep wo
hih." Neh, k ash ga huh uhhum ep hih. Sh gn huh hab
i e wua g kukkjeg tho!ag shon an.

∞∞∞∞∞∞∞∞∞∞∞∞∞∞∞∞∞∞∞∞∞∞∞∞∞∞∞

there and see your father, and he will take good care of you.
When you want to see me, come and visit. You know the road."
    When she had said this she left her child and went back
home. The child went from there and tried to reach the heat waves
but they were always the same distance away. She kept going all
day. When the sun was almost gone, she came out over on the
other side and never reached the heat waves. When she turned
around she was surprised to see the heat waves where she had
come from.
    She thought, "Look, I came this way and didn't find any-
thing anywhere, and now I'll go the other way again." So she went
back, and the heat waves formed at the base of the mountain.

Sh im huh hud g tash. Kush am i ai g tho'ag k ab chesh. Sh ab huh hebai ge chehog. Sh am i wah. Sh gi'ikpa i nodags g cheho ch am hahawa i hug ch ish hab wa'i mahs mo g kih. Sh am ge nahthakudag kch gadhab ep ge chepag.

Sh ith ia'i neithok hab em-ahg, "Moki ia kih g ni-ohg. Hemu hi wa pi ha'ichu. Nt ia wo koi. Kutp hems wo wa jiwia chuhug."

Neh, sh am i kohsh k ash si'alim i wamig k pi edagi g e-ohg, k ash am ha hekaj wuhshani k ash chum nei. Sh gn huh hab ep e wua g kukujjek. Sh gm huh ep i oithahim k ash hebai wo i cheka k gm huh hasko wo i chum nei. Sh gn huh hab ep wo e wuath g kukujjek.

Neh, sh ge tash in hasko ep wo oithahim tho'ag wehbig, heg am chegitokch mash hab kaij g je'ej mo g

∞∞∞∞∞∞∞∞∞∞∞∞∞∞∞∞∞∞∞∞∞∞∞∞∞∞∞∞∞∞∞

As the sun went down she reached the mountain and climbed it. There was a cave somewhere in it and she went in. It turned in four places and then ended. It was like a house, with a stove and a grinding stone.

When she saw it she thought, "My father lives here. Even though he isn't here now, I'll sleep here and maybe he'll come during the night."

So she slept there and in the morning she got up, but didn't find her father. Right away she went out and was surprised to see the heat waves rising again. She followed them again and wherever she went she was surprised to see that the heat waves moved on further.

For a long time she followed it around the mountain, thinking of what her mother had said, that the heat waves were her

kukujjek wud ohgaj gewkthag. Kush hab em-ahg mo an huh wa hebai kih g ohgaj. Sh am wo i hudunith k gm huh ep wo hih cheho wui.

Neh, sh ia'i chiwia k ia kih kch i'ajed g hemajkam ha ko'a. Am o wa'i mia mash am hab wud Chehthagi Wahia. Sh ihtha Ho'ok chuchkagath am hihhimath ch g a'al an ha u'u kch ha ko'a.

Mamsh Mehi g Ho'ok

Sh am i s-mai g Chehthagi Wahia am o'othham k ash am e hemapath k am ha thathsh g mamakai. Sh am si tohonolithahim ch am hab i kaij, "Moki pi wud ge ha'ichu. Thoki wash o'othham hab wa masma mach ahchim. Tp hems wo wa s-hohhoi mamt am wo wai. Kutt ia wo t-ne'ich. Mt ia wo u'apa. Kutt g kohsithakud wo

∞∞∞∞∞∞∞∞∞∞∞∞∞∞∞∞∞∞∞∞∞∞∞∞∞∞∞∞

father's power. She thought that her father lived there some-where. She would go until evening and then return to the cave.

So she moved there and lived there, and from there she kept on eating people. It was near the place called Green Well, and every night Ho'ok would go and get children and eat them.

The Ho'ok is Burned

When the Green Well people realized this, they gathered their medicine men and seated them. They explained the solu-tion, saying, "This is no great thing. This is just a human like we are and maybe she'll like it if you invite her here. We'll have a sing and bring her here. We'll make her cigarettes with a sleeping

owich k wo mah. T hekith wo koi, Kutt am wo i bek ga huh wo woi kihj ed k wo mehi."

Neh, bash kaij g mamakai. Sh wa wehoh am ha!i ha ah!ath g kekel. Sh ga huh thatha k hab kaij, "Wahshaj atsh wo ge e ne!ich g hemajkam k ia m-waith mapsh ahpi s-nenashani ch s-ba!itk ch s-ne!ithag ch am wo him k wo ha neith k wo i ha wehmt k wo ha!i ha a!agi g e-nene!i. Kutt wo ha mahch k hekith hedai am wo i chechegito-dath g heki huh s-ap s-hehkig himthag ch hab ep kaitham wo ne!eth matt hemuch hab kaitham wo t-ne!ich."

Neh, sh am i si s-hohhoi g Ho!ok k ash gm huh ha wehm hih. Sh am shonwua g nene!i. Kush eda heki huh hab masma e ap!ech mamsh g Ho!ok am gohk chetcha ha shahgith wo kei, hegam mash wo si s-nenenashanik kch ep wo s-kehgajk. Sh itham wo s-ha hohho!ith ch hab pi wo koi g Ho!ok. Sh itham chetcha ge chuhug wo

∞∞∞∞∞∞∞∞∞∞∞∞∞∞∞∞∞∞∞∞∞∞∞∞∞∞

drug. When she goes to sleep we'll take her and put her in her house and burn her."

That's what the medicine men said. So they sent some elders and when they arrived they said to her, "The people are going to have a sing and they invite you to come since you are alert, have a good voice and sing well, Come and see them and help them, and sing some of your songs. We will learn them and remember these happy old times when we sing again."

Ho!ok liked this and went with them. They began the sing, and had already planned to stand Ho!ok between two girls who were active and beautiful. She would like them and not sleep. Then they would run her around all night until dawn. When the

melchuth k gm wo si mahsij. Sh hekith am wo ɪ e ulini-
hogi ġ ne!etham, sh g mamakai am wo wai g Ho!ok k g
kohsithakud wo owich k wo e jehnimchuthath ch ish ab
wo mamkath g Ho!ok. Kush wo si jehnith, hab em-ahgch
mo wud wiw. K hab jehni.

Sh gd hema wo i hud. Sh wud wo wa ha!i ehpk g
chetcha ch ish ge chuhug ep wo melchuth k gm wo si
mahsij. Neh, sh ith oitham jehni g kohsithakud. Kush
heg wehm aihim g kohsig.

Sh am wud wo i gi!ik s-chuhugamk. Sh am i pi e
nako g Ho!ok k ash gei. Kumsh am i bek ga huh u!apa
cheho t ab k amsh gm huh si juhko wohth k g ku!agi am
ba!iham k an si kuh mash an i e nodags g cheho k ash
gi!ikpa kuhkp k nahto k ab mehi.

Shp gd huh i nehn k ash ab a!ai si gegshshe. Sh si
ugij g tho!ag. Sh am uhg si hihhimath ch ab si mo!ohaish

<hr />

singers rested the medicine men would make her cigarettes with
the sleeping drug and give them to Ho!ok. She would really smoke
it, thinking it was just tobacco.

The next night would come and it would be some other
girls that would run her around all night until dawn. All this time
she was smoking the sleeping drug and getting sleepier.

The fourth night Ho!ok couldn't take it any longer and just
fell. They took her to the cave and lay her way back in, and piled
firewood and put a door at each place where the cave turned.
They put four doors in and when they finished, they set fire to it.

She woke up in there and flopped back and forth in every
direction. The mountain shook and she jumped and hit her head

g cheho. Sh am si e tahp g cheho gm huh e thahm.

Sh am i ehbeni g hemajkam k ash am wai g t-Si'ihe. Sh am jiwia k am e keish cheho thahm.

Sh gi'ik tash ab mek am hahawa i muh. Sh am tahpani g cheho e thahm kch am mahs g t-Si'ihe mash e keishchkahim. Sh am i muh g Ho'ok.

Ahchim Tohono O'othham ach ia kuhugith. K washaba g So-nohla t am o'othham ba'ich ha'ichu ep a'aga.

so hard, the top of the cave cracked open.

The people were frightened and called Elder Brother. He came and stepped on the crack.

She burned for four days and then died. The cave is now cracked on top and Elder Brother's footprint is visible where he stepped on it. Now Ho'ok was dead.

(We Desert People end the story here, but the people on the Mexican side of the border go on.)

Wisag

Mash g Wisag am i Wuhsh

T am e tahp g cheho. T am tha'iwush g ihbthaj
ihtha Ho'ok k e wisagchuth k ha koktha g hemajkam g
e-a'ankaj. Sh hi wa chum s-me'amk ch wash pi hedai
s-mahch mat has wo juh k wo mea.

Sh hema g oks s-mahch k ahg mat has wo juh k wo
mea g wisag. Mt am hahawa kei ihtha oks mat wo oi mea
g wisag. T ha hekaj chikpan k ha nahto g gi'ik kuhpi
chihchinikam haha'a k am ha thathsh hab masma, si'alig
tahgio, hudunig tahgio, juhpin tahgio, ch wakoliw tahgio,
k g ha-chihchini am ha wu'uwui uh'ulin k am si ha eda
dai g e-mohs.

Sh eda gn huh uhg oimmed g wisag ch amjed cheh

∞∞∞∞∞∞∞∞∞∞∞∞∞∞∞∞∞∞∞∞∞∞∞∞

HAWK

The Ho'ok Becomes a Hawk

When the cave cracked open, the spirit of the Ho'ok slipped
out and became a hawk, killing people with its wings. They want-
ed to kill it, and tried of course, but no one knew how.

Finally, an old woman talked like she knew how to do it.
So they appointed her to kill the hawk as soon as possible. She
went right to work, making big clay pots with covers. She made
four and put them out together, one to the east, one to the west,
one to the north, and one to the south, tilting them with their
mouths toward each other. In the center she put her grandchild.

Then the hawk caught sight of the child from where it was

g ali k ia'i huduni k am chum bek wash pi behiok im
huh wash wah ha'a ch ed.

Mash am i Wuwha g S-ko'okam ha Kek'etham Ha'ichu

T am ha hekaj meh g oks k am si kuh g ha'a. T gad
e nai. T heg eda am e thai g ha'a k tonih k totpk k gn
huh a'ai si nehni k hebai i shulig ch heg hab e wua wenog
m an s-ta ehbithama g o'othham ha wehhejed. Sh chum
s-hainamk g hithodakud ch pi hedai e nako no pi s-toni
ch pi ab huh i ta miabithama. Mt am hahawa kei g Ban
ch Mawith. K am e a'agahim ch hab masma e ap'ech
mat hema imhab si'alig tahgiojed, t heg hema imhab
hudunig tahgiojed wo hihih. Neh, t wa wehoh gm huh
a'aijed i hihim k am i si a'ahim g hithod. Sh am Ban oh
ed hema o'o g hithod. T am wa'i wo'iwua g Ban k shoak

oooooooooooooooooooooooooooooooooooooooo

circling high above. It dove down at her to get her, but missed and
landed in one of the ollas.

The Hawk Becomes Biting Things

Right away the old woman ran and covered the olla. A fire
was made nearby and the olla was put in the fire and heated. It
boiled and splattered in all directions. Wherever it landed, it
became something dangerous to people. They wanted to break
the olla, but no one could, because it was so hot they couldn't get
near it. So they appointed Coyote and Mountain Lion to do it.
When they had discussed it, they agreed that one would come at
it from the east side and one from the west. So, as they said,
they came at it from opposite sides. When they were getting close,
some of the cooking splattered on Coyote's back. And he lay right
down there, crying and acting as if he were going to die. Just

ch s-mukima e wua. T eda gd huh tha'iwush g Mawith k am med k gam si gewishud g hithodakud. T e gãntad g hithod k heg amjed mu'itha g ha'ichu thoakam mo s-ta ehbithama ha wehhejed g o'othham.

T am ep e hemapai g hemajkam k hab chei mat wo i ha shai itham s-ta ehbitham ha'ichu k hebai mehk wo ha thagito. Neh, t amjed i ha shai g kohk'oi, nanakshel, mamaihogi, hiwchu wepegi, k gm huh ha thagito si'al wecho.

Mash g A'ado am i Wuwha

Pi tash amjed mat mea g Ho'ok, sh hab masma amich g hemajkam mat wo bei g gewkthag ch thoakthag hegai mat hedai ab wo iagchul abai kihj ab g Ho'ok, ch washaba s-kehg wo neok k wo ah mo haschu tatchua. Sh

∞∞∞∞∞∞∞∞∞∞∞∞∞∞∞∞∞∞∞∞∞∞∞∞∞∞∞∞

then, Mountain Lion rushed up and gave the olla a mighty blow, shattering it completely. Stewed hawk splattered everywhere, and everywhere it landed it became poisonous creatures that are dangerous to people.

The people had another meeting and said they would drive these dangerous things far away and leave them there. So they drove the rattlesnakes, scorpions, centipedes, black widow spiders, and left them over in the east.

Bones of the Ho'ok Become Peacocks

Not long after the Ho'ok died, the people realized that whoever made an offering at her home would receive power and life, but he must talk nicely and tell what he wants. It was then

wenog ab e toa g mu'i nahnko ha'ichu mad ab i weh-
chkahim. Am i kuhugith g s-kehg e-ne'oki g o'othham
ch ab epai wo bei g ha'ichu enigaj g Ho'ok k ith hekaj
wo s-chegito mo has kaij am wui g Ho'ok.

Sh huhug g ha'ichu enigaj g Ho'ok ch heg wa'i
matai ia wi'is. Sh hema oks am ha ah'ath g e-mohms
mat am wo i gahghi matai ch ed, "Am atp huh wa ha
wih g oh'oj g Ho'ok."

T wa wehoh am wohp itham wihpiop k ga huh wo'i
cheho t ab k am sihowinahim g matai ch am gohk ha ui
g oh'o. K al chu'uchumaj. T ith u'u k uhhum wohp k
mah g e-hu'ul.

T ha ui g oh'o k gd huh ha to'i kih ch ed k g hoakaj
am ha ma'ish k hab kaij, "T ho'op kia gi'ik i si'a, mt ia
haha wo ha nei."

~~~~~~

that many thing were put there that used to be there. When any-
one finished his nice talk, he would, in turn, take something that
had belonged to the Ho'ok to remind him of what he had said to
her.

So her possessions disappeared and only the ashes remained.
One old woman sent her daughter's children to look through the
ashes. "There might be some bones of the Ho'ok left."

So the boys ran over to the cave, as they were told, and,
stirring the ashes, found two bones. They were quite small and
they ran back to their grandmother carrying them.

She took the bones and put them away in the house. Then
she covered them with a basket saying, "Wait until the fourth
morning, and you'll see them."

T wa wehoh am i e ai g gi'ik si'alig, t ha ma'ishpio g oh'o k chum ha nei. K am ha'ichu thadha. T am ep ha ma'ish k hab kaij, "T ho'op kia gi'ik i si'a, mt ia ep wo ha nei."

T am i amhugi. T ep ha ma'ishpio. K am thadha g a'ado mahmad.

K hab kaij g oks, "Mt wo ha nuhkuth itham e-shoshoiga k wo ha ge'ege'elith k ha hekaj wo s-hehkigk." T wa wehoh hab e juh itham wihpiop k ha ge'ege'el g e-shoshoiga.

Sh am wo ge e ne'ich g hemajkam. Sh ihtha oks g e-mohms g a'ado a'ankaj ha heosith. T s-ha hohhoi g o'othham k am thaiw ch tahni g oks g a'an.

K hab kaij, "T wash wo huhug g a'an k pi wo em-ai

∞∞∞∞∞∞∞∞∞∞∞∞∞∞∞∞∞∞∞∞∞∞∞∞∞

When the fourth morning came, as she had said, she uncovered them to see and something strange was there. She covered them again saying, "Wait until the fourth morning and you'll see them again."

When the time came, she uncovered them again and there were some baby peacocks.

The old woman said, "Take care of these pets of yours and raise them and be happy with them."

The boys did as she said and raised their pets.

One time the people were going to put on a big song-fest and this woman decorated her grandchildren with peacock feathers. The people admired them and would come asking the woman for feathers.

She said, "The feathers wouldn't go around to all of you."

wehsijj." Sh pi hedai ha'ichu bei. Wehsijj itham mat pi ha'ichu bei babgat k s-ha kokthamk g a'ado. T ha amich g oks k hab ha ahg g e-mohms, "Si'al kehk, mt wo ha ui g e-shoshoiga k gamai wo wohp si'al wui. Si'al wecho o kehk g tho'ag ch hab wud Waw S-Jehjeg. Mt ab wo ha thagito k ith an wo gantad tho'ag wecho.   T an wo wuhsh. T ith wo ko'ath ch an wash wo oiopoth chum hekith." Bo kaij ch ha mamka g ihug kai.

T wa wehoh wahpami g wihpiop si'al kehk k ha ui g e-shoshoiga k wohp am Waw S-Jehjeg wui. T ha hu'ui g o'othham k wash chum ha ai. T epai ai g wihpiop g Waw S-Jehjeg k am si ha nehnch. T nehni k ga huh uhg shulig k gm huh e tho'ibia.

T amjed i hihih uhhum g o'othham k hab kaij, "Tt wo mea! Tt wo mea g oks." Bo kaij ch gahg. Sh pi

⧞⧞⧞⧞⧞⧞⧞⧞⧞⧞⧞⧞⧞⧞⧞⧞⧞⧞⧞⧞⧞⧞⧞

So no one received any, and everyone was angry and wanted to kill the peacocks. The woman knew this and told her grandsons, "At dawn, take your pets and run toward the east. There's a mountain there called Many Holes Peak. Leave them there and scatter this seed below the mountain. It will grow there and they'll eat it and always stay around there. When she said this she gave them devil's claw seed.

So, as they were told, the boys got up at dawn and took their pets and ran to Many Holes Peak. The people ran and tried to catch them, but the boys reached Many Holes Peak and tossed the birds away. They flew away and landed high up where they were safe.

Then the people went home saying, "We'll kill her! We'll kill the old woman." When they said this they looked for her,

ha'ichug ch g ge ku'agi am wo'o kihj am.

Mash am e Nahto g Wiw

K hema hab kaij, "Ith o wud! Ith o wud!" K weh-
sijj gewitanahim g ku'agi ch s-wia k hahawa thagito.

T eda am thatha g wihpiop k s-chegito mo has kaij
g ha-hu'ul k hab e juh k am che'ew g ku'agi shontsig k
am huh si s-ap toa. Sh ith eda ku'agi shontsig wuhsh
hegai mach hemu hab chechcheg "wiw". T am i bai g
hahhagaj ihtha wiw. T ui wehs g hahhagaj k hab e juh
mam hab ha ahg. Sh hekith e hehemapath g hemajkam
ch ha'ichu wo si s-wehom a'aga, t wo jehnith itham
wihpiop ch wo si s-mahch ch ha'ichu ahgath. Sh ith
hekaj hahawa ep si ha tatchua g hemajkam ch ia thaiw
ch ha tahni g ha-wiwga. Kush hekith hema wo jehj k ab

∞∞∞∞∞∞∞∞∞∞∞∞∞∞∞∞∞∞∞∞∞∞∞∞∞∞∞∞

but she wasn't there. There was just a big pile of firewood by her
house.

How Tobacco was Formed

Someone said, "This is the woman. This is the woman." So
they beat the firewood to bits and left it.

Then the boys arrived. They remembered what their grand-
mother had said about this, so they gathered up the bits of wood
and piled them carefully out somewhere. In this pile of firewood
scraps, there came up what we now call "tobacco". When the
leaves of the tobacco were ripe, they gathered them all, as they
had been told to do. Then, whenever the people met to discuss
something serious, these boys would smoke and speak very intel-
ligently. Because of this, the people wanted them back again and
would come to ask them for their tobacco. Whenever anyone

wo si ha ihm itham wihpiop mash hab wa ahgk hab e
juh g ha-huˡul mat wud wo wiwk, t ab amjed wo wa
s-apˡek g kihthag ha wehhejed g mohmsij.

Baˡag

Mash g Hemajkam Has Ahg g Tash

Sh am hebai oˡothhamag. Kush g Tash in waˡi mia
himath ch wash s-toni ch ha koktha g oˡothham nash pi
ha kuhtsh ha mohmi thahm, aˡal ha koktha mash wash
si s-toni ha wehhejed.

Kush am e hemapai g oˡothham k hab masma hab
kaij, "Matt am hig wo ahˡath g Tokithhud. T am wo him
k ab wo nahto g e-kih mo ab i chechshshaj g Tash k wo

smoked, he would greet the boys sincerely by relationship as their
grandmother intended when she was going to be tobacco, so that
her grandsons' home would be alright.

EAGLE

People Complain about the Sun

One time the Sun came close by where people were living.
It was so hot it killed them, heating the tops of their heads. It
killed the children because it was too hot for them.

The people had a meeting and said, "Let's send Spider to
go make his house where the Sun comes up, and tell him to go

ahgi mat gn huh sha mehk wo himath ch pi hab tahha-
tham wo s-tonikath mo hab tahhatham s-toni."

Neh, t wa wohoh am hab e juh k am hih g To-
kithhud k ga huh wo'iwu mash ab i chechshaj g Tash k
ab nahto g e-kih. T ab i chum chesh g Tash k heg eda ab
e wud k i gei. Kush an wash i sha s-chuhugi. Sh am
wo'okahim ch am i e chegito.

Kush am hab i ahgith, "Mo hab kaij g o'othham,
maptsh wo si s-ha ho'ige'ith k gn huh sha mehk wo
himath heg hekaj mapsh wash si s-toni ch ha kuhtsh g
hemajkam am ha-mohmi thahm, a'al ha koktha g s-toni."

Kush pi am huh has sha'i kaij g Tash ch gm huh
uhhum him k gd huh wah e-kih ed k gm huh wo'iwu
waik tashkaj. Kush heg oitham pi edgith g tash tonlig g
o'othham ch am wash s-chuhugam k ed oiopo.

∞∞∞∞∞∞∞∞∞∞∞∞∞∞∞∞∞∞∞∞∞∞∞∞∞∞∞∞∞∞∞

further away so it won't be so hot for us."

So Spider did as they said and went and camped where the
Sun comes up, and made his house there. When the Sun tried to
come up, he got caught in it and fainted there. After a while he
came to.

Then Spider told him, "The people say you should pity
them and go by them further away, because you're so hot you
heat the top of their heads, and the heat kills the children."

Sun didn't say a thing, but went back to his home and into
his house and just stayed there for three days. All that time the
people had no sunlight and just went around in the dark.

Mash g Tash Hema Ba'agch g O'othham

T ab hahawa i chesh g Tash k an him k ash ab
beihim g ha'ichu a'an, ha'ichu nahnko mahs u'uhig ha-
-wihgi k u'u k gm huh huduni k ga huh jiwia e-kih am
k am mah g e-wehm kihkam k hab ahg mat am wo sitdo
k wo chuht k am wo ba'iham kostal ch ed. Kut wa
wohoh hab juh. Kut eda ep wo hih. Kush ab waith
g Tash g Jewho mash am wo mah hegai al kostal mash
g chu'i am kahch k hab ahg, "Mapt am wo him k am wo
jiwia mo am o'othhamag. Am o hebai ge wo'og. Pt am
wo jiwia. Kut am g o'othham wo jiwia m-wui. Pt am wo
wahgi ihtha chu'i. Kut wo ih. Pt am wash wo i nei mat
has wo e juh. Pt gm huh haha wo i juhpini k wo i hih
uhhum." Bash masma hab ahg. Kut wa wohoh am hab e
juh ihtha jewho k am him k am wuhsh mash am hebai
o'othhamag ch am ge wo'og. Sh am thaha wash i si'alim.

<hr />

The Sun turns a Man into an Eagle

Then Sun rose and went and gathered some kind of feathers,
different kinds of bird down, then went down and back to his
house. He gave them to his wife and told her to roast them, grind
them, and put them into a bag. So she did what he said. When
Sun was about to go again, he called Gopher to give him the little
bag the ground meal was in and told him, "Go over there and
come to where the people are. There's a pond there. When you
get there a man will come to you. Mix this meal with water and
he'll drink it. Then you'll see what will happen, and you can go
down and come back home." That's what he told him and Gopher
did just what he said. He came out where there were some people
and a pond. And he sat there early in the morning.

K eda hab wua heki huh g hemajkam chechoj mash
ha'ichu wud uhs shonigiwul. T wo wua k wo wohp
hasko. Sh hab e juh itham gohk chechoj k am wohp k
gd huh wo'i amai wo'o t am k nei mash am thaha ihtha
o'othham. Kut am hema him k am jiwia wui. Kush hema
gm huh hi wa meh uhhum. Kush ihtha mash am wi'i k
am jiwia wui ihtha jewho o'othham nash pi e o'othham-
chuth k am thaha. Kush am jiwia wui. T am wahgi hegai
chu'i k ab mah. Sh am huh i hebai, kush hab masma i
mu'umka an chuhhugaj oithk. K am huh hebai, kush ab
i wuwha g a'an. K am huh i hebai, sh hab e juh mat e
ba'agch. Kush eda am meh ihtha o'othham k ga huh mel
e-kih am k ab i chum nenida ihtha e-wehmkam. Kush pi
ga huh jiwia. Kush hab kaij, "Nt hig wo med k wo nei
mas has e juh g o'othham k hab pi jiwia," k am med k
ga huh mel. K eda hab e wua mat heki huh e ba'agchuth

∞∞∞∞∞∞∞∞∞∞∞∞∞∞∞∞∞∞∞∞∞∞∞∞∞

At that time, the men used to make something known as a
wooden racing ball. They would throw it and move it along with
their foot when they ran. That's what these two men did. They
ran and arrived at the pond and saw this man sitting there. One
went over to him and one went back home. This one who stayed
there went to the gopher man, who had become a man and was
sitting there. When he arrived, Gopher mixed the meal drink and
gave it to him. A little later, bumps appeared on his body. Later
still, feathers grew out, and finally he became an eagle. The other
man who ran to his house waited for his companion, but he didn't
come. So he said, "I think I'll go see what happened to the man
that he hasn't come." He arrived there at a run, but the man had
already become an eagle and was sitting on the bank of the pond,

k gn huh thaha wo'o mu'ata thahm ch i chum thath'e.
Kush am wash melnod k gm huh med k gd huh hihnk
ch ha ahgith g o'othham, "Matt wo i wuwhag k wo nei.
Ia atki ha'ichu has e juh ab wo'o t ab. Kutt wo wohp k
wo nei g o'othham."

Mash g Ba'ag ha Koktha g Hemajkam

Neh, k am wohp g o'othham mash ha'i u'uk g
e-u'us gagwot ch e-hahpot k am wohp k ga huh wo'iw
k chum nei. Kush eda e nahto, e ba'agchuth k an thaha
uhg, i e uhgkai. Kush ab chum mummu g o'othham,
Kush ab wash ha shahkumahim g ha-hahpot. Neh, k hab
e juh k im huh uhgka k am huh pi e mahsith ha nena eda
k ash eda am him k am i a'apkoma himath mash an g
tho'ag wawani. Kush an e a'apkoma matsh hebai wo i
chiwia k am huh hebai cheh mash an si uhg g tho'ag ch

∞∞∞∞∞∞∞∞∞∞∞∞∞∞∞∞∞∞∞∞∞∞∞∞∞∞∞∞

trying to fly. Still running, he turned and went back, yelling and
telling the people, "Let's go out and see the man. Something
happened to him at the pond. We have to run and see him."

The Eagle Kills People

So the people ran, some taking their bows and arrows, and
went there to see him. He had already become an eagle and was
perched up where he had flown. The people tried to shoot him,
but he just caught their arrows, then he went up and disappeared
from their sight. He went out searching along the mountain range,
looking for a place to make his home. He found a place high on a
mountain where there was a cave. He went into the cave and

an ge chehog. Kush heg eda ab wah k hab kaij mat ab wo
kihk, neh, kch ab kih heg eda kch ash amjed an oimmed
ch an ha u'u g hemajkam ch hebai hema wo chehg k am
wash ha wecho wo wah k wo ha chuhk him k gn huh wo
ha u'apa.

Mamsh am Bahmuth g I'itoi

Kush am i chum neith g hemajkam ch hab kaij,
"Matt am hig has wo juh. Tki wo t-hugio." Neh, k am
ha'i ha ah'ath gohk g wihpiop mash am wo wohp k gm
huh wo ahgi g I'itoi mash am kih Iolkam wecho. Kut am
wohp k gm huh wo'iw k am ahgith ch hab kaij, "Mo hab
kaij g o'othham maptsh wo si s-ha ho'ige'ith k am wo
i him k wo ha me'ij g ba'ag mo am oimmed ch ha u'u
g o'othham ch ha hugiogahim. Kuptsh am wo i him k
am wo ha me'ij."

decided he would live there. So he lived there and went out from
there to catch people. Wherever he found someone, he would fly
under them and carry them up to his home.

They Seek the Help of I'itoi

When the people saw what he was doing, they said, "Let's
do something to it. It'll finish us off." So they sent two young
men to run and tell I'itoi, who lived at the foot of Kitt Peak.
They ran and arrived there and told him, "The people say you
should have pity on them and go and kill the eagle for them that's
going around catching people and doing away with them. You
should go and kill it for them."

Neh,tsh wa wohoh hab e juh k gm huh wohp. Kush
eda g wako kai ha mah k hab ha ahg, "Mamt wo u'ukai
ihtha wako kai k ab wo shul miabithk hegai cheho matp
an chehog gn huh uhg tho'ag thahm. Neh, mt ab wo shul.
T ab wo wuhsh g wako k am wo chesh heg wui. Nt am
wo cheshath k an wo neith k am has wo juh." Neh, sh wa
wohoh hab juh. K am i hebai, kush am jiwia. Kush eda
wo hih hegai I'itoi ab e-kih amjed k hab ahg g e-wehm
kihkam, "Mapt ia hi wo wa thahk ch wo neithath mat g
chewagi an wo wuhsh gn huh t-thahm. Kupt am wash
wo s-mahchkath mantki mea g ba'ag, o mat g jewed wo
u'uju, pt am wo s-mahchkath mant mea."

∞∞∞∞∞∞∞∞∞∞∞∞∞∞∞∞∞∞∞∞∞∞∞∞

So it happened as they said. They ran back after he had
given them some gourd seed and told them, "Take this gourd seed
with you and plant it near the cave up on the mountain. The
gourd will come up and grow up to the cave. Then I'll climb up
and see what I can do to it." So that's what happened. After a
while, I'itoi came. But before he left his home he had told his
wife, "Stay here and wait for a cloud to come out. Then you'll
know I've killed the eagle. Or if the earth shakes, you'll know I've
killed it."

Mash g I'itoi Mea g Ba'ag

Neh, k gm huh him k gn jiwia k am hab e juh mo am hab kaij mash chesh am oithk hegai wako mat an cheshath k gn huh ai mash an kih g ba'ag. Kut an jiwia.

Kush eda g uwi bek. K ash wud wehmaj kihkamaj. T g ali an i wuhsh. Kush heg wehm an thaha hegai uwi. Kush an jiwia g I'itoi k am hab i ahgith, "Mas has e wua, jijiwhiakch. Kupt am wo ni-ahgi, kunt hab wo juh mo hab ni-ahg g o'othham mantsh wo ha me'ij mash hab wash ha hugiogahim g o'othham, ha koktha ha u'uthch."

Neh, sh hab kaij ihtha uwi, "Mo jijiwhia kch e gego-sith ch gm huh wo wo'iwu k wo koi."

Kush hab ahg, "Pegih oig, m o wa s-ap'e mat hab wo e juh. Kunt wo ni-hujjudchuth k ga huh wo wah heg

⚬⚬⚬⚬⚬⚬⚬⚬⚬⚬⚬⚬⚬⚬⚬⚬⚬⚬⚬⚬⚬⚬⚬⚬⚬⚬⚬⚬⚬

I'itoi Kills the Eagle

So he went and did as he had said he would. He climbed the gourd vine, which had reached the cave where the eagle lived, and arrived at the cave.

The eagle had taken a woman to be his wife, and they had a child. The woman was there with the child when I'itoi arrived, and he asked, "What does the eagle do when he comes? Tell me, and I'll do what the people are asking. They say I should kill it for them because it's doing away with them, catching and killing them."

The woman answered, "He comes and eats, then lies down to sleep."

He said, "Well, it's good for us that he does that. I'm going

eda m ab ge al tahpani g waw." K wa wohoh hab e juh
k ash ab wah k ab woʼiwu.

Kush hab kaij ihtha uwi, "P ab wash s-masma woʼo.
T wo m-cheh. Ab o wehsko haʼichu nenashani mo hekith
i jijiwhia."

Kush ab hahawa i wuhshani k ash hahawa ab e
muhwalchuth k gd huh wah ha wecho hegam matsp heki
huh ha uʼuth ch ha kokthath ch am ha shulig. Kush gd
huh wah hegam ha wecho.

Kush jiwia k an nenashani g e-kih wehsko k ash hab
kaij, "Nat g oʼothham jiwia? Si o s-oʼothham uhw."

Sh hab kaij hegai uwi wehmaj kihkamaj,   "Pi at
hedai ia huh shaʼi jiwia. Kus hedai pi m-ehbith ch ia wo
jiwia?"

Kush hab kaij, "Ia atki hema jiwia. Si o s-oʼothham

∞∞∞∞∞∞∞∞∞∞∞∞∞∞∞∞∞∞∞∞∞∞∞∞

to become a lizzard and go into that little crack in the rock." So
he did, and went in and lay in the crack.

Then the woman said, "You're in plain sight. He'll see you
because he looks all over when he comes."

So he came out and became a fly and went under the bodies
of those the eagle had taken and killed and piled there.

After he went under the bodies, the eagle came. He looked
all over his house and said, "Did a man come here? It smells like
a man."

His wife said, "No one came out here. Who could be so
unafraid of you as to come here?"

But he said, "Someone must have come here. It smells like

uhw." K ab g ko'i hihimichuth k gm huh hahawa thahi-
wu k e gegosith k e nahto k gm huh wo'iwu k koi. Kush
am hugithaj am woi hegai ali matsp an bei. Kush gd huh
wuhsh g I'itoi k am him k eda u'a g e-masit wainomi ch
ash an hekaj gew kuswo t an k mea, heg ehp ali, am i ha
koktha. Sh eda hab ahg ihtha uwi, "Mapt an huh has wo
e juh. T wo u'uju g jewed mant hekith wo mea."

Sh wa wohoh hab e juh k ab huh hebai e olat. Kut
eda hab e juh k u'uju g jewed k am i thotholmat. Kush
hab ahg, "Mapt am wo huhkal g shuhthagi. Kunt hekaj
wo ha haths hegam hemajkam mat heki huh ha koktha
k am ha shul."

Sh wa wohoh hab juh. T heg hekaj ha hathsith k
am i ha nahto k am i ha wuwhas. T am i e chechegito
hegam matsp an sha'i hemu ha u''uth. Kush wud
o'othham hegam. Kush ha'i gd huh si wecho i ha wu-

<hr>

a man." Then he moved the bodies around. Finally he sat down
and ate. When he finished, he lay down and went to sleep, and the
child lay down beside him. Then I'itoi came out and went and
struck the eagle on the neck with the machete he was carrying
and killed him. He killed the child too. He had told the woman,
"Get out of the way because the earth will shake when I kill him."

So she did what he said and curled up somewhere. So the
earth shook and then became calm again. Then he said, "Heat
some water. I'm going to sprinkle the people that he has killed
and thrown here."

She did, and he sprinkled them and brought them out.
Those that had recently been caught came back to life and were
Indians. Then he brought out others who were at the bottom of

whas mash heki huh i padt g ha-chuhhug, ha-wuhpui. Kush wud Mil-gahn mash am i ha wuwhas. Kush hekaj hab mams g Mil-gahn mash ge s-tohta ch ha'i ge s-chehe-thagi wuhpui.

Neh, ihth o wud wa'i.

████████████████

Ho'ok ch Wisag ch Ba'ag

Sh am kih g wiapoi kch s-melthag kch s-kehg wud o'othham kch am hab masma mash hab chum si ha tatchuith g o'othham g e-a'alga.

Sh an i nei g Si'ihe, wash s-hehgam k ash hab i e ah mash higi am huh wo si has juh ihtha wiapoi. Neh, sh am hih mash am kih g uwi ch pi g nash ta neithama k ash hab ahg, "Mapt am wo hih wash i si'alim k ab wo wa'i

∞∞∞∞∞∞∞∞∞∞∞∞∞∞∞∞∞∞∞∞∞∞∞∞∞

the pile. Their flesh had rotted and their eyes had spoiled, and they became white people. That's why they are white and some have blue eyes.

That's all.

████████████████

The Ho'ok, the Hawk and the Eagle

There was once a young man who was swift and handsome and all that parents want their children to be.

Elder Brother was jealous of him so he said to himself he would do something to him. He went to where a loose woman lived and said to her, "Go very early tomorrow to get water

tho'ag shon ab mo ab shuhthagi. T ab wo jiwia g wiapoi
g e-shonigiwul wuihithch. T ga huh wo i cheka k ab wo i
wuich hegai e-shonigiwul. Kut ab wo med k an wo tha'i-
bij m-hugith an. Kupt an wo bek gd huh wo si thaish. T
am wo jiwia g cheoj k wo m-chu'ich maps pi sha'i neith
g shonigiwulij. Kupt ab wo i nanme k hab wo ah, mapt
hi wo wa mah mat hekith wo i ha wah g m-chu'i. T hi wo
wa chum sha pi hohho'ith k washaba pi has wo e thoh-
ththa k am haha wo i s-wehog m-el." Neh, sh am i ha'i-
chu mah mash hi wa g ba'ag a'an wehnathch chu'ithas.

Sh am wud i ba'ich tash mash koi ta'ichsh g tash,
sh am hih g uwi g e-ha'a mohtk k ash ab huh hebai thaha
mash ab shuhthagi. Sh ab wash i chum ta'ichsh, sh ga
huh med g wiapoi. Sh ab huh i cheka k ash ab i wuich g
shonigiwul. Kush ab med k in tha'ibij hugithaj an g uwi.
Sh an bek gd huh si thaish.

∞∞∞∞∞∞∞∞∞∞∞∞∞∞∞∞∞∞∞∞∞∞∞∞∞∞∞∞∞∞

at the foot of the mountain. A young man will come along rolling
his racing ball. When he reaches a certain point his ball will roll
toward you and come to your side. Pick it up and hide it by
sitting on it. When the fellow arrives he will ask if you've seen his
racing ball. Tease him and tell him that you will give it to him
after he makes a drink of your piñole and drinks it. He will try to
refuse but will have to do what you say." Then Elder Brother
gave her something like piñole which had eagle feathers ground
up in it.

Before the sun rose the next day, the young woman went
to where the water was, carrying her olla on her head. Just as the
sun rose she saw a young man running. When he was at a certain
point he rolled the racing ball and it rolled toward her and passed

Sh am hahawa chum meliw k pi edagi. "B ant wuich g ni-shonigiwul. T ihab hi wa meh. Nap pi sha'i neith?"

"M an hi wa pi an huh sha'i ha'ichug," bash am i kaij g uwi kch ash wash hehhem.

"Ih, pki hi wa chum neith ch wash pi ni-ahgith. Oi g ab wash i ni-mahki."

Sh am hab hahawa i kaij g uwi, "Napt hi wo wa ha wah g ni-chu'i? Nis ab wo m-mah g m-shonigiwul."

Sh hi wa chum sha pi al hohho'ith k washaba am i pi has e thɔhɔththa mash pi mah g uwi. (S hu'i si tatchua?) Neh, k ash am i ih g wahgaj. Sh hemho ha'as gm huh hi wa i ba'a k si e wokij. Shp gm huh si chehmo. Sh ab ep si ih'ehim ch gam si i'lito. Sha'i ha'as, sh wash wehsko i mu'umka k g a'an ab i wuwha. Sh haha

∞∞∞∞∞∞∞∞∞∞∞∞∞∞∞∞∞∞∞∞∞∞∞∞∞∞∞

by her side. She took it and sat on it to hide it.

The fellow came running up but couldn't find the ball. "I rolled my racing ball and it rolled this way. Didn't you see it?"

"Maybe it isn't around here," the girl said, laughing.

"Oh, you did see it and just aren't telling me," he said. "Come on, give it to me."

Finally she said, "Would you make a drink of my piñole? Then I may give you your racing ball."

He didn't want to but had to do it when she wouldn't give him the ball. ("Could he have wanted it that much?" mused the Storyteller.) The young man drank her potion and after one big swallow he shook all over. It went all through him. He drank and drank until it was all gone. Then the young man broke out with goose-bumps and feathers all over. The girl saw that he had al-

wash chum nei g uwi, sh heki huh e ba'agch. Sh si e wokijithahim ch imhab tha'a k gn huh i thahiwua.

Sh hahawa i chum wuhshani k pi edagi g shonigiwul mash am thaish. Sh am hih g uwi k gd huh jiwia e-kih am k am ha ahgith mash has e juh g o'othham.

Sh am him k he'ekia wud i mamshath, sh am i ge uwi madt ihtha uwi. Sh ha hekaj s-mai g o'othham mash am huh has wo chu'igk ihtha ali nash pi sha'i s-gewk ch ash sha'i s-hohtam ge'elhim. Sh pi e nako g je'ej mash has wo juh.

Sh am wash i chum melithth k wash wo ha cheg-giath g a'al, ash hebai wo sha e nakog k ash wo mea g ali. Sh wahm am i ge'ethak ash ab i ha oi g ge'eged a'al. Sh hekith wo i mea g ali k ash wash tho'ig wo huh. Sh an i chum nei g o'othham k ash s-ehbith nash pi g

∞∞∞∞∞∞∞∞∞∞∞∞∞∞∞∞∞∞∞∞∞∞∞∞∞

ready turned into an eagle. After shaking and shaking himself, he flew a short distance and landed.

Finally the girl got up but couldn't find the racing ball she had been sitting on. Then she went to her house and told what had happened to the young man.

Some months later this young woman gave birth to a girl. Right away the people knew there was something queer about the child because she was so strong and grew so rapidly. Her mother could do nothing with her.

As soon as she could walk, she fought with other children. Sometimes she would even kill a child. As she got bigger she went with the older children, and when she would kill a child, she just ate it raw. When the people realized what the child did they were afraid of her because now she was even eating grown

ge'eged hemajkam hahawa ep ha ko'a.

Sh an e a'aga g o'othham ch an chum e mamche mash has higi wo juh ihtlĩa Ho'ok, nash pi hab hahawa ep a'aga. Sh am wash i pi e amich mash has wo juh k ash am hab hahawa i kaij mash higi wo ahgi g Si'ihe. Kush has juh k am wo ha ahgi mash has wo e juh.

Sh an hahawa ep hema i gahghi g s-melithkam mash am wo med k ab wo nei g Si'ihe Waw Giwulk t ab mash ab kih.

Sh am him k he'ekia wud i tash, sh am i jiwia g s-chu amichuththam k am hab hahawa ha ahg, "Mamt ab wo i bei g uwi. Nt am wo ha'ichu ahgi."

Msh am u'apa g Ho'ok. Sh am hab hahawa i ahg g Si'ihe ihtha Ho'ok uwi, "Map pi hekith sha'i s-mahch mas hedai wud m-ohg mant hemuch ia wo m-ahgi."

<hr>

people.

All the people got together to try and decide what to do with this "Ho'ok", as they now called her. They couldn't think of what to do, so they said they would tell Elder Brother and maybe he could tell them what to do.

So they got a fast runner to run up to see Elder Brother who lived up on Baboquivari.

In a few days the wise man appeared and told them, "Bring the girl to me. I will tell her something."

When they brought her to him Elder Brother said to her, "You never knew who your father was. I will tell you right now."

Neh, sh am i bei g Ho'ok k ash am chehgi g tohono jewed k ash hab kaij, "Nap neith hegai m gm huh hab chu'ig?" Sh eda gm huh wud wash i jeg ch hegai kukujjek am hab hi wa chu'ig. Sh am i nei g Ho'ok uwi k s-we-hoch g Si'ihe. Sh ab hahawa i cheha g Si'ihe mash wo i oi g e-ohg.

Neh, sh amjed hih g Ho'ok g e-ohg s-neithamk k ash washaba pi hekith sha'i ai, nash pi am wo i aihi, kush gm huh ba'ich hab ep wo e juh g kukujjek. Sh heg wash i mehkohim k mehkohim k am i pi ai. Sh eda am him k am i cheka m am hemuch am wud Chehthagi Wahia k am i s-mai mashki pi hekith wo sha'i ai g e-ohg k ash am i shosha.

Sh inhab chesh tho'ag t an k an huh hebaï g cheho hema cheh k an heg eda i chiwia. Sh wehs si'alig ab gn huh wo i kekiwua si waw thahm k gm huh a'ai wo ha'ichu si hewegiam. Sh haskojed ab wo s-uhwk g ali,

∞∞∞∞∞∞∞∞∞∞∞∞∞∞∞∞∞∞∞∞∞∞∞∞∞∞∞

He took Ho'ok out and showed her the desert land and said, "Do you see that over there?" Ho'ok looked and believed Elder Brother, yet there was just open space out there and heat waves. He then told her to go and follow her father.

Ho'ok went to see her father. But she never caught up with the heat waves, because whenever she approached, they would recede further from her. She got farther and farther away but could never reach it. When she came to what is now called "Green Well", she decided she would never reach her father, and she cried.

Finally, Ho'ok climbed a mountain and there found a cave where she made her home. Each morning she would stand on top of the cliff and sniff in all directions. When she would get the

sh am ha'ag wo med k ash gd huh wo mel mash ab
amjed hewgith g ali k ash hab wo chei, "Mohsi! Mohsi!
Ab g wo i beh'i g ali. Nt wo nei."

Msh am wo i mah g ali.   Sh an hi wo wa sha'i
komchkahith ch ab haha wash wo si hukitsh wohkaj ab
k ash am wo wua e-giwho ed k gd huh wo kushwiot k
hih. Sh an i e a'agith g o'othham mash an ha'ichu mem-
da ch wud ali ehbitha.

Sh gd huh i mai g o'othham k ash ga huh wo i kah
mash ab wo kaithaghith. Sh gn huh wo si ha e'esto g
e-a'alga. Sh eda ab wash s-kaithgim wo medath nash pi
g ha'ichu huhch ch ha'ichu tahtami ch ha'ichu oh'o an
babiugakch ch an chechkoshthakch ch ha'i an ep gi-
wudch. Sh heg ga huh haha wash wo i medath. Sh ab
wash s-kaitham wo sijkith ch ab wo kolighith. Sh ab wo

∞∞∞∞∞∞∞∞∞∞∞∞∞∞∞∞∞∞∞∞∞∞∞

smell of a baby, she would run in that direction. When she reach-
ed the place where the child was she would say, "Grandchild,
grandchild. Bring the child, I want to see it."
    When they brought the child to her she would hold it in her
arms for a little while, then suddenly she would claw its stomach
and put it in her burden-basket and away she would go, carrying
it on her back. The word soon spread around that there was some-
thing running around that was a child's terror.
    When the people found out about her, they would hide
their children when they heard her coming off in the distance.
They could hear her because she had claws, teeth and bones for a
necklace, anklets, and belt. They could hear her rattling and
jingling from a long way off. When the women heard her they

i kah g u'uwi k gn huh wo si ha e'esto g e-mahmad. Sh am wo jiwia k pi wo him k am wo wa thak. Sh hebai, sh am wo i shosha g ali, sh ha hekaj wo ha tai.

Sh him k hebai i cheka, sh am i ha hugio g si chu'u-chum a'al, k ash g ge'eged a'al ab i ha oi. Sh washaba g u'uwi a'al pi ha u'u ch ash hegam wa'i chechoj a'al ha'i ha u'u. Sh hab ha ahg g ha-jehj g wihpiop mash am kui wecho wo sha wuhsh g Ho'ok, kush gn huh wo e naggia uhs t an k an wo wa'i thak. Sh hekith gm huh wo i meh-ko g Ho'ok, sh gm huh haha wo meh uhhum. Sh gd huh i mai g a'al ihtha k ash hab ha hekaj wo chei ab Ho'ok wui, "Uhs wecho ani tatchua, ni-Hu'ul."

Sh hab e junihim k hebai i cheka. Kush sha e nan-kog g Ho'ok ch ash g ge'e hemajkam mem'a. Ash ep sha'i s-e mahch ab wehs ha'ichu k ab, wipi'a t ab, hohata

---

hid their children, but when she came she would just sit there, and not leave. Then, when a child would cry she would immediately ask them for it.

As time went on she ran out of very little children and started on the larger children. She didn't take girls, only boys. Finally, the mothers told their young boys that when Ho'ok went under a mesquite tree they should grab onto a branch and sit up in the tree. Then when Ho'ok got far away, they should run back home. When the children found out they could do this, right away they would say to Ho'ok, "I want under the tree, my grand-mother."

It went on like this and time passed. When she was able to, Ho'ok would even kill an adult. She was also skilled at everything,

t ab, haha¹ata t ab, ch wehs ha¹ichu mash haschu i s-mahch g u¹uwi, ch wehs ha¹ichu mash haschu i s-mahch g chechoj.

Sh am e nam g hemajkam k am e a¹aga mash has higi wo juh ihtha oks. "Kuttp wo sha pi t-nako matt wo mea, kutp ia wo t-hugio, t-kokthak," bash kaij ha¹i.

Sh ha¹i am hab hahawa i chei mash higi wo ahgi g Si¹ihe k wo kah mash has wo chei. Sh an hahawa hema ep i gahghi mash si s-melthag mash heg am wo med k ab wo ahgi g Si¹ihe. Sh am hi wa meh g wiapoi k ia huh he¹ekia i tash pi ha¹ichug.

Sh hekith gd huh i meliw k ash am i chum nei g o¹othham. Sh am wo¹ok ch wud al keli. Sh am hab hi wa ahgith mamsh haschu ahg k am ah¹ath.

Sh hab kaij g Si¹ihe, "Oi g mehl uhhum. Ntp hems ga huh wash wo i m-a¹ahe."

∞∞∞∞∞∞∞∞∞∞∞∞∞∞∞∞∞∞∞∞∞∞∞∞∞∞∞∞

hunting, basket-making, pottery-making, and everything women or men do.

Finally the people got together and discussed what they should do about this old woman. "If we aren't able to kill her, she will kill all of us."

Some then said, "How about telling Elder Brother and hear what he has to say." They looked for a very fast runner who would run to tell Elder Brother, and the runner ran and was gone for a number of days.

When the runner arrived at Elder Brother's place he found a little old man there, and he told him why he had been sent.

Elder Brother said, "Run back home and maybe I'll catch up with you."

Sh hab hi wash em-ahg g wiapoi, "Ps hebai wo i meh, keli?"

Sh amjed med k gd huh wash chum meliw k am i ha ahgith, "M o hi wa wo'o g em-nawoj ch wud al i wehs. Pi hab sha'i mahs mas haschu hab wo i juh." Sh hab wash kia kaij, sh ab haha wash i kekiwua g Si'ihe k ash wud wash si wiapo'oge'el.

Sh eda hab chu'ig g Si'ihe kch wash chum has mas-ma wo e nahto ab wash chum hedai wui. Sh hab hi wa e a'aga mash g o'othham tash wud wo thoakamk ch hab masma wo nei mash wud al keli. Kush hema s-hohtam wo sha muh k ash hab masma wo neithath mash wud wash si wiapo'oge'el.

Sh am hahawa e hemapai g hemajkam k am kah g Si'ihe mash am hab ahg g ha'ichu e-mahchig. "M ani hi wa ha'ichu hab elith. T wash eda hi wud wo wa si chik-

∞∞∞∞∞∞∞∞∞∞∞∞∞∞∞∞∞∞∞∞∞∞∞∞∞∞∞∞∞∞

The young man thought to himself, "Where could you run to, old man?"

From there he ran, and as soon as he arrived home he told them, "Your friend was laying down exhausted. He didn't look as though he could do anything." But even as he was saying this, Elder Brother stood before them as a very young man.

Elder Brother was like that and could make himself look any way to anyone. It is said that if a person were going to live a long time he would see him as an old man. And if one were going to die young, he would see him as a very young man.

Then the people gathered together and listened as he told them what he knew. "I have a plan but it will be very hard work.

pank. Neh, ia amt si ge'e wo e ne'ichuth k ia wo si ge'e keihin k wo si ge'e nawait. Mt gi'ik tashkaj ch gi'ik s-chuhugam ab wo e ne'ich. T heg wehs oitham ia wo memdath g Ho'ok oks. T heg oitham ha'i g ku'agi wo momtto k ab wo toa cheho kihjego abai mo ab kih g oks. T ha'i epai wo e'etpat k ab wo ha toa kihj ab. T eda heg wehs oitham wo medath g oks. Kumt g kohskud wiw am wo owich k an wo i hihimichuthath ch washaba wo s-chegitok mamt hab hi wo wa e wuath mam ab si jehni. Kut eda g Ho'ok oks pi wo mahchk mo haschu wud. Kut ab wo si jehjenath," (nash pi sha'i s-jehnik g oks). "T hab wo e junihim k am wo i chum s-kohsim. Mt hedai an i hugithaj an wo gegokk ch pi wo sha'i hiwigi mas wo koi. T am wo i si pi e nako k haha wash wo kohsh k i gei. T eda wo e nahto g kihj. Kumt am

∞∞∞∞∞∞∞∞∞∞∞∞∞∞∞∞∞∞∞∞∞∞

You will have to have a big sing here and a big circle dance and lots of saguaro wine. You will sing for four days and nights. All this time Ho'ok will be taking part in the circle dance. During this time, some people will carry firewood to put at the mouth of the cave where the old woman lives, and some others will make grass doors to put across the cave. During this time the old woman will be around here. Then you must make cigarettes with sleeping tobacco and you will pass them around, but remember you must only pretend to smoke. The old woman will not know what kind of cigarette it is and will smoke vigorously because she likes to smoke so much. After smoking she will want to go to sleep, but those of you who are standing next to her will not let her sleep. When she can't help it any longer she will sleep and just fall over. By this time her house will be ready and she must be carried and placed in it."

haha wash wo i kohm k ga huh wo woi."

Sh am hab i e juh g o'othham mash hab ha ahg g Si'ihe. Sh gi'ik tashkaj ch gi'ik s-chuhugam ab e ne'i-chuth k heg oitham keihi. Sh eda ha'i am i e nakog k mu'i ku'agi momtto kch ab to'aw Ho'ok kih ab. Sh ha'i im e'etpat ch ab ep to'ahim. Sh eda heg oitham med g Ho'ok oks. Sh am huh wa'i he'es, sh in i himchuthahim g owichk g keihintham ch ab mamka g oks. Sh ab si jejjen ch gm huh si i howichkwup nash pi sha'i s-jehnik. Sh eda g o'othham hab wash s-e junimk mash ab jehni. Sh hi wa chum si ha nako g oks k ash washaba heg wehm wash i gewkoghim k heg wehm wash i s-kohsim.

Sh hebai i cheka, sh am i si s-kohsim k ash chum s-himim am e-kih wui. Msh am i pi hiwigi. Sh gn huh hi wa ep kekiwup ch gm huh ep keihin. Sh am i si ai g kohsig. Kumsh gn huh wash kohm ch keihinachuth.

∞∞∞∞∞∞∞∞∞∞∞∞∞∞∞∞∞∞∞∞∞∞∞∞∞∞∞∞

The people did what Elder Brother told them to do. Four days and four nights they sang and during all this time they danced. Some of them got firewood ready and carried it to her house. Some made doors and put them there. And all the time the woman kept going around in the dance. Every once in a while the dancers passed a cigarette around and gave it to her. She took big puffs and inhaled very vigorously because she liked it so much, but the people only pretended to smoke. Ho'ok tried very hard to keep up with the dancers but she became tired and sleepy.

Some time later, when she became very sleepy, she tried to go home but they wouldn't let her. She had to stand in the line and dance again, and when sleep overcame her they held her up and still kept her going.

Sh eda hegam wa'i kohk'oi sha'i s-ha ehbith. Kush hekith wo si pi e nakog k am wo chum meh, sh an huh aki ch ed ha'i wo thadkk g o'othham. Sh am wo chum medath. Kush wo si ha sijki g e-shashawikud. Kush am wash wo si melnod g oks k gd huh uhhum ep wo mel mash am e ne'ichuth k ash gm huh ep wo keihi.

Sh waik s-chuhugam ch waik tashkaj ha'i e keihi. Sh am i pi e nako g em-nawoj k ash haha wash kohsh. Msh gn huh wash kohm ch himchuthahim.

Sh eda hab hahawa kaij g Si'ihe, "Mo heki huh wa'i s-ap'e mamt wo i bei g oks k ga huh wo woi cheho ch ed." Sh am i ge'e e wehmt k gm huh i bei. Sh am ha'i kohm k gm huh si juhko woi. Sh ab ha hekaj i kuhpahi g cheho. Sh ab wo hema kei g etpa k ab haha wo i to'ahi

<hr>

There was only one thing she was afraid of—rattlesnakes. So when she tried to run home because she was so sleepy, some people who were sitting in an arroyo she had to cross, would shake their rattles to make them sound like rattlesnakes. Then she would turn right back and run back to where they were singing, and begin dancing again.

Finally, after three nights and three days of dancing 'your friend' (said the Storyteller jokingly) couldn't endure it any longer, and she slept. They were just carrying her and keeping her going.

Then Elder Brother said, "It's time to take the old woman and put her in the cave." They all worked together and took her to the cave and some carried her to the farthest corner of it. At once they began closing it up. They put one of the doors up, then

g ku'agi k ab hema ep wo kei g etpa. Sh hab junihim k ia huh i wuhshath. Sh ab kei g kuhta k ab mehi. Sh mek mek hebai i cheka.

Sh am shoak g oks ch hab kaij, "Ni-mohms! Si g wo s-ni-ho'ige'ith k ia ni-tho'ibia." Sh am i ai g mehi. Sh am uhg si thath'e ch am si komitp g cheho. Sh am hi wa chum keish g Si'ihe. Sh washaba heki huh am wuhsh g kuhbs k ash am him k gn huh uhg e wisagchuth k ash ge s-chehthagi.

Chehthagi Wisag

Sh am hi wa i huhug g Ho'ok oks. Sh washaba ihtha chehthagi wisag mash am e nahto ba'ich i ha kudut g o'othham, nash pi hi pi has sha'i elith mash hedai wo gewichkwua k wo mea. Sh gn huh uhg wo tha'ath. Sh

∞∞∞∞∞∞∞∞∞∞∞∞∞∞∞∞∞∞∞∞∞∞∞∞∞∞∞

some firewood, then another door. They did this until they reached the outside. Then, with a fagot, they set fire to it all. It burned and burned.

Finally the old woman cried and said, "My grandchildren, have pity on me and save me." When the fire reached her she jumped up and down and cracked the top of the cave. Elder Brother immediately tried to step on the crack, but a wisp of smoke had already escaped and it rose and became a blue hawk.

The Blue Hawk

The Ho'ok woman had come to an end, but the blue hawk that was formed bothered the people far more than she had. It didn't care whom it beat down and killed. It would fly high in the

hebai hema hejel wo sha himath, sh ga huhjed wo i
huduni k am wo si gewichkwua k am wo huksh k gm
huh wo thah.

Sh am ep chum i e nako g o'othham mash wo mea
ihtha wisag. Sh hehemako imhas am ha'ichu chum a'aga
mash has masma wo mea. Sh am hab hi wa chum e wua
g ha'ichu ha-mahchig ch ash pi am huh hab e wua g ha-
-ahga. Sh am i nahnko chum wuihim ch am i pi e nako
k am hab hahawa i ep chei mash higi ep wo chu'ich g
Si'ihe mash has higi masma wo mea g wisag mash am ha
hugiogahim.

Sh am hab i ha ahgith mash am wo i e nako g si
s-haha'atadkam k gi'ik si ge'eged hab wo ha juh g ha-
ha'a, ba'ich i ge'eged mash pi hebai ha'i haha'as hab ha
wua. Sh an ge shakal wo ha thathsh itham haha'a k g
ha-chihchini imhab juhpin tahgio wo ha uh'ul, nash pi
ab amjed i huhuduk g wisag ch imhab juhpin tahgio

∞∞∞∞∞∞∞∞∞∞∞∞∞∞∞∞∞∞∞∞∞∞∞∞∞∞∞∞

air and when someone would walk along alone, it would suddenly
swoop down upon them, beat them, grab them in its claws and
fly away.

Again the people tried to plan how to kill this hawk. One
by one they suggested ways to kill it. Then they would try out
the plan, but it would never work. They tried everything but
couldn't find a way to kill the hawk, so they again decided to
ask Elder Brother how to kill the hawk which was killing them off.

He told them that the best potters should prepare and make
four big ollas, larger than any they had ever made before. They
should then put the ollas in a row with their mouths northward
because the hawk came down from there and also flew back to

thath'e. Sh am hab wa wehoh i e juh g s-haha'atadkam, am ha'i si ge'eged haha'at.

Sh eda hab kaij g Si'ihe mash an hema wo i gahghi g uwi mash wo s-kehgajk k ash ha ba'ich wo kei itham haha'a.

Sh am huh wa'i he'es, sh an huh thath'e g wisag ha thahm. Sh gam i e wuwhas g haha'a k an ge shakal e thathsh, imhab juhpin tahgio wui e chihchinichuthk. Sh am ha ba'ich kekiwua g uwi. Sh hab ha'ichu juniok gm huh a'ai melto g o'othham.

Sh an thath'ehim g wisag ch ab hahawa si s-wewgim i huduni k gam chum si gewichkwua g uwi. Sh eda e nahtokch. Sh am wash hugithaj an wuhshani k am hema ha eda gei hegam si s-wegima s-toni haha'a.

Sh am hahawa si s-wehom huhug g thoakagaj hegai ali mash wud wash shonigiwul ch am e nahto. Sh washa-

the north. So the very best potters did what they were told and made the big ollas.

Elder Brother also told them that they should find the prettiest girl and place her in front of the ollas.

It wasn't long before the hawk flew over them again. The ollas were brought out and put in a row with their mouths pointing northward. The girl stood in front of them and all the people ran away in different directions.

The hawk flew around for a while, then suddenly it swooped down and tried to beat down the girl. But she was ready for him. He missed her and flew right into one of those red hot ollas.

Finally the life of the child which had been formed from a

ba has e juh g wiapo'oge'el mash e ba'agch, i'ok g wah-gaj g uwi?

Mash e Ba'agch g O'othham

Mash am i nei g uwi g o'othham mash e ba'agch k ash gm huh meh uhhum k gd huh ha ahgith mash haschu has e juh. Sh am ge'e huhu'i g hemajkam k ash wash pi has e thohththa.

Sh am thah ihtha ba'ag. Sh hebai si uhg g waw. Sh ab heg shahgith i chiwia k ash amjed an ha oithk wo thath'eth g o'othham ch an wo ha kokthath. Sh hi wa chum mummu g mohmbdam ch ash pi e nako mash wo mea, nash pi sha'i ge'ej ch ash ep sha'i s-gewk.

Sh am huh hebai, sh haha wash g uwi hema ha

∞∞∞∞∞∞∞∞∞∞∞∞∞∞∞∞∞∞∞∞∞∞∞∞∞∞

racing ball was really ended. But what became of the eagle after drinking the girl's potion?

Episode: The Man who Became an Eagle

When the girl saw the young man turn into an eagle, she ran home and told the people what had happened. They all ran to the place, but they couldn't do anything about it.

Then the eagle flew away until he found a crevice in a high cliff and there he made his home. From there he would fly over the people and kill them. The hunters tried to shoot it with their bows and arrows but they couldn't kill it because it was very big and strong.

One day he stole a girl and took her to his cave home. Some

ehsith k ash gm huh i bei e-kih wui. Sh him k hebai i
cheka, sh s-mai mash ge madt g uwi. Sh wash pi hedai
hekith neith, nash pi pi hekith wehoh ab i hud ihtha
uwi. Sh eda heg oitham an ha oithch thath'e ch an ha
koktha g hemajkam g ba'ag.

Sh am ep e a'aga mash has higi masma wo mea ihtha
ba'ag. Sh am ep i ha tho'ibia g Si'ihe k hab kaij, "Mant
ahni am wo him k wo nei manis pi wo mea ihtha em-
-ehbitha. Kut him k he'ekia wud wo i tashk, t gahab
si'al tahgio g s-wepegi chewagi ab wo sha i wuwha, mt
am wo i s-mai matki ni-mea g ba'ag. T washaba g s-tohta
chewagi ab wo sha i wuwha, mt am wo i s-mai mant ahni
mea."

Sh am hih g Si'ihe k ab i ai g tho'ag k ab chum
sha'i nenne'ith. Sh ga huh uhg hi wa s-masma ab chehog
mash heg eda ab kih g ba'ag. Sh washaba am wui sha'i
pi apkog. Sh eda hi wa wehs ha'ichu ab ab ulini g Si'ihe.

∞∞∞∞∞∞∞∞∞∞∞∞∞∞∞∞∞∞∞∞∞∞∞∞∞∞

time passed and they found out the girl had a child, but no one
ever saw it because she could never come down. In the meantime,
the eagle continued to fly over them and kill them.

So again the people got together and discussed how they
could kill this eagle. Again Elder Brother helped them and said,
"I will go myself and see if I can't kill this thing that you fear.
Some days will pass, and if from the east red clouds appear you
will know that the eagle has killed me, but if white clouds appear,
you will know that I killed the eagle."

Elder Brother left and when he reached the foot of the
mountain he saw the cave where the eagle lived, very high up and
the way was rough. But Elder Brother was wise in everything and

Sh am ha hekaj i e amich mash has wo e juh. Sh ab ha hekaj g wako kai ei waw shon ab. Sh koi sha'i he'es, sh ab wuhsh g wako k ha hekaj i chewelhim k i chewelhim. K koi wud sha'i mu'i tash, sh ga huh ai g ba'ag chehoga.

Sh ab ha hekaj chesh g Si'ihe heg oithk ha'ichu wuhshthag k am cheshajim k cheshajim k ga huh jiwia am huh i mash pi ab huh ha'ichug g ba'ag. Sh an thaha g uwi g e-mad wehm. Sh am hab i ahgith mash haschu ahgk am jiwia. "Nt wash hab hi wo wa chei mat am wo i t-nakog k heg ep wo mea m-mad. Kut hekaj pi in huh ha'ichu wo sha'i wi'isk g amjedkam ihtha ba'ag mo ha hugiogahim g o'othham."

Sh am i s-hohhoi g uwi k am i ahgith g Si'ihe mash hekith i jijiwhia ch wash chum e gegosith ch gm huh wo'iwup ch koksho mash gaswua. Sh wehmaj koksho g alithaj.

∞∞∞∞∞∞∞∞∞∞∞∞∞∞∞∞∞∞∞∞∞∞∞∞∞∞∞∞∞∞

right away he knew what to do. He planted a gourd seed at the foot of the cliff and in a short time it grew higher and higher. Before many days it reached the eagle's cave.

Right away Elder Brother climbed up the plant, and climbed and climbed. He got there when the eagle wasn't there, but the woman and her child were there. He told her why he had come. "But I must also say that we will kill the child, too. So there will be no offspring from the eagle who is killing the people."

The woman agreed with this and told Elder Brother that when the eagle came home he would eat, then lie down and sleep while she combed his hair. The child would sleep with him.

Sh am hab i kaij g Si'ihe, "Mat am wo i koi, nt an wo hikkumia g ha-kukswo, t am wo wa koi."

Sh haha wash chum kah, sh ha'ichu hab wa'i kaijim mash g si s-gewk hewel ab med. Sh hab kaij g uwi mash wud hegai kch ab kaithaghim. Sh eda gm huh wud wash i hemajkam ha-ko'ithag. Ha'i ash heki huh i jejewa k ha'i hi wa koi jejewa k ash ha'i am wash kia babniopo. Sh si e wokij g Si'ihe k ash e chehthagi muhwalch. Sh am tha'a k gd huh si ha wecho wah hegam hemajkam ha-ko'ithag.

Sh ab wash i chum wah g ba'ag k ash gm huh a'ai ha'ichu si hehewagith. Sh eda g alithaj wash chum nei mash jiwia, sh hab kaij, "Jiwia! Jiwia!"

Sh hab ha hekaj chei g ba'ag, "Nat ia hema jiwia? O!othham chuhhug ani hewagith."

Sh hab chum chei g oksgaj mash hegam hab uhw

oooooooooooooooooooooooooooooooooo

Elder Brother said, "When he sleeps, I will cut off their heads and they will die."

Suddenly he heard a noise which sounded like a strong wind coming. The woman said it was the sound of the eagle coming. All around in the cave were bodies of people, some already rotted, some not yet rotted and some were still twitching. Elder Brother shook himself vigorously and became a green fly, then he flew under the bodies.

When the eagle came into the cave he sniffed in every direction. As soon as his child saw him come, he said, "Came, came!"

Then the eagle asked, "Has anyone come? I smell human flesh."

His old lady said that it was just the bodies of the dead

mash an wo!owop.

Sh hab kaij g ba!ag, "K haschu ahgk hab kaij g ali m an hab kaij?"

Sh hab kaij g uwi, "Bo wash kaij wash hemuch i mahchk mat hab wo chech!eth hegai. Bo wa chu!ig g ali, am i mahchithch mat wo neo."

Sh hab kaij g ba!ag,   "Ni washaba g thoakam o!othham chuhhug hewagith." Sh an hahawa a!ai memda k am si uhg i ha uh!ul g e-ko!i. Sh hema gd huh si ha wecho wo!ok ch ash heki huh i si jewa. Sh am si uhg i bei g ba!ag. Sh ab si tha!iwush g chehthagi muhwal. Sh imhab chum i gewichkwuphi. Sh ga huh uhg ge tahpani g waw. Sh heg eda ab wah.

Sh am wa wehoh hab i e juh g ba!ag k am i e gego- sithok gm huh wo!iwua. Sh an hugithaj an wo!iwua g

∞∞∞∞∞∞∞∞∞∞∞∞∞∞∞∞∞∞∞∞∞∞∞∞∞

people that were lying around that he smelled.

But the eagle said, "Why is the child saying what he said?"

The woman said, "He's saying that because he just now learned to say it. That's how a child is when he's learning to talk."

Then the eagle said, "But I smell a live person." Then he ran around and lifted up every one of the dead bodies. When he came to the one at the very bottom, which was already very rotten, the green fly flew out. He tried to kill it but it flew into a crack in the rock high above.

Finally the eagle ate and lay down and his child lay down

alithaj. Sh gm huh gaswua g hohnigaj. Sh koi sha'i he'es, sh koi.

Sh am wash i chum s-mai g Si'ihe mash am i si koi g ba'ag, sh hahawa uhhum ep e o'othhamchuth k ash an ha hekaj si hikkumia g ha-kukswo g kokshtham. Sh heg am ha hekaj i muh ali. Sh eda g ba!ag chum pi muh. Sh inhas si thath'e g honaj, pi ab huh ha mo'okch. Sh g a'an wash s-tohama nehne k nehne k gm huh a'ai himto. Sh eda am hahawa i muh g ba'ag.

Sh eda g o'othham ia huh neith mash gahab si'al tahgio g s-tohta chewagi wash komal i hih, sh am i s-mai mash ha gehg g Si'ihe. Sh hegam s-tohta chewagi mash ab i wuwha wash wud ba'ag a'an mash wash s-tohama ha'as i wuhsh mash inhas si s-pothnim gegshshe.

∞∞∞∞∞∞∞∞∞∞∞∞∞∞∞∞∞∞∞∞∞∞∞

by his side. His wife combed his hair and before long he went to sleep.

As soon as Elder Brother knew that the eagle slept, he turned back into a man and chopped off the heads of the sleepers. The child died right away but the eagle almost didn't die. His body flopped in every direction without his head, and his feathers flew out like white clouds. They flew and flew until they disappeared. It was then that the eagle died.

The people saw in the east the thin white clouds, and then they knew that Elder Brother had won. It was the feathers of the eagle which formed the white clouds which came when the eagle flopped about.

■■■■■■■■■■■■■■■

Ha'ichu Ahga ab Amjed g Nehbig

Mash g Nehbig ha Howichshulig g Hemajkam

Heki o huh mash in hemajkamag, koi g heki huh hemajkam. Heki huh, mu'i wud wa'i a'ahithag hemuch mashp am ha'i o'othhamag im huh mash am wud Wak, Gi'ito Wak. Am o hi wa o'othhamag heg oithch, koi shp in hahasko o'othhamag. Neh, k am wa s-ap hi wa o'othhamag ch an e wui him.

Neh, k am huh hebai i mat am ha'ichu wuhsh amai. Ashp gd huh jewed wecho amjed i him k am wuhsh am hebai amai. Ge'e wud ha'ichu ch am wo'iwua, am wuhsh amai k am wo'iwua k amjed hab e wua mash g hemajkam ha howichshulig. Am wo'iwua k ab wo si ihbhuiwua ihab ha'ag. Sh hab masma s-gewkam i meh g hewelgaj

⚬⚬⚬⚬⚬⚬⚬⚬⚬⚬⚬⚬⚬⚬⚬⚬⚬⚬⚬⚬⚬⚬⚬⚬⚬⚬⚬⚬⚬⚬⚬⚬⚬

The Story of the Beast

A Great Beast Inhales People

Long ago, it is said, there were people here—ancient people. It's many years ago now that there were people over there at a place they call Wak—at Quito Wak—yet there must have been people in other places too. They lived well and visited each other.

One time something came out there. It must have come from way underground and then came out somewhere there. It was a big thing and it came out and just lay there and could draw people to it with its breath. It lay there and would inhale. Its

305

mo g s-gewk hewel. Si mehk meh g hewelgaj k gm huh
meh.

   Sh gm huh wa'i chum mehk wo himath g o'othham,
t wo sha ai hegai hewel k wo i wi'ichkwua k ga huh wo
u'apa chinij ab. T im huh wo bah hegai k hasko ep wo i
wo'iwua sikol. Chum hekith hab masma hab e wua heg
hekaj mo s-mahch mo an oiopo g o'othham. Hasko sha
s-ap wo bei hema k wo i howichkwua k im huh wo bah.
Neh, k tash am wo'o... ge tash am wo'o kch mu'i hemaj-
kam wa'i ha howichshul.

breath was like a strong wind drawing people from a long way off.
   A man could try to pass far enough away, but that wind
would reach him and pull him and take him to its mouth. It would
swallow him and then would turn in another direction. It always
did that because it knew there were people wandering about.
Whenever it could catch someone, it would inhale him and swal-
low him. So you see, it lay there a long time, a very long time,
and swallowed many people.

Mamsh i Bahmuth g Al I'itoi

Neh, t am hab i chei g hemajkam, "Machs has wo juh ihtha nattp pi pi has wo juh, kut wo t-hugio."

Neh, k am hab i chei, am i e jehnigith g kekel o'othham, koi wehs g o'othham am i e hemapath k am hab i chei, "Mas has hig chu'ig matt wo nei g al I'itoi. Kut heg wo e nako mat heg wo t-amichuthach matt has wo juh. Tt ahchim hab wa pi wo t-nako machs has wo juh. Kut wo t-hugio, am t-howichshuligk."

Kutsh am hab i chei g o'othham wehs, "Mo am wa s-ap'e. Wehoh o mat wo t-hugio."

Neh, k ab hahawa ah'ath hema g o'othham, hab ahgk, "Mapt am wo him k ga huh wo ai g al I'itoi k ab wo jehnigi hab masma, hab wo bahmuth mach am i tat-chua, t ab wo i him k am wo i t-wehmt, am wo i

∞∞∞∞∞∞∞∞∞∞∞∞∞∞∞∞∞∞∞∞

The Help of Little Old I'itoi is Sought

Then the people said, "What will we do to this thing, because if we don't do something to it, it will do away with us."

All the people got together and the men discussed it. "How about seeing little old I'itoi. He'll be able to let us know what to do to it. We aren't able to do anything ourselves, and it'll swallow us all."

And all the people said, "That's right. It's true that it will do away with us."

They chose a man and told him, "Go and see little old I'itoi and talk with him—appeal to him that we need him to help us

t-amichuthach matt has wo juh hegai mo ia t-hugiogahim, t-howichshuligch."

Neh, t amjed i meh g o'othham k i med k i med k ia mel iia Waw Giwulk wecho mo ab kih. Neh, k am i kekiwua kihjeg t am k am wa wehmaj neo. Sh am thak ch ab i wuhsh g al I'itoi, ab i wuhshani k wud al kehli, al kehli. Si al s-toha mo'o ch al s-jumal him.

Kush ab i neithok hab e ahg, "Ih, kus haschu wo i ap'ech, haschu wo i mea g al I'itoi. Kutki kelit," bash e tahtk ch ab neith.

Eda am i wuhshani k hab kaij, "Thahiwuani."

Neh, sh am hahawa i thahiwua k am hahawa i jehnigi hab masma, "Mo ia m-ahgith g o'othham ch i m-tahni g ho'ige'ithadag mapt wo si s-ha ho'ige'ith k am wo i him k am ha'ichukaj wo i ha wehmt, mat am huh hebai

∞∞∞∞∞∞∞∞∞∞∞∞∞∞∞∞∞∞∞∞∞∞∞∞

and tell us what we can do to this thing that's swallowing us all."

So the man left from there and ran and ran and finally arrived below Baboquivari where I'itoi lived. He stood in the doorway and called to him. I'itoi was there and came out. He was a little old man, a very old man, with a little old white head of hair and he walked all bent over.

When the man saw him he thought, "Ha! What could he straighten out—what could little old I'itoi kill? He's sure gotten old."

I'itoi came out and said, "Sit down."

He sat down and told him, "The people send word asking if you would kindly come and do something for them. Something

hab e juh mat am ha'ichu wuhsh amai Wak t am k am
g hemajkam ha howichshulig, mu'i wa'i ha howichshulig.
K am i chum neithchkahim g o'othham ch hab chei,
"Matt ahchim hab wa pi wo sha'i t-nako machs has wo
juh," k hekaj hab juh g e-ahga matt ahpi wo m-nei mapt
ahpi wo t-amichuthach matt has wo juh hegai."

Sh hab kaij, "Heu'u, pegih, m o wa s-ap'e. Pegih,
ia apt wo kohsh k si'alim haha wo hih." Neh, sh oi wa
gm huh wash e jehnigithahim k am i hudunith k ge
chuhug e jehnigi. K am huh hebai, sh hab ahg, "Pegih,
oi g kohsh. Tt wo kohk." Neh, k gm huh kohk.

Ash i si'alim am wami hegai o'othham k am wuh-
shani k chum nei, sh am sha'i wami ishp g al I'itoi k am
i wuhshani k wud haha wash si wiapo'oge'el, pi hab
mahs mas wud keli. Neh, t am hab hahawa i ahg, "Pegih,
pt oi haha wo meh uhhum k gm huh wo jiwia k wo ha

∞∞∞∞∞∞∞∞∞∞∞∞∞∞∞∞∞∞∞∞∞∞∞∞

has come out of the ground there at Wak and is sucking people in
with its breath. It has swallowed many people. The people have
been watching this and see they aren't able to do anything about
it. So they decided we would see you and you would let us know
what to do to that thing."

I'itoi said, "Yes, okay, that's alright. Okay, you can sleep
here and then go back tomorrow." They discussed it until sunset,
then talked right on through the night.

Sometime later he said, "Okay, go ahead and sleep. We'll
sleep now." So they went to sleep.

Early in the morning the man got up and, going out, he
noticed little old I'itoi just getting up. When I'itoi came out
though, he was a young man—not at all like an old man! Then he
told him, "Okay, you can run back now and when you arrive tell

ahgi g o'othham mant am wo wa i hih. That wo i gi'ik tashk, nt gm huh wo jiwia. Kupt wo ha ahgi g o'othham mat wo ni-u'i hegai hohothai mo an chuwithk thahm hab chu'ig. S-chuchk wud hohothai. Kunt heg wo hekaj hegai."

Neh, t amjed meh g o'othham k med k med k gm huh meliw k am hab i ha jehnigith, am i ha hemapath k am hab i ha jehnigith, "Mat am wa hi wa s-chechojim neo g al I'itoi mat ab wo wa i hih mat wud wo i gi'ik tashk. Tt eda wo wa nenida."

K hab kaij g o'othham, "Pegih, no pi am wa s-ap'e nach pi ith hab wa ahg mat ia wo t-nei g al I'itoi."

K am hab i ha ahg mo heg hab hi wa ahg mamt heg wo u'i hohothai mas an chuwithk thahm hab chu'ig. S--chuchk wud hohothai.   Neh, sh am chum a'aga g

∞∞∞∞∞∞∞∞∞∞∞∞∞∞∞∞∞∞∞∞∞∞∞

the people I'll come. In four days I'll arrive. Tell the people to get me the kind of rocks that are on a certain mound. They're black rocks and I'm going to use them."

So the man ran all the way. When he arrived the people gathered together and he told them, "Little old I'itoi spoke very bravely. He said he would come in four days and that we should wait for him."

The people said, "Okay, that's good. That's what we said, that little old I'itoi should come and see us."

He also told them that they were to get the kind of rocks that are on a certain mound, black rocks. So the people discussed

o'othham mas haschu hab ahg, has mahs hohothai hab ahg.

Sh hema wud o'othham ch hab kaij, "Heg o hab ahg wawk mo wud wawk mo an chuwithk thahm hab chu'ig hohothai."

Sh hab kaij, "A neh, wehoh o wa. Heg oki hab ahg hegai." Neh, t am hahawa gahg k ui hegai hohothai, ashp he'ekia i u'uk heki huh u'uk.

Mash ha Me'ij g Nehbig g Al I'itoi

T am him k am i e ai g gi'ik tash. T jiwia gm huh g al I'itoi. Neh, t am ep e jehnigi. Sh am hab i jehnigith hab masma mat hab e juh, "Tt heg ia pi nakog k hekaj am m-bahmuth mapt am has wo t-juni hegai mo t-hu-giogahim."

Sh hab kaij, "Mo am wa s-ap'e. Heg ash hab wud

what kind of rocks he meant.

There was one man who said, "He means 'wawk', the kind of rocks that are on the mound."

And they said, "Oh yes, that's true. They must be what he means." So they looked for that kind of rock and got a lot of them.

I'itoi Kills the Beast for Them

When the fourth day came, little old I'itoi arrived and they discussed it all again. They told him what had happened and said, "We couldn't kill that thing so we appealed to you to do something to that thing that's doing away with us."

He said, "Good! That's a nehbig that came out here — a

nehbig hegai mat ia wuhsh, nehbig." Neh, k am haha
wa'i has itp juh hegai hohothai k am i nahto hab masma
mo g wainomi masit, koi ge'e hab juh k am i nahto, am
hab i ha ahgk, "Mamt g shegoi ep wo ni-u'i mat wo
s-kehgajk ch wo che'echwajk. Kunt heg wo hekaj ehp."

Neh, t am hahawa ep e gahg k e ui gi'ik hegai she-
goi, ge che'echwaj. Neh, tsh am i ha mu'umkai, gm huh
a'aijed ha mu'umkath k am i nahto k heg ep bei hegai
e-masit k hab chei, "Mant am wo him k wo nei. Kuntp
wo ni-nako mantp wo mea hegai k wo jiwia hi wa uh-
hum, o ep pi wo ni-nako, tp im huh wo ni-bah, nt pi wo
jiwia uhhum."

Neh, k am hih g o'othham k am him k gm huh
hebai i ai mashp am i hugkam amjed i med g hewelgaj
mo ab i howichkwua. Neh, t am oithk i hewed k i hewed
k gm huh sha si aihim k wash i wi'ichkwua. T wash meh

∞∞∞∞∞∞∞∞∞∞∞∞∞∞∞∞∞∞∞∞∞∞∞∞∞

nehbig." Then he did something to those rocks and made them
like a metal machete. He made it big and finished it. Then he told
them, "Get me some greasewood too, good, long ones, and I will
use them too."

So they brought four long ones. Then he sharpened them—
sharpened both ends of them and finished them. He took the
machete and said, "I'll go there and see it. If I am able to kill that
thing, I'll come back but if I'm not able, it will swallow me and
I won't come back."

So you see, the man, I'itoi, went and reached the place
where he could feel the breath of the nehbig. It took him and
drew him along and he ran effortlessly toward where it was lying.

hahawa am wui mashp hebai i wo'o k med k med k ga huh ai mashp ab wo'o k heki huh ui hegai e-u'usga k am wash chum wah mashp im huh i bah, i howichkwuak. Sh am kei hema hegai uhs k ga huh a'ai sihsh. Sh im huh i howichkwua. Sh ga huh ba'ich hema ep kehsh k am wash si wah k gm huh ba'ich hema ep kehsh k gn huh hema ep kei, neh, k am i ha hugio hegam gi'ik. T am i pi e nako hahawa mas has wo e juh nat pi ga huh a'ai wo e sisish k pi ap ab huh wo i e chinish.

Neh, t am hahawa bei hegai e-masit k am hahawa nei g ihbthaj mo hebai hab chu'ig, hebai naggia, k an hahawa si hikuch hegai ihbthaj. Neh, k am wa si thath'e hegai. Neh, t am i thotholimat, ishp am i muhk.

Sh ab hahawa wuhshani k am huhp hegai mat gm huh si wehpeg ai, k ab him k gm huh i ai hegai hema k

∞∞∞∞∞∞∞∞∞∞∞∞∞∞∞∞∞∞∞∞∞∞∞∞∞∞

He ran and ran and reached where it was. He had his sticks with him and he went in easily as it inhaled. When he reached its mouth he set up one of the sticks, securing it at both ends. As it continued to inhale him, he set up another stick and went further in and set up another stick, and still further along he set up another. So you see, he used up the four sticks. Then the nehbig wasn't able to do anything because of the sticks, since it couldn't close its mouth properly.

Then he took that machete of his and found its heart—where it was hanging—and slashed it. The nehbig went into convulsions, then became calm and must have died.

Then I'itoi came out, removing the stick he came to first and going along and removing another, and going along and reach-

heg am ep huhp, k him k hema ep ai gm huh k am ep padchuth k am ep huhp, k him k gm huh i wuhsh mashp ab si chinij kuhkaj ab ep kei hema, neh, k am ep padch ehp k am huhp. T ga huh hahawa i e chinish.

Neh, t am i me'ok amjed gm huh him k gm huh jiwia mat amjed ab hih. Neh, k am ep i ha ahgith g o'othham, "Mant mea hegai hi wa. Sh hab wud nehbig hegai. T wo chum em-hugio mamt hems pi has wo juh. T hasko ep wo wo'iwua an hemajkam miabith k hab wo wa ep ha juh, wo ha hugio. Ithani am wa mea hi wa," neh, k am i ha me'ijithok ab hahawa ep e nahto.

Sh am hab i ahg g o'othham, "Pegih, nach pi ith hab wa ahg ch hekaj am m-bahmuth napt ia wo t-me'ij."

Neh, k ihab i kaij, "Mant wo hih uhhum ehp," neh, k amjed i hih uhhum k ia jiwia e-kih am Waw Gi-wulk ab.

∞∞∞∞∞∞∞∞∞∞∞∞∞∞∞∞∞∞∞∞∞∞∞

ing another and destroying it and removing it. Then going out where he had set one up at the opening of its mouth, he destroy-ed and removed it. Then its mouth closed.

After he killed it he went back and told the people, "I killed it, alright. It was a nehbig. It would have done away with you if you hadn't done something to it. Then it would have gone where there are some more people and done the same to them— doing away with them too. But now I've killed it." So, having killed it for them, he got ready to leave.

The people told him, "Okay, this is why we appealed to you—for you to kill it for us."

Then he again said, "I'm going home." And from there he went back and arrived at his home on Baboquivari.

■ ■ ■ ■

Mo Haschu hab Kaij g Kekelbad ab Amjed g Nehbig

Bo hi wa a¹aga g kekelbad mo am wo¹o g ge¹e wa-
mad mo am shuhthagi, shonkam shuhthagi, ch hab wud
"nehbig". T oi wa hebai wo juh k am wo si wepge, t hab
wo chei g kekel, "Am atp hu¹i wo¹o g nehbig mat am
kekiwua g wepgi," no pi hab elith g kekelbad mo wud si
s-gewk ha¹ichu g nehbig kch eda wud ep si s-has ha¹ichu.
K oi wa hekaj hab elith g kekelbad mo wud gewkthaj g
nehbig, t hekaj am i hud g wepgi k am i kekiwua.

What the Old Timers said about the Desert Monster

The old timers said there was a big snake called a "nehbig",
where there was a spring. When it rained and lightning struck,
they would say, "Maybe a nehbig is there where the lightning
struck." The old timers thought nehbig was a powerful thing and
to be respected. They thought it was the power of the nehbig
that caused lightning to come down and stand there.

Mash g Juhki Heb Huh Hih

Mash S-ap Ge'elith g e-Chehiaga g s-chu Amichuththam

Sh hab wa chu'i na'ana.

Sh am ge'e kihhim g hemajkam. Sh hema o'othham hab hi'i mashcham g e-chehiaga mat pi wash pehegi ha'i-chu wo ashath, "T wo m-kah g hemajkam k hab wo m-ah map wud wash pehegkam."

Sh ge'etha ihtha chehia k e nahto mat wo kunt. Sh washaba hegai matp hedai wo a'aschu, tp wo s-a'asim, t heg wo kunt, chum as hebai wud wo wa'i kihkamk, chum as haschu wud wo wa'i o'othhamk. Bash kaij g ohgaj ihtha chehia.

Rain Goes Away

A Wise Man Raises His Daughter Well

They say this happened long ago.

The people had a large village where a man lived who taught his daughter she must not laugh at trifling or foolish things. "People will hear you and say you are just easy to get."

The girl grew up and was ready for marriage. But the man who could make her laugh was the one she wanted to marry, no matter where he was from or what kind of a person he was. That's what her father said.

317

Chum amsh s-Hohntamk Hegai mo S-ap E Ge'elith

Sh g Ban ep wa wehpegat, wash pi e nako k ith hekaj gm huh heb huh hih.

T ia jiwia g Kohlo'ogam k am huh wa he'es, sh wash hejel s-a'asim. Sh wenog mat g chinij e padch. T pi ap i chumthaj. Sh ith hekaj si e elith ch tash ed e eh-stokch ch chuchkagath i wushke ch shoak.

Sh ab ai g Chemamagi. T ia jiwia ch hi wa chum pi kehg wud o'othham ch washaba hemu i e maskogi ch ith ab e ulinch ch ia ha nakog.

The Girl Who is Raised Well is Sought After

As usual, Coyote was the first to try, but he failed so he went way off.

Whip-poor-will came too. In just a little while he was laughing at himself. That's when his mouth was deformed and never got as small as before. That's why he's ashamed, hiding himself during the day and coming out crying at night.

Horned Toad's turn came to try. He may not have been a very handsome man, but he had just revealed himself as a medicine man and was using this to try to win the girl.

Sh wenog hab kaitham ne'e g ohgaj hegai chehia:

Ali s-kohmangi chemamangi wiapo'oge'eli,
Hemu aichu mahch k e ahnga.
Wahsh ng uwi chechenga ch mu'ikko
Ia melopa, oi wa pi e nako.
Wahshana memenatha ch
Gahghai chum a neinahim.

(Al s-kohmagi chemamagi wiapo'oge'el, hemu ha'ichu
mahch k e ahg. Wahsh o g uwi chechga ch mu'ikko ia
melopa ch oi wa pi e nako wahshan memdath ch gahghai
chum ha neithahim.)

∞∞∞∞∞∞∞∞∞∞∞∞∞∞∞∞∞∞∞∞∞∞∞∞∞∞∞

At that time the father of the girl sang this song:
Little gray horned toad young man,
He just now learned something
And is telling about himself.
Over there he visits a woman repeatedly
And comes many times, yet he can't make it.
Over there he keeps running,
Trying to look across at someone.

Mash Ihtha Chehia Giwho e Tho'agch

Hema tash at an chesh g Ban gakodk thahm k an thak ch gn huh ha'ichu neith. Sh haha wash cheh hegai uwi mo wa chum s-hohnimk.

K an him. K g giwhoj am oithch epai him. Sh eda pi hebai g giwho hejel oimed. Ohgaj ihtha uwi ash wud si mahkai ch ith hab masma giwhoch g e-alithag.

Sh am neithchkahim g Ban ch hab masma chegito mat epai wo ha chehgi g hemajkam mo ha'ichu s-mahch.

Sh eda gd huh oimmed hegai uwi ch ku'ag ch am hohaghim giwho ch ed. Sh ge mohto'ith k am i hih. T am oithk epai i hih g giwho.

Sh hab kaij g Ban, "Hahaha! Kokis g giwho wash

∞∞∞∞∞∞∞∞∞∞∞∞∞∞∞∞∞∞∞∞∞∞∞∞∞∞∞∞∞∞

The Girl's Burden Basket Becomes a Mountain

One day Coyote climbed a hill and sat down to watch things. Suddenly he saw the girl he had wanted to marry.

She was walking by and her burden basket was walking along after her. Yet a basket never walks around on its own. But the father of this girl was a powerful medicine man and had made his daughter this kind of a basket.

Coyote was watching this and thinking of how he also could show people how smart he was.

The girl was going about getting firewood and loading it in the basket. She loaded it heavily and left, and the basket followed her.

Then Coyote said, "Hahaha! So the burden basket walks

hejel oimmed!" Sh am wash si kekiwua g giwho m am kehk hemu ch ash wud Giwho Tho'ag.

Mash Haschu Ahgk Heb Huh Hih g Juhki

Sh eda a'aijed e chehm g wihpiop k am e hehema-path ch heg a'aga mam s-ta edam has ha ahg hegam mat pi e nako k gm huh heb huh hihih.Sh ha'ijj hab ahg g Hewel, "Ha'ichu g has juhni am tahgio ihtha uwi mo ith amjed s-ta edam kaithag g t-wihpiopga ch gamai heb huh hihih."

T an haha wash i wuhsh hegai chehia k an i hih. "Thohwai!   Bapt wo juh mo hab e a'aga," bo kaij g wihpiop.

Sh gam wahm i keh g Hewel k am si ihbheiwua. Sh g siwulik am tha'iwush k an i melhim k i ge'ethahim k

∞∞∞∞∞∞∞∞∞∞∞∞∞∞∞∞∞∞∞∞∞∞∞∞∞∞∞

around!" And the burden basket suddenly stopped where it now stands—Quijo Toa—Burden-Basket Mountain.

Why Rain went Away

The young men gathered, as was their custom, and discussed how embarrassing it was to be talked about for those who had failed and gone away. Some of them told the Wind, "Do something to this woman who causes the embarrassing reports being made about our young men which causes them to leave home."

Just then the girl came out and walked by. "Alright! Do what was planned," the young men said.

Wind stepped forward and blew hard. A dust devil came out and started to blow. It grew bigger and bigger and when it reached

i ge'ethahim k am i si ge'etha k ga huh ai g uwi k g nahgij
chum alo wi'ichkwua.

Sh am i shosha k hih uhhum k hab ahgith g e-ohg,
"Mat g Hewel pi ap ni-thohththa."

Neh, sh am i bagat hegai s-chu amichuththam k am
ha hekaj him k ahgi g jehnikud chekchim mat am wo ha
hemapai g hemajkam k wo ha ahgi mat wo shahmuth g
Hewel. T wo him k hebai mehk has wo e juhkchith, wash
pi am huh ha shahgith g hemajkam.

Sh wa wehoh ha amogi. T am e hemapath k am
a'aga g chu'ichigaj g Hewel k ap'ech mat wo shahmuth.

Sh eda g Juhki pi nea. K washaba g Hewel wud si
nawojij ch hebai i himath ch am wa wanimed g e-nawoj.

Mt ia shahmuth g Hewel. Sh am waw g e-nawoj k

∞∞∞∞∞∞∞∞∞∞∞∞∞∞∞∞∞∞∞∞∞∞∞∞

the woman it almost blew her skirts away.

She cried and ran home and told her father, "Wind did me
evil."

This made the wise man angry, and he went and told the
Keeper of the tobacco to gather the people and tell them to drive
Wind away. And to tell him to go and stay far away, instead of
being here among the people.

He announced it as he was told. They gathered and discuss-
ed Wind's guilt and decided to drive him away.

Now Rain was blind, and Wind was his close friend and
wherever he went he would lead him.

They drove Wind away and he went far away, leading his

gm huh hih heb huh. Sh ia wa'i amjed pi ha juhk ch pi hewed ch s-toni chum hekith. Sh gaksh wehs ha'ichu k e sho'igch wehs ha'ichu thoakam ch wehs hemajkam k wash pi has wo e thohththa. Sh gi'ik a'ahith ab pi ha juhk ch pi hewed.

Mamsh am i Bahmud g Ban

Sh pi nako g hemajkam g s-toni ch tonomthag ch am ep e hemapath k hab kaij, "Tt wo gah g Hewel ch Juhki k wo t-sho'igch ab ha wui. T wo i hihim k i t-wehmt. T wa wo t-hugio g s-toni, tonomthag, o g bi-hugig. Tt am wo kei g Ban. Heg o wa s-mahch g jewed wehsko ch heg wo wa ai g Hewel ch Juhki mat hebai hihim k hab pi ha'ichug."

Sh washaba pi ha'ichug g Ban. K pi hedai s-mahch mas hebai wo cheh. In o hebai wud kihkam ch chum

friend. From that very time it didn't rain or blow and it was always hot. Everything dried up and everything living suffered. People couldn't do a thing about it. For four years it didn't rain or blow.

They Appeal to Coyote for Help

People couldn't stand the heat and thirst. They gathered again and said, "We'll look for Wind and Rain and humble ourselves to them. They'll come and help us. Otherwise heat, thirst and hunger will destroy us. We'll appoint Coyote. He knows the whole earth. He can find Wind and Rain wherever they've gone."

But Coyote was not around either, and no one knew where to find him. He lived off somewhere and just wandered around

hebai wash himhim heg hekaj mo wehs hemajkam wud
ha-tatal. T pi wehoh wo muh bihugimk. Sh hab masma
amich g hemajkam mat wo ha kihkshath g waipia. T am
wo wa jiwia. T ab wo si ihm k wo ahgi mat am kei, t wo
gahghi g Hewel ch Juhki.

Bo kaij ch am ha ahᶦath g wihpiop. T wo kihshath

————————————————

because he was everyone's uncle. He just couldn't die of hunger.
That's how the people knew they could set ambushes for him at
the wells. He would come there. They would call him "uncle",
and tell him they had appointed him to look for Wind and Rain.
    That's what they said, and they sent young men to watch

g Kahw Wahiaga, Kohm Wahiaga, Chuhugia ch ed Wahia,
ch Chehthagi Wahia mo itham wud si shohshonkam ch
wash kiap shuhshug.

Neh, sh gm huh i thaihi g wihpiop waipia t an. Sh
am chum nenida gi'ik s-chuhugam ab ch gi'ik tash ab.
T pi jiwia g Ban.

∞∞∞∞∞∞∞∞∞∞∞∞∞∞∞∞∞∞∞∞∞∞∞∞∞

Badger's Well, Boxthorn Well, Spring Spinach Well, and Green
Well which were the best springs and still had water.

So they set young men out at the wells. They waited four
nights and four days, but Coyote didn't come.

K hab hahawa ep kaij g kekel, "S-kehg chetcha att am wo ha ah'ath. T am wo ne'eth ch wo keihinath. T hegam wo ha tatchua k am wo wa jiwia."

Neh, t am nei g chetcha k keihinahim ch wash am-hugi. K wash kiap pi ha'ichug g ha-tatal.

K hab ep kaij g kekel, "Am att wo gai g s-i'owi chuhhug. T wo s-i'owim uhwk. T hebai wo hewagi g t-tatal. T ith ia wo s-hugimch. T ia wo wa jiwia."

T wa wehoh ia gai g chuhhug k gn huh wehbig i kehkim k ga huh e nam k ne'e ch keihin ch neahim g e-tatal mat wo wa jiwia.

Ts hebai i hewagi g chuhhug g ha-tatal k haha wash jiwia k ga huh hab s-e ehstokch ch amjed ha neith g he-majkam mo ha'i che'echewaj ch ha'i sho'oshpolk. T hab masma amich mat am wo s-a'agi i ha miabithahim k gm

⁂

Then the old men said, "We'll send pretty girls. They'll be singing and dancing. He'll like them and come."

So the girls sang and danced and completed the four-night performance, but their uncle still was nowhere around.

Then the old men said, "We'll roast some real good meat. It'll smell good and our uncle will catch the scent of it somewhere. It will make him hungry and he'll come here."

So that's what they did. They roasted meat and formed a circle all the way around it, singing and dancing and waiting for their uncle to come.

Their uncle did catch the scent of it somewhere and came suddenly, keeping himself hidden over to one side and observing which of the people were tall and which were short. This way he knew he could approach stealthily and dash right close under

huh si miajed am wo tha'iwush ha wecho hegam mo
che'echewaj, neh, k gd huh wo bei g chuhhug ga'i k ab
wo i thah ha thahm hegam mo sho'oshpolk mo wa ha
s-mahch heki huh mo pi hohotk ch pi wehoh wo bei.
Bo em-ahg ch am ha neith ch bahnimed ch ha miabitha-
him g keihintham.

Sh am huh hebai i wo'iwua k hab kaij, "Ia o s-ap'e.
Nt wo bei g ga'i k wo i med k wo i ni-mehkot. Pi o hedai
s-melthag hab masma mani ahni. Nt wo hug k wo ko'ito
k haha wo ni-muhkith. T am wo wa s-ap'ek. Neh!
Thohwai!"

T am tha'iwush hegam ha-wecho s-che'echewchu k
am bei g ga'i k am i thah ha thahm itham Komkch'ed
ch Chemamagi k gm huh si meh, ki'ishk g ga'i.

Sh hab hi wa chum kaij g hemajkam, "Hah! Shahpt
wo e juh, tatal?"

those who were tall, get the meat, and jump over those who were
short. He knew they were slow and couldn't get him. Thinking
about this, he kept his eye on the dancers as he crawled close to
them.

Part way there he lay down and said, "This is far enough.
I'll get the meat and out distance them running. No one is as fast
as I am. I'll eat it and when I'm finished, if I'm killed, it'll be
alright. Now! I'm ready!"

With that, he dashed in under the tall ones, got the meat,
and jumped out over Turtle and Horned Toad, running off with
the meat in his teeth.

The people were trying to say, "Hey, what are you going to
do, Uncle?"

K wash pi sha'i ha kaim g o'othham, hegai wa'i mat wo med k wo e tho'ibia. Sh wa wehoh pi hedai ai. T ga huh chesh tho'ag t ab k gn huh i thahiwua thahm k huh g ga'i k ko'ito heki huh.

T hahawa i a'ahe g s-wohpo'ithkam k ab si ihm k ahgith mat am kei. T wo gahghim g Hewel ch Juhki ha wehhejed g hemajkam mo hab kaij, "Tatal! Tatal! Heg o wa s-melthag ch s-mahch g jewed wehsko k hab wo wa t-juni g s-ap'ekam. Tho t-tatal."

T wa s-ha wehochuth k ep s-ha ho'ige'el g e-mam'ai k am wa'i amjed gahghim g Hewel ch Juhki.

Ith o amjed hab wud Muhadagi hegai tho'ag. Sh am s-muhadagi mat am thahiwua k huh g ga'i g Ban.

<hr/>

But he hadn't the least desire to hear them. All he could think of was to run and save himself. Sure enough, no one caught up with him. He climbed a mountain and sat down on top to eat the meat.

He had already finished when the fast runners reached him. They called him "Uncle" and told him they had appointed him to go looking for Wind and Rain for the people. They say, "Uncle! Uncle! he's a fast runner and knows the whole earth and will do good for us. He's our uncle."

He believed them and felt sorry for his nieces and nephews, so went right from there looking for Wind and Rain.

Because of this, that place is named "Greasy Mountain". It was greasy because Coyote sat there and ate the roasted meat.

Mash g ha-Wepemkal pi am Huh Cheh g Juhki

Sh gi'ik tash ab inhas ep him g Ban ch g wopog ha hewgiamahim ch wash pi hebai ha'ichu s-mahch k wash jiwia k hab kaij, "Nt wash chehmo g jewed k pi edagi g Hewel ch Juhki."

Mt am kei g Judumi. T hab wa ep gi'ik tash ab him k g thohtha'ag ha oithahim k chehcho ch ed wahkhim k wash pi hebai g Juhki neith ch pi hebai g Hewel taht k wash jiwia uhhum.

T am i oi g Nuwi. Sh gi'ik tash ab tha'a k tha'a k wash pi hebai ha'ichu s-mahch k jiwia uhhum k hab kaij, "Nt wash chehmo g jewed k pi hebai sha'i s-mai mas hebai hihih g e-naipijjugim, Hewel ch Juhki."

∞∞∞∞∞∞∞∞∞∞∞∞∞∞∞∞∞∞∞∞∞∞∞∞

The Clan Companions Can't find Rain

For four days Coyote went back and forth, searching for scent along the roads, but found nothing. When he returned he said, "I just went all over the earth and didn't find Wind and Rain."

Then they appointed Bear. He also went for four days. He went through the mountains, going into the caves, but he didn't see Rain or feel Wind anywhere, so he came back.

Buzzard went next. For four days he flew and flew but learned nothing. When he came back he said, "I just went all over the earth and didn't find out where these two friends, Wind and Rain, went."

Mash Has Masma g Gihsubi am Cheh g Juhki

Neh, mt am ahꞌath g Gihsubi. Sh g e-wihgi an al uhs t an wud k ith bek thaꞌa k ia waꞌi gei shaꞌi ch ed k am ul g e-wihgitha k an neithchkahim ch ep thah gad e baꞌich ehp, gad e baꞌich ehp am ulinch g e-wihgitha. K pi i hoike. Sh ep thathꞌe ch hab e junihith ch mehkohim ch am wa ep thahiwua k am ul g e-wihgitha ch chum nei. K al i hoike.

How Little Hummingbird Finds Rain

Then they sent Hummingbird. He tied some of his down on a little stick. Taking this, he flew and landed in the brush, holding out his wind indicator and watching it. Then he flew on ahead, holding his wind indicator in front of him. When it didn't stir, he flew on. When he had gone a long way doing this, he landed again and held out his wind indicator. Suddenly he saw it stir slightly.

Thohwai! K wash sikod thath'e ch gm huh hasko
ulinahim g e-wihgitha. Bash e wuihim g Gihsubi ch mai
mo haskojed med g Hewel k am oithahim k am haha
wash cheh. K ab al med g shuhthagi ch am huhugith an
s-chehthagi g washai ch s-ap tahhatham hewelok. T i'ajed
gm huh hahawa si shel him k ga huh jiwia mash ab
chehog.

K am al meihim. K gnhab wo'o g Hewel. K gn huh
ha'agjed g Juhki epai wo'o. Sh kohksh. T im i thahiwua
g Gihsubi k am hema bei g chuhthagi k am thai ohj ed
g Hewel. T si sisiw k an wash i chuh. Sh gi'ik chuhthagi
am ha toa. T hahawa i neh g Hewel.

T hab e juh k ah, "Mo ia m-waith g m-hajuni. Ptsh
wo him k ha nei, wo i ha wehmt. T hab pi wo ha hugio
g bihugig."

∞∞∞∞∞∞∞∞∞∞∞∞∞∞∞∞∞∞∞∞∞∞∞∞∞∞

Now! He just flew every which way and held out his wind
indicator here and there. Doing this, Hummingbird found where
Wind was blowing from. He was following this when he discovered
a small stream, green grass, and a pleasant breeze. Then he went
straight from there and came to where there was a cave.

A little fire was burning. Wind was lying on one side and
Rain on the other. They were sleeping. Hummingbird landed there
and took a hot coal and put it on the back of Wind. It sizzled
hard and went right out. He put four coals there, and finally
Wind woke up.

When he got him awake, he told them, "Your relatives invite
you to come and see them and help them so famine will not
destroy them."

Sh hab kaij g Hewel, "Ni wash kiap si s-chegito mat
wa i ni-shahmuth. Nt wash hi wo wa chu'ich g ni-nawoj.
T has wo chei, tt hab wo t-juh."

Sh am hema bei g chuhthagi k am thai ohj ed g
Juhki. T am si sisiw k am wash i chuh. Sh gi'ik chuhthagi
am ha toa. T hahawa i neh g Juhki.

Sh am i ahgith g Hewel mo has kaij g Gihsubi.

K hab kaij g Juhki, "Tho wa chum ni-hajuni ch
washaba pi hedai ni-tatchua, pi hedai ni-nuhkuth. P ahpi
wud wa ni-nawoj ch chum hekith ni-wanimed chum
hebai. Ptp wo e ap'ech mapt wo hih, nt wo hih m-
wehm."

Sh hab kaij g Hewel, "Gamai g med k ha ahgith g
t-hajuni matp wo si t-tatchuath ch wo t-ne'ich gi'ik
s-chuhugam ab k am wo i amhugi. Tt haha wo thatha k

⚬⚬⚬⚬⚬⚬⚬⚬⚬⚬⚬⚬⚬⚬⚬⚬⚬⚬⚬⚬⚬⚬⚬⚬⚬⚬⚬⚬

Wind said, "I still remember that they drove me away. But
I'll ask my friend. Whatever he says, we'll do.

He took a coal and put it on Rain's back. It sizzled hard
and went right out. He put four coals there, then Rain woke up.

Wind told him what Hummingbird said.

Rain said, "They are supposed to be my relatives, but no
one wants me, no one takes care of me. You are my only friend
and always lead me everywhere. If you decide to go, I'll go with
you."

Wind said, "Run tell our relatives that if they really want us,
they'll sing for us for four nights. When they finish the ceremony,

am he'es wo i ha wehm s-hehkigkahim k hahawa ep wo i hihih iia t-kih wui."

T kaiok i meh g Gihsubi k ia huh meliw k hab kaij, "M o huh mehk si'al wecho kih g Juhki ch Hewel. Ni ha ahgith mam ha waith. K hab kaij g Hewel mamt wo ha ne'ich gi'ik s-chuhugam ab. T hab wo s-mahchk mam si ha tatchua. T wo i hihim k wo thatha wenog mamt wo amhugi."

Mash e Shonwuich g Juhki Waitha

T wenog am e hemapai g kekel k am a'aga mat has masma s-ap hab wo juh hegai mam ha chehani. T wenog hab masma amich mat am wo ha chuhcha g mamakai. T hegam ha'ichu wo nahto, t heg hekaj pi wo chegito hegai ne'oki mat hekaj shahmuth g Hewel. Wehsijj wo s-ap e tahtk ch ab wo waithath g Hewel ch Juhki mat wo

we'll come and rejoice with them a while. Then we'll come here to our home again."

When Hummingbird heard this he left. When he arrived he said, "Rain and Wind live far away in the east. I told them you are inviting them to come, and Wind said you should sing four nights for them. Then they'll know you really want them. They'll come when you finish the ceremony."

The Call for Rain is Begun

Then the old men gathered and discussed how to do what they were ordered to do. Then they understood they would have to appoint medicine men to make something that would cause Wind to forget the words they used to drive him away. Everyone would be happy and invite Wind and Rain to come and see their

wa i hihim k wo ha nei g e-hajuni k wo ha wehmt. T hab
pi wo ha hugio g bihugig. Bo kaij g kekel.

Neh, sh wenog g mamakai nahto hegai mach hab
a'aga "nawait". Gi'ik am ha chuhcha. K am ne'ichuth
hegai "Shuhthagi t-nahtoi". Sh am i amhugi k am e a'aga
ch chum mamche mat hedai am wo s-hewelim neo.

Sh am wa ep e kei g Ban k hab kaij, "Ahni ant,
Ahni ant," ch gam wahm kehkim k gd huh kekiwua si
ha eda g hemajkam. K hab kaij, "Thohwai! Oi g wo ni-
-wasibith. Nt haha wo s-hewelim neo."

Msh hab ahg, "Oi g am wa e ahg." Mt hahawa mah
g wasibi, hegai mach hab a'aga "nawait".

T i'ok hab kaij, "Hah! Si s-ni-hihinkim tahhathag.
Mt wash wo ni-wasibi. Nt haha wo s-hewelim neo."

~~~~~~~~~~~~~~~~~~~~~~~~~~~~~~~~~~~

relatives and help them. That way the famine would not destroy
them. That's what the old men said.

So you see, that's when the medicine men made what we
call "nawait". They appointed four of them. They sang to our
"liquid product". When they finished the ceremonial number of
performances, they had a conference to try and find out who
would give the oration.

Coyote appointed himself saying, "I will! I will!" and step-
ping forward until he was right in the center of the people. He
said, "Okay, give me a drink. Then I'll give the oration."

They told him, "Go ahead and speak for yourself." Then
they gave him a drink of what we call "nawait".

When he had drunk it he said, "Wow! It really makes me
feel like yelling. Just give me a drink and I'll give the oration."

Mt ab ep wasibi. T i'ok hab kaij, "Hah! Si s-ni-
-hihinkim tahhathag. Mt wash hema ep wo ni-wasibi. Nt
haha wo s-hewelim neo."

Bo kaijchihim ch ab ai g gi'ik wassibi k haha wash
si hihin. M an i chum bebhehi. T med k e tho'ibia k oi
wa amjed ha ehbith g hemajkam ch am hejel oimed.

Juhki Waitha

"Ab g wo ih'i g shuhthagi t-nahtoi, nahnko ni-
-ihmigi, k ab e tahtam k ab s-em-wapagim shonchuth
si'alig tahgio k ab i wanchkwuan g si'alig tahgio. Kehgam
tontham wa'akih m ab si'alig tahgio ge s-tohta chewagkaj
sha s-e bihshchim chu'ig ch kehk. Ab shonchuth k ab
s-t-ho'ige'itham junihi, am eda si e wihptkog, am eda si
jushal neokim k si s-juhu'ujul wepgim, si s-ap kaitham

∞∞∞∞∞∞∞∞∞∞∞∞∞∞∞∞∞∞∞∞∞∞∞∞∞∞∞∞∞

They gave him another drink. When he had drunk it he said,
"Wow! It really makes me feel like yelling. Just give me one more
drink and I'll give the oration."

He kept saying this until he had four drinks, then suddenly
yelled loudly. When they tried to catch him, he ran and escaped.
From then on he was afraid of people and went about by himself.

Call for Rain

"Drink what we have prepared, my relatives, and be revived,
be elated—begin from the east side to draw the east closer. A
beautifully shining ancient house stands there in the east, wrapped
in white clouds. Start there and be kind to us, mixed within, speak-
ing softly within, lightning moving very zigzag, roaring beautifully,

kuhgkim k sihskim k wo i hih. Jewed si s-tadnim kahchk
e elith k heg ab si s-gahghai chechoshpam e juh k wo i
hih g t-thahm kahchim, chum si s-mehkotham kahchk
e elith.   Kut heg ab si s-mo'ohebamchuth k wo i hih
thohtha'ag chuhchim. Go'ogo'ol si s-wapmhunihim k wo
cheh g jewed, chum si chuwithk e elith.   Kut heg si
s-bahbagi si ma'ishpahim k wo cheh g wipishani weh-
chim. Wapkola si gahghai shahshaiwua u'us chuhchim,
kuiwo shashawkim kaithag. Jewed wo si wa'akpan k wo
cheh. Kut heg thahm an wo wuhsh g nahnko mahs kai.
Jewed thahm, wehs i e hoi, ni-hajuni.   Ihmigi hihimi-
chuththam, himichutho g ihmigi!"

T ith am haha wo i himch g e-ihmigi si'alig tahgio
ch am hudunig tahgio ch am wakoliw tahgio kch am
hahawa juhpin tahgio. T wehsijj am wo ah g e-ihmigi am
wui g s-hewelim neoktham. Kut ith am wo ah g nahnko

∞∞∞∞∞∞∞∞∞∞∞∞∞∞∞∞∞∞∞∞∞∞∞∞

pattering rain and moving along. Although the earth is wide, the
clouds are braced across it and will come, though far away. They
are hung on the heads of the mountains standing there, and will
come. They will leave the earth soaked everywhere, even the high-
est hills. The water will gently flood the little washes, wherever
they are. The driftwood is stopped crossways where the trees are
standing. The sound of rushing water echoes down the valleys. It
will leave the earth well moistened. After that various kinds of
seed will sprout. All over the land, greet one another, my relatives.
Call one another by your relationship."

He then greets those on the east by their relationship to
him, then those on the west, south, and north in turn. All greet
the orator by his relationship to them. He tells of the four kinds

mahs chechwagi mo an bihshch g wa'akih si'alig tahgio
ch hudunig tahgio ch wakoliw tahgio kch juhpin tahgio.
Mt ab haha hema wo i wuhshath g hoa mo am eda shuh-
thagi g nawait. Kut g si wehpegkam mo am thaha si'alig
tahgio wo i'i k am wo ah g wehpeg ne'i. Mt am hahawa
ep wo i bei hudunig tahgio. T g wehpeg thakam ab wo
i'i k am wo ah g ne'i. Mt am hahawa ep wo i bei wakoliw
tahgio. T g wehpeg thakam ab wo i'i k am wo ah g ne'i.
Mt am hahawa ep wo i bei juhpin tahgio. T g wehpeg
thakam ab wo i'i k am wo ah g ne'i.

> *Yahhai shonachuna.   Yahhai shonachuna.*
> *Ia wa si ni-eda yahhai shonachuna.*

(Ab g a'ai wo shonchuth. Ab g a'ai wo shonchuth. Ia ani
wa si ni-eda a'ai shonchuth.)

Gi'ikko o e a'aga ihtha ne'i, wehpeg am si'alig

of clouds that surround the ancient houses of the east, west,
south, and north. Then one of the baskets of wine is brought out.
The first man sitting on the east drinks some and sings the first
song. The basket is then taken to the west side and the first man
drinks some and sings the song. The basket is then taken to the
south, and the first man drinks some and sings the song. The
basket is then taken to the north, and the first man drinks some
and sings the song.

> *Start at each direction.*
> *Start at each direction.*
> *Within myself I start at each direction.*

This song is sung four times, first on the east side, then the

tahgio ch am hahawa hudunig tahgio ch amjed wakoliw
tahgio ch am hahawa juhpin tahgio.

> *Yewel ini wepongithaima.*
> *Yewel ini wepongithaima.*
> *Jewede kahchima wehsiko chehchehemo*
> *Yali ngngehli.*
> *Chuma ani si mamachiholithaima.*

(Hewel ani ni-wepogithahim. Hewel ani ni-wepogithahim.
Jewed kahchim wehsko chehmo. Ali ni-ge'el ani chum
s-mahchulithahim.)

Na'as hab wa chu'ig, ni-hajuni, m an hab ahg g
o'othham. K wa im hudunig tahgio chuhch g thohtha'ag.
T wa hema am eda bebeth k am eda thoahim k ab i e
iawua g s-oam shuhthagi. Kunt wa heg i'ok naum k we-
nog am shonch g ne'i. Kut wa wenog ab i meh g hewel

<hr>

west, then on the south side, and on the north.

> *I try to be like the wind.*
> *I try to be like the wind.*
> *I go all over the earth.*
> *The child I raised*
> *I want very much for him to know.*

Maybe it's like that, my relatives, as the man has said. The
mountains which were in the west—one roars inside and thunders
and there is poured out yellow liquid. When I drank it I got drunk
and then started the song. Then the wind began to blow bring-

k ab i thah g chewagi k in sihbani k heg thahm an wuhsh
g nahnko mahs ha'ichu, ge s-tadani hahhag ch ge pi ha
muhkigam kai kch bai. Heg wehs wud t-hajuni ha-wui-
kam ch hab e juh.

〰〰〰〰

Juhki Waitha Keihina Nen'ei

Namt wo ni-mahkaich?
Namt wo ni-mahkaich?
Litoi ni-mahkaich.
In o wai kahchime chewahangi nihbuinach.
Namto ni-mahkaichuna?

(Namt wo ni-mahkaich? Namt wo ni-mahkaich? Al I'itoi
at ni-mahkaich. In o wa'i kahchim g chewagi ch ni-ihb-
dach. Namt wo ni-mahkaich?)

∞∞∞∞∞∞∞∞∞∞∞∞∞∞∞∞∞∞∞∞∞∞∞∞∞∞

ing in the clouds, and it sprinkled. Afterward various things came
up with wide leaves and undying seed, and ripened. All that hap-
pened is our relatives due.

〰〰〰〰

Dance Songs in the Call for Rain

Are you all going to make me a medicine man?
Are you all going to make me a medicine man?
Little I'itoi made me a medicine man.
Right above are lying the clouds that gave me heart.
Are you all going to make me a medicine man?

Chehthagi Litoi gad uh wa wuhshanime.
Chehthagi yuhuni wehmaja wuhshanimehe,
wausinga yewehenak.
Yuhuni yahhange waupusime.

(Chehthagi al I'itoi gd huh wa wuhshanihim. Chehthagi
huhni wehm ia wuhshanihim. Wa'usig hewed. Huhni
hahhag wa'upusim.

∞∞∞∞∞∞∞∞∞∞∞∞∞∞∞∞∞∞∞∞∞∞∞∞

Tashai wa edaha nunihime,
edaha nunihime.
Babasho ga chewahagi ane sikoli woiwupime.
Wa si nohahime k oink ia ni-wanimelhime.

(Tash o wa eda e junihim, eda e junihim. K heg babsho
g chewagi an sikol wo'owuphim. Wa si thoahim k oithk
ia ni-wanimelhim.)

∞∞∞∞∞∞∞∞∞∞∞∞∞∞∞∞∞∞∞∞∞∞∞∞

Little green I'itoi came out yonder.
With the green corn he came out.
Damp earth and corn I'm asking for.
They're dampening the corn leaves.

∞∞∞∞∞∞∞∞∞∞∞∞∞∞∞∞∞∞∞∞∞∞∞∞

The Sun has reached the center,
Reached the center.
In between, the clouds lay in a circle.
When it was thundering, I was led through it.

A'al Hihi'ani

Mo s-ta Ehbithama g Kahw

Sh am huh hebai g o'othham bihugk. Sh pi ha'ichug g shuhthagi ch pi gei g juhki.

Sh hema g o'othham am gahghim g chuhwi ch pi edagi, heg am cheh kahw k hab i e ah mat wo mu'a k am i chum huhu'i. Kut gm huh wah wag ch ed. Kut am i golwi mat am huh wah wag ch ed k mehk i oi. Kut gm huh nam amai mo an ge'e wag mo an eda shuhthagi. Kut ab tha'iwush g hewel. Kut gm huh hih uhpam hegai o'othham.

Sh am kuhk hegai hewel. K hab kaij hegam o'othham, "Mas hebai kuhk ha'ichu?" K hab ahg g mah-

<hr/>

The Children's Shrine

The Badger is Taboo

It is said there was a famine one time. There was no water and no rain.

One man was out looking for jackrabbits and couldn't find any. Instead he found a badger and chased it, thinking he would kill it. It went into a hole, so he followed it way in. He met up with it where the hole was wide and there was water. Then air began rushing out and the man took off for home.

The wind roared and people said, "Where is the roar coming from?" They told the medicine man, "Would you find out where

kai, "Mapt am hig wo i mamche mas hebai hab e kaij."

Kut ab i mamche k am i s-mai mo gm huh hab kaij amai mat wa am wah g kahw k am ha ahgith mo am hab kaij. Kut am hihih hegam o'othham k gd huh thatha k am neith.

K hab kaij g ha-ge'ejig, "Mamt am has wo chum juh ahpim mamakai mamtp wo e nako mamt wo kuh hegai hewel mat wabsh s-ap wo wa tha'iwush." Bo ha ahg hegam mamakai.

K hab kaij g mamakai, "Mo am wa s-ap'e matt am hab wo wa chum juh." Bo kaij hegam mamakai ch am hahawa chum e nakog k am i pi e nako mas has e juh k wo kuh k am i ha ahgith hegam o'othham.

K hab kaij hegai ha-ge'ejig, "Mamt ia wo i e hema-pai." Kut am i e hemapai.

Sh am ha ahgith, "Mamtp hedai ha'ichu e'eniga ch ia wo cheh. Mamtp hedai edgith g baiuga ch ia wo cheh.

∞∞∞∞∞∞∞∞∞∞∞∞∞∞∞∞∞∞∞∞∞∞∞

the noise is from?"

He looked and found it came from the badger hole, so he returned and told them. Then the people went there and saw it.

The headman said, "You medicine men do something to try to stop that wind so it will just come out normally."

When he told them this the medicine men said, "It's good that we try to do something." Then the medicine men tried, but couldn't do anything to stop it, so they told the people.

The headman said, "Gather for a meeting."

When the people came he told them, "Whoever has something valuable, put it here. If someone has a necklace, put it here.

Kutt hekaj wo kuh g hewel." Bo kaij hegai ha-ge'ejig.

Kut am i hemapai hegai babiuga. Kut am ui hegai ha-ge'ejig k am him k am toa amai hewel hugith am, hab chum ahgk, "Mapt ha'as wo tha'iwush, Hewel." Kut pi am huh wa ha'as i tha'iwush k am wa'i tha'iwush hegai hewel. Kut am i pi e nakog k gm huh hihih uhpam.

Sh gi'ik tash am tha'iwush g hewel k am hahawa tha'iwush g shuhthagi. Kut am ep e hemapai g o'othham k am ep chum a'aga, "Machs has wo juh. Watki wo t-wi'in."

Sh am ep chum ha ahgith g mamakai, "Mamt am ep wo i e nako."

K hab kaij g mamakai, "Matt pi wo t-nako."

Sh hema g o'othham pi wud mahkai ch wud wabsh

∞∞∞∞∞∞∞∞∞∞∞∞∞∞∞∞∞∞∞∞∞∞∞∞

That's how we'll stop the wind."

When he had said this the people gathered their beads. He took them and placed them there beside where the wind was coming out saying, "Stop rushing out, Wind!" But the wind just kept rushing out and didn't stop. When he saw he couldn't do anything, he went back home.

For four days the wind rushed out and then water gushed out. The people got together again and discussed it. "What can we do," they said. "It'll wash us away."

Again they tried to tell the medicine men, "You must try again."

But the medicine men said, "We can't do it."

There was one man who was not a medicine man, but was

o'othham ch wabsh s-chu amichuth. Heg hab kaij, "Matt g a'al am wo ha shul amai wag ch ed. Kutp hems ha'as wo wa tha'iwush g shuhthagi." Bo kaij hegai o'othham mo s-chu amichuth.

K hab kaij g ha-ge'ejig, "Mo am wa s-ap'e. Kumt ahpim mam g a'al eniga ia wo ha shul g e-a'alga. T am hab wo e juh mo hab ahg hegai o'othham."

T am i s-hohho'i hegam o'othham wehs mat am wo ha shul g e-a'alga.

K am i ha ahgith g ha-ge'ejig, "Matt gi'ik am wo ha shul. Kut gohk wud wo u'uwik ch gohk wud wo che-chojk. T wud wo gi'ikk."

Kut am hahawa ha ah ha'i g a'al mat am wo ha shul. K am i s-hohho'ith hegam a'al ch hab kaij, "Mo am wa s-ap'e mamt am wo wa t-shul. Kutp hems hahawa ha'as wo wa tha'iwush g shuhthagi." Bo kaij hegam a'al.

very wise. He said, "We should put some children into the hole. Maybe then the water will stop gushing out."

When the wise man had said this, the headman said, "That's good. You who have children put them here. What the man says will happen."

All the people agreed that they would put their children there.

Then the headman told them, "We will put four children there. Two will be female and two will be male."

They told some children they were going to put them there. The children agreed saying, "It's good that you are going to put us there. Maybe then the water will stop gushing out."

K hab kaij g ha-ge'ejig, "Mamt ab wo i e hemapai.
Kutt am wo wa i ha shul. Wat wa wo ge'etha g shuh-
thagi."

Kut am i e hemapath k am ha u'apa gi'ik g a'al g
o'othham mash am tha'iwush g shuhthagi. Kut am ha
shul hegam a'al. Kut am i huh g shuhthagi k pi am huh
ep tha'iwush.

K hab kaij hegam mamakai, "Mamt hema wo i gah
g si ge'echu ha'a. Kutt gd huh wo thahsh k heg eda am
wo toa g babiuga."

Kut wa wohoh am hema i gah g si ge'echu ha'a k
am i bek am i ha mah hegam mamakai. Kut ab i bek ia
huh sha'i mehk mat am thai hegai ha'a k am ha ahgith,
"Mo ia s-ap'e mat ia wo thakath hegai ha'a. Kumt ia
haha wo toa g babiuga ith eda ha'a."

When the children had said this the headman said, "Every-
one go there and we'll put them there as we said. Otherwise
there'll be a flood."

The people went, taking the four children to where the
water was gushing out. When they put the children into the hole
the water disappeared and didn't gush out anymore.

Then the medicine men said, "Look for the biggest olla.
We'll set it out and put beads into it."

So they looked for the biggest olla and took it to the medi-
cine men. They took it and set it out at a distance and told them,
"It's good for the olla to sit here. In the future, you will put your
beads in this."

Kut am hahawa toa g babiuga k am i ap'echuth k
am ha ahgith, "Mat i'ajed chum hekith hab wo e juni-
hith.   Mamt hedai hekith ia wo jiwia k haschu wo i
edgithath ch ia wo cheh, i'ajed chum hekith am hugkam
mat hekith wo huhug g jewed."

◢◢◢◢

Mo s-ta Ehbithama Ihtha hab Mahs Washa

Ab ash wo'o g washa heg ab tho'ag mo hemu hab
chehgig "A'al Hihi'ani".

Kush ab haha wash tha'iwush g shuhthagi k heg i
ge'ethahim k i ge'ethahim k s-ta ehbitham e juh.

Kush wenog am hahawa e hemapai g hemajkam k
am ha chuhcha g mamakai mat hegam wo s-mai mas
haschu ahg ch hab e wua ha'ichu. Sh am nei g hemajkam

∞∞∞∞∞∞∞∞∞∞∞∞∞∞∞∞∞∞∞∞∞∞∞∞∞∞∞∞

Then the medicine men finished the ceremony by putting
the beads in the olla and saying, "From now on this will always
be done. Whenever anyone comes here with something of value,
he will put it here, from now on, forever, until the world ends."

◢◢◢◢

The Ritual Case is Taboo

It is said that the sacred case was kept on the mountain
that is now called "The Children's Shrine".

That was where the water rushed out and rose until it be-
came dangerous.

Then the people got together to appoint medicine men to
find out why this thing was happening. The people sang for four

gi'ik s-chuhugam ab k am i kuhgi g ne'i.

Sh hab kaij g mamakai, "Moki mu'i ha'ichu pi ap wua g washa nuhkuththam. Koki heg hekaj hab e wua. Kutp hab masma s-ap'e matt ab wo iagchul g t-Si'ihe k ab wo mah g washa nuhkuththam a'alga. Kutp ab wo s-t-ho'ige'itham e tahtam k wo wa t-tho'ibia."

Neh, sh am i ha ui hegam gohk a'al mash wud e--wepngam ch e we'eppo haha'asig. Kush si nahnko masma ha o'oha m an he'ekia i has mahs g chewagi. Bash masma ha o'ohan k ha nahto k g a'ankaj si ha hehosith k am i ha u'u k ga huh ha u'apa tho'ag t ab mash ab wagt s-chuhchpulim.

Kush hab kaij g kekel, "Mat hekith am wo nei g em-hajuni gm huh mehk, kumt ia wo keihi ith wag chuh-chpul ab matt ith eda ia wo em-thagito."

<hr>

nights and finished their sing.

The medicine men said, "The Keeper of the sacred case has done many things wrong. That's evidently why this thing is happening. If it is alright, we will make an offering to our Elder Brother by giving him the children of the sacred case keeper. If he feels kind toward us, he will save us."

So you see, they took those two children who were the same size and of the same parents, and they painted them in various ways, like the many colors of the clouds. When they finished painting them like that, they decorated them with feathers and took them up on the mountain where they had dug a square hole.

The old men said, "Whenever your relatives sing far away, you will dance here at the corners of this hole in which we will leave you."

Mamsh Mea g pi Amkam Kownal

Sh heki huh in o'othhamag. Kush eda g Monti-suhm wud kownal. Kush hegam o'othham wehs e wepo kaitham neneok.

I'itoi ash am wuhppa g juhki ch wehs ha gegosith hegam o'othham. I'itoi ash am e'esha g ha'ichu hugi, shuh'uwad e'esha, thahpk ep e'esha, cheolim ep e'esha, mu'i nahnko mahs kai e'esha.

Sh hegai kownal Monti-suhm chum hekith s-ap ha nuhkuth hegam o'othham ch am huh hebai pi ap ha nuhkuth ch ha koktha, s-ko'okajig ch hekaj ha koktha hegam o'othham.

T am i s-mai mo g Monti-suhm hab e wua k pi e nako hegam o'othham k am hihim k ga huh thatha abai Monti-suhm kih ab k ab huh mua hega'i Monti-suhm k ga huh ep hihih uhpam k ia huh thatha e kih am.

A Mean Ruler is Assassinated

It is said that long ago there were people living nearby. At that time Montezuma was chief, and the people all spoke alike.

I'itoi made the rain fall and fed the people. He planted food, mustard, tansy mustard, cholla, and many kinds of seed.

The chief, Montezuma, always took good care of those people, but later on he didn't take care of them and killed them, poisoning them by occult power.

When they found out that Montezuma was doing this they went to his house and killed him. Then they returned to their homes.

349

K am huh wud i gi'ik tash. Kud am hema i him k
ga huh jiwia abai Monti-suhm kih ab k chum nei. Ab o
wabsh thaha hegai Monti-suhm. T ab i s-mai matki ep e
chegito hegai Monti-suhm.   K heg ga huh hahawa hih
uhpam k ia huh jiwia amai e-kih am k am ha ahgith
hegam e-wehm kihkam o'othham, "Matki ep e chegito g
Monti-suhm k ab wash thaha."   Bo ha ahgith hegam
o'othham.

K hab kaij hegai ha-ge'ejig hegam o'othham mat am
ep wo hihim k ep wo mua hegai Monti-suhm. T am ha-
hawa e nakog k am ep hihim k ga huh thatha abai Monti-
-suhm kih ab k chum nei. K an wash thaha hegai Monti-
-suhm.   T am hahawa ep mu'a k hikkumi'og k g jewed
wehnath g chuhkugaj k shoniwia. Wehs hab i juh hegai
chuhkugaj k g oh'oj hab ep juh k ep shoniwia. Wehs
iolagi g jewed hegai Monti-suhm oh'o kch heg ep chuh-
kugaj kch am i thagito k gm huh hihih uhpam.

∞∞∞∞∞∞∞∞∞∞∞∞∞∞∞∞∞∞∞∞∞∞∞

In about four days, someone went to Montezuma's house
and was surprised to see him there. He found out that Montezuma
had come back to life. Then he returned home and told the people
he lived with, "I see Montezuma has come back to life and is just
sitting there." That's what he told the people.

Then the headman said they would go and kill Montezuma
again. So they got ready and went to his house to see. There was
Montezuma, just sitting there. They killed him again and cut him
up, mixed his flesh with earth and ground it up. They ground up
all his flesh and bones. His whole body they ground up well with
earth, then left it and returned home.

K am wud i gi'ik tash. T am hema ep him k ga huh
i jiwia abai Monti-suhm kih ab. K ab wash ep thaha g
Monti-suhm, ep e chegito. Sh am i neith k ga huh ep him
k epai ia huh jiwia e-kih am k am ha ahgith hegam
o'othham, "Matki ep e chegito hegai Monti-suhm."

K am hab i kaij hegai ha-ge'ejig, "Mamt ep wo e
nahto. Tt ep wo hihim k ep wo mua g Monti-suhm."

T am i e nahto k ep hihim k ga huh ep thatha abai
kihj ab hegai Monti-suhm k chum nei. K ab wash thaha
hegai Monti-suhm. T ab hahawa ep mu'a k ep hikkumi'og
k am hahawa hihitho hegai chuhkugaj g Monti-suhm. T
am i bak am wash i s-wia. Kut am hahawa i bi'a k am al
chu'uchum wantsh hega'i chuhkugaj g Monti-suhm k gm
huh mehk nehnchuth k gm huh ep hihih hegam o'othham
uhpam k gd huh thatha e-kih am.

∞∞∞∞∞∞∞∞∞∞∞∞∞∞∞∞∞∞∞∞∞∞∞∞∞∞

In four days someone again went to Montezuma's house.
There was Montezuma sitting there! He had come back to life
again, and when he saw this he returned home and told the people,
"I see Montezuma has come back to life again."

So the headman said, "Get ready again, right away. We'll
go and kill Montezuma again."

They got ready and again went to Montezuma's house to
see. There was Montezuma, just sitting there. They killed him
again, cut him up and cooked his flesh. When it was done it just
fell to pieces. They took his flesh out and tore it into little pieces
and threw it far away, then they returned to their homes.

Kch am wud i gi'ik tash. Kut am hema ep him k ga huh jiwia abai Monti-suhm kih ab k chum nei. K ab ep wash thaha hegai Monti-suhm. Kut ab i neithok ga huh ep hih uhpam k ia huh i jiwia e-kih am k am i ep ha ahgith hegam o'othham, "Matki ep e chegito g Mònti--suhm."

K hab kaij hegai ha-ge'ejig, "Matt has hig wo juh k wo mua. Kut pi ep wo e chegito?" Bo kaij hegai ha-ge'e-jig.

Kut am hahawa e jehnigi hegam o'othham wehs-ko'ijed k am a'aga wehsijj hegam o'othham.

"Kuchs has masma wo mua hegai Monti-suhm, kus pi hekith ep wo e chegito? Kuchs haschukaj wo mua, kus pi hekith wo e chegito? Kumt oi am wo a'aga, amtp hems wo i mai machs haschukaj wo mua g Monti-suhm. Kut pi hekith ep wo e chegito," bo kaij hegai ha-ge'ejig.

∞∞∞∞∞∞∞∞∞∞∞∞∞∞∞∞∞∞∞∞∞∞∞∞∞∞

In four days someone else went to Montezuma's house and was surprised to see that Montezuma was sitting there again. When he had seen this he went back home, and told the people, "I see Montezuma has come back to life again."

Then the headman said, "What can we do to kill him so he won't come back to life again?" That's what the headman said.

So the people from all over met and discussed it.

"How can we kill that Montezuma so he'll never come back to life again? What can we kill him with? Discuss it now and maybe you'll discover what we can kill him with so he'll never come back to life again," the headman said.

K ha'i g o'othham hab kaij, "Matt heg ga huh wo ahgi S-oam Nuwi mo hegai ge wainomi gaht. Kutp hems heg hekaj wo mua. Kutp hems heg hekaj pi wo e chegito hegai Monti-suhm."

K hab kaij hegai ha-ge'ejig, "Mo am wa s-ap'e matt-ki heg ab wo wa ahgi mat heg hekaj wo mua. Kutp hems wa wohoh pi ep wo e chegito." Bo kaij hegai ha-ge'ejig.

K hab hahawa kaij hegam o'othham, "Mo am wa s-ap'e mattki heg ab wo wa ahgi." K am i wehsijj s-hoh-ho'ith.

K hab hahawa kaij hegai ha-ge'ejig, "Mamt am hema wo i med k ab wo ahgi. Kut ab wo i him k ia wo i jiwia iia ni-kih am. Kunt ahni am haha wo i jehnigi. Bapt wo ah hegai S-oam Nuwi."

Some of the people said, "We'll tell Yellow Buzzard, who has the iron bow. Maybe he'll kill him with that so he won't come back to life."

Their headman said, "That's good. We'll tell him to kill him with that. Maybe he really won't come back to life." That's what the headman said.

Then the people said, "That's good. We'll tell him." Everyone agreed.

Then the headman said, "One of you will run and tell him so he'll come. When he arrives at my house, I'll smoke with him. That's what you should tell Yellow Buzzard."

Kut am hahawa hema i med k ga huh ahgith, "Mo
ia m-waith hegai t-ge'ejig."

K hab kaij hegai S-oam Nuwi, "Mo wa s-ap'e mant
wo wa hih. Kupt gamai wo meh." Bo kaij hegai S-oam
Nuwi.

Kut ga huh hahawa meh hegai o'othham k ia huh
mel e-kih am k am ahgith hegai e-ge'ejig matsh ab wo
wa i hih.

K hab kaij hegai ha-ge'ejig, "Mo am wa s-ap'e. Nt
wo wa nenidath."

Kut am hahawa i jiwia hegai S-oam Nuwi. Kut am
e jehnigi wehsijj hegam o'othham.

K hab kaij hegai ha-ge'ejig, "Mant hemu am wo
m-ahgi mani haschu wehhejed m-waith ahpi!i S-oam
Nuwi." Bo kaij hegai ha-ge'ejig, "Mani heg wehhejed
Monti-suhm, mo t-hugiogahim hega'i Monti-suhm. Kup
ahpi'i S-oam Nuwi ge wainomi gaht mapt heg hekaj wo

Then someone ran there and told him, "Our headman is
calling you."

Yellow Buzzard said, "It's good that I go. Run back and
tell them." That's what Yellow Buzzard said.

So the man ran back and when he arrived at his home he
told the headman that he was coming.

The headman said, "That's good. I'll be waiting for him."

Then Yellow Buzzard came, and all the people got together
and talked about it.

The headman said, "Now I'll tell you what I called you for,
Yellow Buzzard." And he went on to say, "It's because Monte-
zuma is destroying us. You have an iron bow, Yellow Buzzard, with

mua. Kutp hems pi hekith ep wo e chegito. Kuni heg hekaj ab m-waith." Bo ahg hegai S-oam Nuwi.

K hab kaij hegai S-oam Nuwi, "Mo am wa s-ap'e mant hab wo wa juh." Bo kaij hegai S-oam Nuwi.

K hab kaij hegai ha-ge'ejig, "Mat i'ajed wud wo gi'ik tashk mapt wo e nahto k ab wo i hih. Kutt am haha wo hihih. Kupt ab haha wo mua hegai Monti-suhm."

K hab kaij hegai S-oam Nuwi, "Mant ab wo wa i hih heg eda tash map am hab ahg. Kupt eda wo i ni-nenida. Nt eda wo wa i jiwia." Bo kaij hegai S-oam Nuwi.

K hab kaij hegai ha-ge'ejig, "Mo am wa s-ap'e. Kumt ahpim o'othham epai wo e nahto mat wo jiwia ihtha S-oam Nuwi." Bo ha ahg hegam o'othham. Kut gm huh hahawa hih uhpam hegai S-oam Nuwi.

∞∞∞∞∞∞∞∞∞∞∞∞∞∞∞∞∞∞∞∞∞∞∞∞∞∞∞∞

which you can kill him so that he can't come alive again. That's why I called you." This is what he told Yellow Buzzard.

Yellow Buzzard said, "It's good that I do that." That's what Yellow Buzzard said.

Then the headman said, "It will be four days from now that you should get ready and come back. Then we'll go and you can kill Montezuma."

Yellow Buzzard replied, "I'll come on the day you say. You must wait for me, until I come." That's what Yellow Buzzard said.

So the headman said, "That's good, and you people should also get ready for Yellow Buzzard's return." When he had told the people that, Yellow Buzzard went home.

T am i e ai g gi'ik tash. Kut eda jiwia hegai S-oam Nuwi. Kut hegam o'othham epai e nahto k gm huh hahawa hihih Monti-suhm kih wui k ga huh thatha abai Monti-suhm kih ab. K ab i thaha hegai Monti-suhm. T am hahawa thahiwua hegai S-oam Nuwi k am ul hegai wainomi gaht k ab si gatwui hegai Monti-suhm k am i mua.

T gm huh hahawa hihih uhpam k gd huh thatha. K hab kaij hegai S-oam Nuwi, "Matt hemu ab mua hegai Monti-suhm. Kut i'ajed wud wo i gi'ik tashk. Kumt am hema wo med k ab wo nei hegai Monti-suhm. Kutp hems pi haha wo e chegito. Kutp ep wo e chegito, kumt ab ep wo ni-ahgi. Kunt am ep wo mua." Bo kaij hegai S-oam Nuwi.

K hab kaij hegai ha-ge'ejig, "Mo am wa s-ap'e." Kut gm huh hih uhpam hegai Ṣ-oam Nuwi.

<hr>

When four days had passed Yellow Buzzard returned. The people were ready and they went to Montezuma's house. When they arrived, there was Montezuma. So Yellow Buzzard sat down, and stretched out the iron bow and shot and killed Montezuma.

They returned home and when they arrived Yellow Buzzard said, "Now we've killed Montezuma. Four days from now one of you run there and see him. Maybe he'll never come to life again. But if he does, tell me and I'll kill him again." That's what Yellow Buzzard said.

The headman said, "That's good." So Yellow Buzzard went home.

Kut am i e ai g gi'ik tash. Kut am hema hih amai Monti-suhm kih wui k ga huh jiwia abai kihj ab g Monti-suhm k ab chum nei. Kutki hahawa pi e chegito, wabsh am i wo'o. Kut gm huh ep hih uhpam k gd huh jiwia e-kih am k am ahgith hegai ha-ge'ejig, "Matki pi hahawa e chegito, ab wabsh wo'o." Bo kaij hegai o'othham.

K hab kaij hegai ha-ge'ejig, "Mo am wa s-ap'e. Kutp hems pi hahawa hekith wo e chegito."

T wa wohoh pi hekith e chegito gi'ik ahith ab.

∞∞∞∞∞∞∞∞∞∞∞∞∞∞∞∞∞∞∞∞∞∞∞∞∞

After four days had passed, someone went to Montezuma's house to see. He had not come back to life! He was just lying there. So he returned home and when he arrived he told the headman, "He didn't come back to life, he's just lying there." That's what the man said.

Then the headman said, "That's good. Maybe he'll never come back to life again."

Sure enough, he didn't come back in four years.

APPENDICES

BIBLIOGRAPHY

A. Specific Sources

The primary sources of specific materials are given with supplimentation of grammar, spelling, and text conducted on the basis of parallel sources by the same author and the consultants' awareness of features of their own language, culture, and literary heritage.

The following material was supplied by Daniel Matson, Lecturer in Anthropology at the University of Arizona, who assisted the writer, the late Professor William Kurath,[1] Head of the German Department in preparing the texts. "Coyote Imitates Blacksnake," and "Coyote Imitates Skunk" were narrated by Susanne (Ignacio) Enos; "Coyote gets Tricked by Quail," and "Coyote gets Tricked by Cottontail" were narrated by Enos Francisco.

"The Ho'ok, the Hawk, and the Eagle" was narrated by Ventura Jose and written by Susanne Enos.

The following material is from the Robert H. Lowie Museum of Anthropology Archives, no. 134, the section indicated, Bancroft Library, University of California at Berkeley, written by Juan Dolores as narrated by Ba'imudkam, Huhkakal, Jose Joaquin, Antonio Lopez, S-Hawani Uhw, and others: The Earth is Made 8.B:1-11; Falling and Morning Stars 3.C.M:244-255; The Milky Way Appears 3.B.M:262-264; The Pleiades Appear 8.C:189-191; Where People got Corn 8.B:11-34; Coyote Studies Stars 8.B:51-53; Coyote Scatters Stars 4.A.2:53-60; Coyote Imitates Bean Child 3.D.213-232; What Happens to a Braggart 8.C:233-239; What Rattlesnake Taught 8.C:265-273; The O'othham Scout the Enemy 5:112-129; Hawk Man's Second Speech 4.F; Where Yaquis got the

---

[1] Kurath, William, A Brief Introduction to Papago, A Native Language of Arizona. University of Arizona Social Science Bulletin 13, 1945.

Flute 8.C:192-198; Mule Deer Capture a Hunter 1.I; Mule Deer are Corraled 1.N; The Hawk 8.C:177-188; Rain Goes Away 5; The Call for Rain 4.H

The following material is from the American Philosophical Society Library Archives, Philadelphia, Pennsylvania, written in part by J. Alden Mason in cooperation with Juan Dolores and with the same narrators, and supplied in part from the Robert H. Lowie Museum Archives: How the Flood Came 76-87; Coyote Scatters Mesquite Beans 39-43; Coyote Scatters Saguaro Seed 43-46; Coyote's Son is Good for Nothing 46-58; How Those who Emerged Came Here 88-100; Apache Slave's Son is Hawk Man 23-33; The Ho'ok 10-22, The Badger is Taboo 101-104; A Mean Ruler is Assassinated 104-110.

The following material was written by Dean Saxton as narrated by those whose names follow the story title:
I'itoi, Coyote, and Buzzard—Joe Thomas; A Quail Escapes the Hawk—Cipriano Manuel; The One Who has an Encounter with Something gets Power from it—Enos Francisco; A Woman Who Loved Field Hockey—Mahila Harvey; How to Play Field Hockey—Susanne Enos, Eagle—Mahila Harvey; The Story of the Beast—Pedro Estrella.

"Why Little Bear had no Name" was narrated by Johnson and written by Curtis Bunney. "The Ritual Case is Taboo" is from **The Papago Language of Arizona**, J. Alden Mason, The University Museum, University of Pennsylvania (1950).

B. Correlation

The following materials are xerox copies from microfilm of documents in Lowie Museum Archives, no.134, Bancroft Library, University of California at Berkeley, correlated with packets of material from the Arizona State Museum Library Archives.

			PACKET A380
		pages	pages
1.A		1-47	1-47
	Creation Myth 134.1.A 1-11 1911A.D.	m1-11	1-11
	Where Corn Came From		
	134.1.A,B 12-95	m11-34	11-34
1.B	Where Corn Came From		
	134.1.A,B 12-95	47-95	47-95
1.C	Flood	96-149	96-149
1.D	Brothers' Race (Ho'ok)	150-233	150-233
	Drought	234-295	234-295
1.E	Vocabulary	296-310	296-310

			PACKET AA19
1.F	(Songs 314-331)		311-329
1.G			330-344
	Memoirs of S-Hawani Uhw		330-337
	Speech for Rain (Papago) Antonio Lopez		338-342
	Speech for Rain (Papago) Ba'imudkam		343-344
1.H	Creation (English) S-Hawani Uhw 345; Invitation		
	to wine ceremony 380		
	Sun and Moon (Eng) A.Lopez 394; Autobiography		
	(Eng) A.Lopez; Songs (Papago) Jose Joaquin		345-403
1.I			404-441
	The Hunter and His Sister (Meteor and		
	Morning Star—Eng) Huhkakal	m244-255	404-409
	Children's Shrine (Eng) Huhkakal		409-411
	Naming of Infants		411
	Deer Hunter Captured		413-419
	Linguistics		419-423
	Songs		424-441

			PACKET A381
1.J			448-484
1.K			486-529
	Hawk Meeter Avenges Father's Death 1.J,K		441-508
1.L			530-603

1.M			604-642
	Coyote and His Son 1.K,L,M	21-110	509-642
1.N	(J.A.Mason also recorded these texts)		643-692
	Autobiography of Antonio Lopez (Papago) 1919A.D.		643-673
	Deer Corraled 1919 A.D.		674-690
1.O			693-770
	Cultural Heroes Battle (I'itoi and Siwani)		
	1912 A.D.	m86-113	693-763
	Explanation of features in story above		764-770
			PACKET A382
2M	Microfilm of J.D. notes		none
3.A	Brothers' Race (Ho'ok)		771-813
3.B	Milky Way—typed	m262-264	814-824
3.C	The Hunter and His Sister (Meteor and		
	Morning Star)	m244-255	825-848
3.D	Turtle and Child of Mesquite Bean	m213-232	849-885
·3.E	Mexican Army Battles Papagos (Eng)		
	S-Hawani Uhw		886-901
4.A-E	Songs and speech (recorded)		902-908
4.F	Hawk Man's Second Speech		909-916
4.G	Songs		917-939
4.H	Rain Speech-A.Lopez/2 Creation sóngs 946		
	S-Hawani Uhw, 2 songs and speech-Ba'imudkam		
	3 dance songs-Jose Joaquin 939		947-959
4.I	Hawk Man's First Speech		947-959
5			960-1161
	Creation Myth		960-975
	How Corn Came		976-1012
	How Flood Came		1012-1040
	Coyote Studies Stars		1041-1043
	Coyote Scatters Stars		1044-1057
	How Coyote Lived		1058-1059
	The Great Drought		1059-1092
	Cultural Heroes Battle (I'itoi and Siwani)		1092-1129
	Apache Slave and Son (Hawk Meeter)		1130-1161
6	Coyote and His Son		1162-1239
			PACKET AA20
7.A	Kroeber Papago Field Notes		1240-1268

	Antonio Lopez' account of his life as a child	
	on the desert	338-348
	same (different orthography)	349-364
	Phonetic notes	365-369
	Mexican Battle with Papagos (typed)	370-382

PACKET
A383

10	Dolores and Kroeber, working notes for	
	Papago Word Stems	1353-1495
11.A	Kroeber Papago Linguistics Miscellany	1496-1537
11.B-G	Kroeber Papago Linguistics Miscellany	1538-1575
12	Kroeber, A.L. Papago Language:	
	Lexical Slip File	none

American Philosophical Society Library Archives
Papago Texts—J. Alden Mason (typed)

1-9	The Great Drought
10-22	The Ogress (Ho'ok)
23-33	Hawk Man Avenges Father's Death
34-58	Coyote and Son Adventures
59-62	Creation (missing first part)
62-76	How Corn Came
76-87	Flood
88-100	Cultural Heroes Battle (I'itoi and Siwani)
101-104	The Children's Shrine
104-110	Yellow Buzzard Kills Montezuma
112-114	Autobiography of Antonio Lopez

Pima Speeches—George Herzog (typed)

1-2	Elder Brother's Speech
3-4	Prophesy of Elder Brother
5-6	Earth Doctor's Speech for Rain
7-10	The Mountain Goat
11	Vihkoskam Mahkai's Speech for Rain
12-18	First Speech at the Song-fest
19-20	Second Speech at the Song-fest
21-26	Warpath, First Night, Speech of Elder Brother

27-30	Prayer of Earth Doctor for Rain
31-36	Speech of Pad Ahngam
37-43	Coyote's Speech, Gambler's War
44-51	Elder Brother's Speech after his Resurrection

C. General

Alvarez, Albert and Kenneth L. Hale. 1969.
   The Sounds of Papago (duplicated), Massachusetts
   Institute of Technology.
1969 *The Expressions of Papago* (duplicated), Massachusetts
   Institute of Technology.
1970 "Toward a Manual of Papago Grammar: Some
   Phonological Terms," *International Journal of Linguistics*,
   36:83-97.

Bolton, Herbert E. 1960
   *Rim of Christendom: A Biography of Eusebio Francisco
   Kino.* New York, Russell & Russell.

Castetter, Edward F. and Willis H. Bell. 1942.
   Pima and Papago Agriculture. The University of New
   Mexico Press. Albuquerque, New Mexico.

Castetter, Edward F. and Ruth M. Underhill. 1935.
   The Ethnobiology of the Papago Indians. University of
   New Mexico, Bulletin, No. 275; Biological Series
   Vol. IV, No. 3.

Chesky, Jane. 1943
   The Nature and Function of Papago Music. Thesis.
   University of Arizona, Tucson.

Davis, Edward H. 1920.
   The Papago Ceremonial of Vikita. New York. *Indian
   Notes and Monographs,* Vol. III, No. 4.

Densmore, Frances. 1929.
   Papago Music. United States Government Printing Office.
   Washington. Smithsonian Institution, Bureau of American
   Ethnology Bulletin 90.

Dolores, Juan. 1913.
"Papago Verb Stems," *University of California Publications in American Archaeology and Ethnology,* Vol. 10, No. 5 pp. 241-63. Berkeley.

1923 "Papago Nominal Stems," *University of California Publications in American Archaeology and Ethnology,* Vol. 20, pp. 19-31.

1936 "Papago Nicknames," (edited by J. Alden Mason), *Essays in Anthropology in Honor of Alfred Louis Kroeber,* pp. 45-47. University of California Press, Berkeley.

Fontana, Bernard Lee, and others. 1963.
Papago Indian Pottery. University of Washington Press, Seattle. American Ethnological Society, Monograph No. 37.

Gillmor, Frances. 1945.
Opportunities in Arizona Folklore. University of Arizona Bulletin, Vol. XVI, No. 1, Tucson.

Grunst, Marie Louise. 1930.
Ceremonials of the Papago and Pima Indians with special emphasis on the relationship of the dance to their religion. Thesis, University of Arizona, Tucson.

Hale, Kenneth L. 1959.
A Papago Grammar. Dissertation. University of Michigan, Ann Arbor.

1967 "Toward a Reconstruction of Kiowa-Tanoan Phonology," *International Journal of Linguistics,* 33:112-120.

Herzog, George. 1936.
"A Comparison of Pueblo and Pima Musical Styles," *Journal of American Folklore,* XLIX, 283-417.

Hubatch, Sister M. Antoninus, Dean Saxton, and Brother Laurence Hogan. 1969.
Our Book – T-O'ohana – Nuestro Libro, San Xavier Mission, Tucson.

Jones, Delmos John. 1962.
>Human Ecology of the Papago Indians. Thesis. University of Arizona, Tucson.

Joseph, Alice, Rosamind B. Spicer, and Jane Chesky. 1949.
>*The Desert People, a study of the Papago Indians.* University of Chicago Press, Chicago.

Kissel, Mary Lois. 1916.
>*Basketry of the Papago and Pima.* New York. American Musuem of Natural History, Anthropological Papers, Vol. XVII, Part 4.

Kurath, William. 1945.
>A brief Introduction to Papago, a Native Language of Arizona. University of Arizona Bulletin, Vol. 16, No. 2. Tucson.

Lumholtz, Karl Sofus. 1912.
>*New Trails in Mexico.* Scribner Sons. New York.

Mason, J. Alden. 1920.
>"The Papago Harvest Festival," *American Anthropologist,* XXII, 13-25.
1921 "The Papago Migration Legend," *Journal of American Folklore,* XXXIV, 254-68.

Russell, Frank. 1904-5.
>"The Pima Indians," Bureau of American Ethnology, Annual Report. XXVI:3-389.

Saxton, Dean. 1963.
>"Papago Phonemes," *International Journal of Linguistics,* 29:29-35.
and Lucille. 1969.
>*Papago and Pima to English, English to Papago and Pima Dictionary,* the University of Arizona Press, Tucson.

Shaw, Anna Moore. 1968.
>*Pima Indian Legends,* The University of Arizona Press, Tucson.

Shaw, R. Daniel. 1968.
>   *Health Concepts and Attitudes of the Papago Indians,*
>   United States Public Health Service, Division of Indian
>   Health, Tucson.

Shreve, Margaret B. 1943.
>   Modern Papago Basketry. Thesis. University of Arizona,
>   Tucson.

Slaughter, Alan Lee. 1956.
>   A Study of the Phonemic Aspect of Bilingualism in Papago
>   Indian Children. Thesis. University of Arizona, Tucson.

Spicer, Edward H. 1962.
>   *Cycles of Conquest: The Impact of Spain, Mexico, and the
>   United States on the Indians of the Southwest, 1533-1960.*
>   The University of Arizona Press, Tucson.

Underhill, Ruth M. 1938.
>   *Singing for Power: The Song Magic of the Papago Indians,*
>   University of California Press, Berkeley.

1939 *Social Organization of the Papago Indians,* Columbia
>   University Press, New York.

1941 The Papago Indians of Arizona and their Relatives, the
>   Pima, United States Department of the Interior, Bureau of
>   Indian Affairs, Division of Education.

1946 *Papago Indian Religion,* Columbia University Press,
>   New York.

1951 People of the Crimson Evening, United States Indian
>   Service. Indian Life and Customs Pamphlets 7

Wilkinson, John Faulkner. 1935.
>   The Papago Indians and their Education. Thesis. University
>   of Arizona, Tucson

NOTES ON LEGENDS

A. General

Legends are fiction discourse class of utterance, characterized by special openers and closures and special grammatical features.

A legend consists of introduction plus one or more episodes plus conclusion. The introduction gives the major time-place setting and participants in a harmonious situation. It may begin with a story telling formula such as **sh hab wa chuꞌi naꞌana** 'they say it happened long ago,' or **heki huh** 'long ago.'

An episode consists of thesis plus antithesis. The thesis describes a disruption of harmony, the antithesis the measures employed to overcome it.

The conclusion describes restored harmony, with a closure such as **am o waꞌi hug** 'that's the end' or **am o waꞌi at hoabdag** 'that's the center of the basket'. The latter is a figure for the return of harmony necessary for a story to be considered complete, suggesting that all details woven into the story have been treated and no strands of unsolved mystery left hanging.

While stories are complete when harmony is restored, events are complete with a cycle of four, or some power of four, often signaled by the verb **amhugi**. Songs are sung four times, and in a traditional ceremony four songs make a set, four sets a night, and four nights a ceremony, four to the fourth power. Sixteen days were required for a warriors purification. It may be a modern legend, but the reason "Why Little Bear has no Name" is that his mother had already used them up...all sixteen!

The four cycles are frequently paired as eight, or divided into pairs. Four clans are paired in two moieties with the coyote and the buzzard as totems. (A fifth clan with the bear as totem is said to be not a member of either moiety.) The repetitions of a song are divided into pairs, often with a deletion of part, change

371

of speed, accompaniment, and dancing style for the second pair.[1]

Is it coincidental that kinship ascends four generations, with senior and junior peer kin terms, *sihs* and *shehpij*, as center "crosspiece"?[2]

The cycles are often associated with the points of the compass, around which important events revolve in circular or crossed pattern. The circular pattern is counterclockwise, east, north, west, south. The crossed pattern is paired, and, in the tradition reflected here, from east to west and from south to north. The direction names are paired, east and west being derived from the movement of the sun, south and north from the general movement of water in the central watershed.

The features of completeness are carefully woven together in narration like the coils are woven around the center crosspieces with which a basket begins. In the "Story of the Beast," for instance, after an initial description of harmony, a huge snake emerges and begins eating the people. Elder Brother comes from his home on Waw Giwulk in answer to their plea for help. He asks for an obsidian knife and four greasewood sticks with which to meet the beast. As he approaches, he is sucked into the beast where he wedges the four sticks to hold the mouth and esophagus open, slashes the heart and dashes out, removing each of the four sticks on the way. He then goes to announce that the danger is over, and returns to his home on Waw Giwulk.

For Elder Brother, Waw Giwulk (Baboquivari) is the "center of the basket." He sent the clan companions to the edges of the world and back to determine this. His house is pictured as founded on two crosspieces pointing in the four directions with arcs and lines in the corners, and lines drawn counterclockwise joining the ends, uniquely combining the crossed and circular patterns characteristic of the O'othham.

After each adventure, Elder Brother returns to the security of the inner recess, Waw Giwulk, the "center of the basket".

---

[1] (Underhill, Ruth, Papago Indian Religion. 30,31,110)
[2] Saxton, Dean and Lucille, op. cit. 152-154.

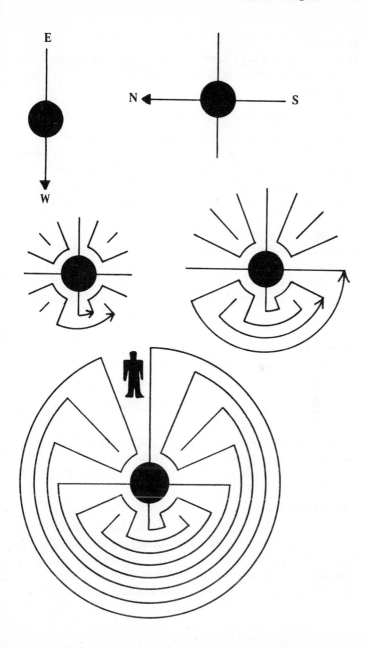

B. Specific

(comments paraphrased from Juan Dolores' (J.D.) Papago Texts are followed by reference to the archives in Bancroft Library and Arizona State Museum Library.)

How Things were Made

In the version of creation given here, Earth Medicine Man is presented as the First Born on earth who makes all else. Other accounts make him a termite and present Elder Brother as the one who made all else. (Jose Pancho; Mason, J. Alden, Papago Texts. American Philosophical Society Library Archives, 59-62.)

Himlu is baby talk for "come along." Earth Medicine Man is speaking to the earth as if it were his child, holding it by the hand, he pulls it along saying, "Come along." After a while a child can walk alone. The word **him** means that it is moving along. **Chuhch** means to stand, plural. It is the magic word which transfixes all things to stand as they were made. (J.D. 134.4.E,908)

Where People got Corn

Corn made the error of not going right to the head of the house with a straightforward request. (Susanne Enos)

In speaking of women, the word 'sits' means moral, the word 'runs' immoral. (J.D. 134.8.39)

The Desert People speak of corn as having children when the ears are big enough to be seen. Corn on the stalk resembles a child wrapped up and firmly attached to its mother. (J.D. 134.5.1001)

How the Flood Came

Although a flood destroys life on the surface of the earth, Piman culture is everywhere evident before and afterward. This is not surprising since the community consists of a variety of creatures, with no sharp distinction nor insurmountable barrier between human and nonhuman. Some escape into the sky and are around after the flood. Others escape underground and emerge later to join Elder Brother in conquering the land now occupied.

How Some Stars Appeared

The Milky Way is said to be the white bean. They grow in abundance and we see them scattered across the sky.
(J.D. 134.3.C)

Wuaga, Puberty Celebration—the Afterlife

The wuaga is the song and dance at a girl's coming-out party. The parents and relatives feed those who come for four nights. Then the girl is ready for marriage.

Old people never said death is the end of us. They say the dead are singing and dancing in the wuaga beneath the rising sun. There, around the dance ground, prickly pears are always ripe, so they say they have gone to eat prickly pears beneath the rising sun. (J.D. 134.5.975)

Coyote is Good for Something

In "Coyote Scatters Stars" **habba** is a scare word used to drive birds and animals off a garden. **Habba** for humans is a signal that one is doing something wrong, so we say **Habba!** to boys stealing watermelons. But gleaning a field after harvest is not stealing and the owner doesn't habba anyone doing this. (J.D. 134.5.1056)

Coyote Imitates Others and gets Tricked

In "Coyote Imitates Bean Child," Wihog Mad is a little beetle which is said to be born in the mesquite bean and works its way out when it's old enough. Thus the Desert People call it "mesquite bean child" because it feeds on its mother until it is old enough to take care of itself. (J.D. 134.3.D.23.883)

Chehegam is a bird of the woodpecker family that peeps and hides when it sees a person, so it is said that it's ashamed because it tells lies. (J.D.134.3.D.7.856)

Jehg is a flour-like substance extracted from pulverized mesquite bean pods. It is sweet and used in many different ways. (J.D. 134.3.D.34.883)

Wihog Mad did not make a house for Ban. He drew a line around the dead body. The circle around the body represents a house which holds the healing power that is being applied through a song. The tone which is produced in the inner part of man brings out the healing power contained in the singer. The healing power cannot be applied in any other way than through a song. The medicine man must sing within himself, for the tone is more important than the meaning of words which come only from the lips.

To sing like a medicine man requires much training. When the song changes from outward singing to this singing within, the song is carried low and words become indistinct.

(J.D., Papago Texts. 134.3.D.34-35.883-884)

Coyote Gets Tricked by Cottontail

This story occurs also in Tewa

Other Animal Stories

"A Quail Escapes the Hawk" is often told by the grandparents to help children develop the strength of character that will enable them to endure the hardships of life. Through such stories the values are taught which are felt to be vital for a child's training. Obedience, patience, initiative, endurance, will not be acquired if life is too easy. It may sometimes be necessary to go through danger and to stand alone as this little quail did. (Cipriano Manuel)

How Those who Emerged Came Here

Although the account of the O'othham coming from the south contradicts other accounts, it may reflect a historical basis more accurately since Lower Pima is more like Pima than Papago, and

both groups have been referred to by Papagos as Chuhwi Ko'a-
tham, "Jackrabbit Eaters."

The Desert People make fun of O'oithkam because in their
original home they were gardeners and not skilled in the art of
hunting. They never had much meat and had to eat jackrabbits,
so they were called Chuhwi Ko'atham. (J.D. 134.5.1128)

The Gila River used to overflow its banks and the water sur-
rounded the little hill which is called Rattlesnake's House. Snakes
went toward high land. The water came up higher and higher and
forced the snakes to climb the hill and today they are living in a
cave on the hill, so they say. (J.D. 134.5.1129)

Stories about Dangerous Beings

The racing ball is picked up on the toes and tossed as the
contestants run. The race is won by the one who puts the racing
ball over the goal first, even when the man is behind his opponents.
(J.D. 134.8.C:164)

To this day it is the custom of all true Papagos to sincerely
pronounce the relationship of the one from whom they take a
smoke. Those who are strangers must say "my friend" to each
other. (J.D. 134.8.C:188)

Rain Goes Away

From the summit of Crooked Mountain looking south, one sees
a peak resembling a burden basket with a load of wood. The peak
is named Giwho Tho'ag, Burden Basket Mountain. (J.D. 134.5.
1092)

The Children's Shrine

The ill fortune as a result of trying to kill the badger was
because it was taboo even to touch one. The ritual case was also
taboo to touch since enemy scalps and other articles from which
power was gained were kept in it. (Susanne Enos)

A Mean Ruler is Assassinated

Although this story reflects a post-hispanic origin, it is included for its historic interest. The name Monti-suhm was borrowed indirectly from Aztec Montecuhzoma through Spanish Montezuma. The character apparently reflects Montezuma II, a ruler of the Aztec empire at the time of the Spanish conquest. Like the ruler in our story, Montezuma II was a good ruler who turned bad and was killed by his own people. (The Encyclopedia Americana, vol. 19:405) The fourfold killing and final killing by Yellow Buzzard with his iron bow reflect accounts of the killing of Elder Brother. (J.D. 134.8:87-112, 158-162)

ALPHABET

A. Practical

The following information is included for the benefit of those who have not had linguistic background. It is not intended to be exhaustive, and for those who are not Papago speakers it is recommended that one consult a native speaker of the language for the refinements of pronunciation.

The practical alphabet used in this volume was adapted from Juan Dolores by present day speakers.

Each sound is written in only one way. The sound written **a** in **want** is always written **a** in O'othham words like **tatchua** 'to want'. The sound written **o** in **short** is always written **o** in O'othham words like **shopol** 'short'. The sound written **u** in **mule** is always written **u** in O'othham words like **muhla** 'mule'. The sound written **e** in **nickel** is always written **e** as in **hetasp** 'five'. The sound written **i** in **police** is written **i** as in **chi-lihhi** 'police'.

These five sounds made with the mouth open are the vowels of the language.

a	tatchua	'to want'	u	muhla	'mule'
o	shopol	'short'	e	hetasp	'five'(nickel)
i	chi-lihhi	'police'			

If a vowel takes longer to say, an **h** is written after it. In **ton** 'to shine' the vowel is **o**, but in **tohn** 'knee' the vowel is **oh** because it takes longer to say. In the words above, **muhla** 'mule' has a vowel **uh** because it takes longer to say and **chi-lihhi** 'police' has a vowel **ih** because it takes longer to say. Other sequences of vowel and consonant have separate sounds, such as **aw** in **waw** 'rock', which rhymes with the English word **cow**.

Since each vowel letter has a sound of its own, two vowels written together have two distinct sounds. In **waik** 'three', **a** has its sound and **i** has its own sound. The same is true of the vowel letters in **mia** 'near', **cheoj** 'man', **neith** 'seeing', **oan** 'erasing',

oithag 'field', **hiopch** 'louse', **haupal** 'red tailed hawk', **huawi** 'mule deer', etc.

Besides the five vowels there are 17 other sounds in the language, the consonants, made with the mouth partly closed. They are written like the similar sounds in English, but when they do not precede a voiced sound they are unvoiced, as in the second column below.

ban	coyote	oh**b**	enemy
chuhwi	jackrabbit	huh**ch**	claw
ju**d**umi	bear	jewe**d**	earth
gaht	bow	woh**g**	road
hapot	arrow	hoh**h**i	dove
juhki	rain	a**j**	narrow
kawiu	horse	woh**k**	belly
liat	lariot	hah**l**	squash
mawith	lion	kah**m**	cheek
nuwi	buzzard	koso**n**	woodrat
pahn	bread	hetas**p**	five
sihl	saddle	uh**s**	stick
shopol	short	ta**sh**	sun
tash	sun	lia**t**	lariot
thahk	nose	mawi**th**	lion
wohk	belly	ge**w**	ice
je**ꞌ**e	mother	sha**ꞌ**i	trash

The last sound given is glottal stop, a stop in the throat, written **ꞌ**.

Hyphen separates parts of compound words like **che-tondag** 'support post,' and clitic from the word it's attached to like **ni-kih** 'my house'.

Thus the alphabet of Oꞌothham is: a, b, ch, d, e, g, h, i, j, k, l, m, n, o, p, s, sh, t, th, u, w, ꞌ. Each sound is written in only one way, so when you've learned them you can sound out any word and read anything. But when you are reading Oꞌothham you must forget about the hundreds of ways sounds are written in English, and sound out the letters just as they are used in the words above.

In this volume, the following words have a standard spelling although sounding different in different dialects: **ahni** 'I', **ahpi** 'you', **giwho** 'burden basket', **jiwia** 'arrive', **wuwha** 'emerge', **wuwhag** 'emerging', **wuwhas** 'bring out', **wuwhasith** 'bringing out', **chum** 'small'.

In songs, the following substitutions are sometimes made; y for initial glottal, h for medial glottal stop, nasal for non-nasal voiced stop. This introduces the sounds y and ŋ which also occur now in rare Spanish loan words.

B   Comparison of Practical and Technical Alphabets

A practical alphabet is made up of well known and easily printed symbols to make learning easy and reading enjoyable. A technical alphabet is made up of complicated symbols which must differentiate the sounds from hundreds of sounds made in other languages.

Below, the practical alphabet of O'othham is correlated with the International Phonetic Alphabet and the alphabet Kroeber designed with Dolores. As Kroeber said later,[1] this alphabet failed to distinguish the two series of stop consonants; b, d, ȝ, g, and p, t, c, k. It also made two unnecessary distinctions between pairs of allophones, ḍ and ṭ, w and ƀ.[2] Dolores later discontinued writing ' for aspiration or glottalization as well as transition vowel schwa ə, and made other adjustments toward a practical alphabet.

The first vowel of stem words is stressed, except for **wua** and **wui** where the second is stressed. Stem words are adjective, adverb, determiner, interjection, noun, preposition, pronoun, and verb.

---

[1] Mason, J. Alden, op. cit. p1

[2] Saxton, Dean, Papago Phonemes. International Journal of Linguistics, 29:29-35

Tone rises on the first stressed vowel of a phrase and falls after the last. A phrase consists of one or more words with a stem word as head.[3]

In addition to the unvoiced variants of consonants noted above, the vowels also have variants in sound.

Vowels have laryngeal offglide preceding /ʔ/ or unvoiced /b, d, ȥ, g/ and unvoiced offglide preceding other unvoiced consonants.

Unstressed vowels are brief following consonant plus vowel plus optional /ʔ/ or /h/. Unstressed vowels /i/ and /u/ are brief following /b, p, m, w, g, k, n/. Brief vowels are unvoiced when not preceding voiced sounds, except in words of consonant plus vowel plus vowel where they are only unvoiced sentence finally.

Neutral vowel sound schwa [ə] is unwritten, occuring predictably after consonants with no other vowel or homorganic consonant following, except between consonant and /h/ or /ʔ/, stop and /s/ or /ş/, /s/ or /ş/ and voiceless stop.

---

[3] Modifiers precede head word in deep structure, as suggested by Kenneth Hale in private communication, accounting for the correlation of tone and phrase structure in permutations:

#ʔab kíihim t ʔámjɨd#   #ʔab ʔámjɨd # g kíihim#
where # is phrase juncture and ʔamjɨd is head word.

PRACTICAL	INTERNATIONAL	KROEBER & DOLORES
a	a	a
b	b	'p
ch	č	'tc
d	d	'd
e	i̵	e
g	g	'k,
h	h	h
i	i	i, y
j	ǯ	'tc
k	k	'k
l	ḷ	l
m	m	m
n	n	n
n, ni	ñ	n, ni
o	o	o
p	p	'p
s	s	s
sh	ṣ	c
t	ţ	't
th	d̨	't
u	u	u
w	w	w, v
y	y	y
!	?	'
Vh	V·	V̄

~~~~~~

| | ǝ | e |

VOCABULARY

A. Notes on Vocabulary

The vocabulary given here provides the reader with most of the word forms used in the legends included. The words are listed alphabetically, without regard for their relationship to one another.[1]

Words and hyphenated particles are listed separately. Thus for **ni-kih**, see **ni-** and **kih** separately. In the case of words occuring with affirmative particle **s-**, the form of the word following the negative is given first, then the form in the affirmative; kehg, s-kehg ADJsg good; indicating that there is also a form **pi kehg** 'not good'.

Verbs requiring an adverb are listed a second time following the adverb **hab: kaij, hab kaij**. This means that **hab** 'thus' or **has** 'how' must precede the verb in the absence of other adverb. **Hab also occurs in initial form b** and **has** in initial form **shah** as will be seen later.

Comma is used to separate dialect alternatives: uhhum, uhpam.

To reduce meaning translations to manageable proportions, each entry is provided with a classification. Following the word, the word class is given in capital letters: ADJ (adjective), ADV (adverb), AUX (auxiliary), CONJ (conjunction), DET (determiner) INTJ (interjection), M (mood), N (noun), PCL (particle), PERS (person indicator), PREP (preposition), PRON (pronoun), V (verb).[2]

---

[1] For a fuller display of essential forms, loan sources, etc., see Papago and Pima to English Dictionary.

[2] The class names differ from those used in the Papago and Pima to English Dictionary in the following respects: affirmative, degree, locational, negative, and point are particle; attributive is adjective or adverb; numeral is adjective; reflexive is adjective or adverb; qualifier is determiner if in noun phrase and adverb otherwise.

Following the class name, subclass is indicated in small letters. The following subclass indicators following V specify type of object with which they occur: t (transitive), r (reflexive or passive), f (factorial), cmp (compliment statement), q (quotative), d (dative), b (benefactive), c (causative). Following these, s (stative) indicates cooccurrence with stative suffix, k if verb is nonpresent tense, zero otherwise.

Period separates cooccurring subclass symbols and comma separates alternates: Vt.d indicates transitive and dative verb, like **mah** 'give' with a direct object and an indirect object.   Vt,cmp indicates a transitive or compliment verb like **nei** 'see' with either a direct object or a statement object 'that...'.

Certain ADV and DET are also cmp. The compliment is statement, gesture, or interrogative.[3] All PRON are cmp. The compliment is gesture or statement.

Number is indicated for ADJ, ADV, DET, N, PERS, PREP, PRON, V: sg (singular), pl (plural), ag (aggregate), ms (mass), ab (abstract).

Number may occur more than once in the symbol for verb, following V where there is number agreement with subject DET, and following an object indicator where there is agreement with the object DET. Thus himichutho Vpl.c.sg causing to move, indicates that a plural subject acts on a singular object, whereas hihimichutho Vpl.c.pl causing to move, indicates that a plural subject acts on a plural object.

Person, first (1), second (2), and third (3), is indicated for PRON and PERS. PRON and PERS agree in number and person, cooccuring for emphasis.

PERS preceding N indicates possession:

sg		pl	
1 ahni **ni**-kih	"my house"	1 ahchim **t**-kih	"our house"
2 ahpi **m**-kih	"your house"	2 ahpim **em**-kih	"your house"
3 heg_kih	"his, her house"	3 hegam **ha**-kih	"their house"

[3] Saxton, Dean and Lucille, op. cit. 133-35.

PERS preceding PREP or V indicates object:

sg		pl	
1 ahni **ni**-wui	"to **me**"	1 ahchim **t**-wui	"to **us**"
2 ahpi **m**-wui	"to **you**"	2 ahpim **em**-wui	"to **you**"
3 heg _ wui	"to **him, her**"	3 hegam **ha** wui	"to **them**"

The auxiliary is so called because it is constrained to agree with both subject and verb within its clause. AUX consists of INIT (initiator) + PERS (person) + ASP (aspect) + M (mood).

M in AUX together with free form M (listed in the vocabulary) express the mood of the speaker and his relationship to each clause. If an essential M is omitted from AUX, AUX is repeated with M included. M is indicative **zero**, conditional **p**, dubitative **s**, imperative **g**, reportative **sh**, remote past experience **d**, etc.[4]

ASP is **t**, deleted preceding imperative **g**, or remote past experience **d**; deleted if verb is continuative nonfuture except preceding M conditional **p**; optionally deleted preceding M dubitative; also usually deleted preceding M reportative **sh** in utterances of fiction discourse class (legend).

INIT is either initial or post initial in the clause. Post initial INIT is **o** if following parts are zero, **a** otherwise. Initial INIT is **na'a** 'maybe' if M is dubitative, subordinate **ma** 'that'; nonsubordinate **ku** 'and, so', **na** 'is? does? are? did? etc.'

PERS in the auxiliary indicates subject and is a slightly different set from that occurring elsewhere: 1,sg **ni**; 1,pl **ch**; 2,sg **p**; 2,pl **m**: 3 zero. With noninitial INIT, it matches the PRON, from which it is derived as follows:

ahni **ani**	'I'	ahchim **ach**	'we'
ahpi **ap**	'you'	ahpim **am**	'you pl.'
ihtha **o**_	'this,he,she,it'	itham **o**_	'these'
hegai **o**_	'that,he,she,it'	hegam **o**_	'those'

---

[4] Saxton, Dean and Lucille, op. cit. 120.

It occurs with **na** as follows:

nani	'do I?'	nach	'do we?'
nap	'do you?'	nam	'do you pl.?'
no	'does he,she,it? do they?'		

It occurs with **ku** as follows:

ku**ni**	'(and) I'	ku**ch**	'(and) we'
ku**p**	'(and) you'	ku**m**	'(and) you pl.'
k_	'(and) he,she,it'	k_	'(and) they'

The INIT **ku** may be deleted if following parts are not zero:

ni	'(and) I'	**ch**	'(and) we'
p	'(and) you'	**m**	'(and) you pl.'

The following words occur in reduced form replacing initiator clause initially: **hab** as **b**_, **has** as **shah**_, **hebai** as **bah**_, **hedai** as **thoh**_.

Abbreviations used are rep. (repeatedly), esp. (especially).

B. Word List

a INTJ oh

a'ado Npl peacocks

a'aga Npl sayings
Vt,cmp pointing to;
saying rep., discussing

a'agahim Vt,cmp was
pointing to;was discussing

a'agi, s-a'agi ADJ secret

a'agith Vt,cmp.d telling rep.

a'agko, s-a'agko
ADV in a secret place

a'ahe Vt overtake ;
Vr arrive at a time

a'ahim Vt nearing

a'ahithag Npl years
a'ahith ab yearly

a'ai ADV in various
directions, back and forth

a'aijed ADV from various
directions

a'aki Npl arroyos, washes

a'al Npl children

a'alga Npl possessed children

a'althag Nkin.pl children of
male

a'amdag, s-a'amdag
Vpl.s not mean

a'an Nag feather, feathers
wing, wings

a'ankaj ADV with feathers
or wings

a'ap'e, s-a'ap'e Vpl.s being
right, good

a'apkoma ADV testing

a'aschu Vc cause to laugh

a'aschutha N humor

a'aschuthath Vc will be
causing to laugh

a'asim, s-a'asim
Vt laughing at

a'asimmuk, s-a'asimmuk
Vt laughing at rep.

a'asimke, s-a'asimke
Vt keep laughing at

a'askim see ta a'askim

a'atapud Npl buttocks

ab PCLloc there facing
toward;
PREP at, on

abai ADV there facing this
way

abam, s-abam Vr being lucky

abamthag Nab luck, fortune

achs AUX would we,
could we

agshp ADV downgrade

agwua Vr get revenge

ah Vt,cmp say, sing

ah'ath Vt send

ahchim PRON1.pl we, us

ahg Vt,cmp saying, singing

ahg/hab ahg Vcmp.d telling,
ordering;
Vcmp.r thinking

ahga Nsg saying, speech

ahga Nsg saying, speech

ahgahim Vt,cmp going along saying or singing

ahgal Vd.b claim for

ahgamk, s-ahgamk Vt,cmp wanting to say

ahgi Vt,cmp.d tell, sing to

ahgith Vt,cmp.d telling, singing to

ahgithahim Vt,cmp.d going along telling

ahgithok Vt,cmp.d after having told

ahgk, ahgok Vt,cmp after saying

ahgk, ahgok, hab ahgk Vcmp.d after commanding

ahij Vt.c cause to reach

ahina see **hijia ahina**

ahith, ahithag Nsg year

ahni PRON1.sg I, me

ahpi PRON2.sg you

ahpim PRON2.pl you

ai Vt reach, reach the time, pass

aichug Vt going along ahead of

aichugath Vt will be keeping ahead of

aihi Vt reach

aihim Vt reaching, reaching the time

ajij Vsg.s being narrow

ak Vt after having reached

aki Nsg arroyo, wash

akimel Nsg river, running arroyo

Akimel O'othham Npr The River People, Pimas

al ADJ, ADV little

ali Nsg child

aliga Nsg possessed child

alithag Nkin.sg child of male

alo see **chum**

am PCLloc there; PREP at

am AUX you, they

amai ADV there

amhugi V bring an activity to it proper end (four repetitions for ceremony)

amich Vt,cmp understand

amichuth Vt,cmp understanding

amichuthach Vt,cmp.c cause to understand

amichuthadgaj Nab understanding of

amichuththam see **chu amichuththam**

amjed PREP about, from there, from then

amjedkam Nsg descendant, one from

amkam, s-amkam Nsg one who is not mean

amog Vt,cmp announcing

amogi Vt,cmp announce to

amt AUX you, they

amtp AUX if perhaps you, they

an PCLloc there facing across;
PREP there on the edge of

angith Vt flapping

angiwithahim
Vt going along flapping

ani AUX I am

ant AUX I

ap AUX you are

ap, s-ap ADJ;ADV good, right

apap Nkin.sg father term of apapagam clan

ap'e, s-ap'e Vsg.s be good, right

ap'ech Vc.sg fix, cause to be right, agree

ap'echuth Vc.sg fixing, causing to be right, agreeing

ap'echuthok Vc.sg having made right

ap'ek, s-ap'ek Vsg.s will be good

ap'et Vsg become right;
Vt please

apkog, s-apkog Vsg.s even, not rough

ash AUX he, she, it, they reportedly

ash Vt laugh at, laughing at

ashath Vt will be laughing at

ashp AUX it seems he, she it, they

at AUX he, she,it, they

at Nsg rump

ataj Nsg rump of

atsh AUX he, she, it, they reportedly

att AUX we

B

ba'a Vt swallowing

ba'ag Nsg eagle

ba'agch Vc.sg cause to become an eagle

ba'agchuth Vc.sg causing to become an eagle

ba'ama, s-ba'ama
ADV abundantly

ba'amad Nkin.sg man's daughter's child

babgam, s-babgam
ADVpl angrily

babgat Vpl become angry

babhe V becomes ripe or cooked

babniopo Vpl squirming

bahbhai Npl tails

babiuga Nag necklaces, beads

babiugachuth Vf.b.pl making necklaces for

babiugakch Vpl.s having beads on

baga, s-baga Vsg.s being angry
angry

bagam, s-bagam
ADVsg angrily

bagat Vsg become angry

bahb Nkin.sg mother's
father or uncle

bahbagi, s-bahbagi
ADV slowly;
Vs being slow

bahbankaj ADVpl like
coyotes

bahbhiam Vt.pl storing
supplies

bahbhiama Npl stores of
food, supplies

bahithag Nag fruit

bahithaj Nag fruit of,
esp. saguaro cactus

bahjed ADV where from?

bahmt AUX where did you
plural

bahmuth Vt appeal to,
employ

bahmutha N one appealed
to or employed

bahnimed Vsg crawling

bahnimedk Vsg after crawling

bahpt AUX where did you

bahsho Nsg chest;
PREPsg in front of

bai V become ripe or cooked

ba'ich PREP past, more;
ADV more

ba'iha Vt.sg store

ba'ihamk Vt.sg after storing

ba'itk Nsg throat

ba'itk, s-ba'itk Vs clear
voiced

baiuga N necklace

baiugat Vf.sg make a necklace

ba'iwich Vt surpass

bak V after getting ripe or
cooked

ban Nsg coyote

bani AUX I'm thus

banid AUX I used to be thus

bant AUX I thus

bap AUX You're thus

bat AUX he, she, it, they
thus

bash AUX he, she, it, they
are said to be thus

bawi Nms white bean

bebeth V rumble

bebhe Vt.sg gets, takes

bebhehi Vt.sg go along
getting

beh Vt.sg take somewhere

behi Nsg thing taken

behi'at Vt had taken

behim Vt.sg going to get

behima see ta behima

behimk, s-behimk
Vt.sg wanting to get

behini Vt.sg get it!
  i beh'i bring it!

behiok Vt.sg having taken

bei Vt.sg get

beihi Vt.sg go to get

beihog Vt.sg likely to get

bek Vt.sg having taken

bi'a Vt serving food

biawo Vt.pl go to dish out food

bibithsh Vt.pl plaster

bibithshpio Vt.pl unplaster

bibjim Vd passing, going around

bibtagi, s-bibtagi ADJpl, Vs dirty, impure

biha Vt wrap, surround

bihag Vt wrapping, surrounding

bihags Vs wrapped, surrounded

bihiwin Vt wrapping

bihshchim ADV surrounded

bihugig Nab hunger

bihugigkaj ADV by means of hunger

bihugim Vsg become hungry

bihugimma see ta bihugimma

bihugk Vpl become hungry

bij Vd pass by

bijim Vd passing
  bijim k pass and

bititoi Nsg stink bug

bith Nms adobe mud, clay

bo AUX he, she, it, they thus

Ch

ch PCL connects unpossessed noun with following pre-position beginning with e: kih ch ed in the house

ch, kch, k CONJ and (see k, kch)

ch, kuch AUX (and) we are

chechcheg, hab chechcheg Vq.t calls by name

chech'e, hab chech'e Vq. keep saying

cheche'ewath Vt.pl will be gleaning grain, picking up bits

checheggiadkam see chu

chechegito Vt,cmp keep thinking of, reviving

chechegitod Vt,cmp keep thinking of, reviving

chechegitodath Vt,cmp will keep thinking of, reviving

chech'eth, hab chech'eth Vg will keep saying

chechga Vt examine

chechkoshthakch Vpl.s ankleted

chechoj Npl men

chechojim, s-chechojim ADVpl manly

chechojk Vpl.s will be men,
males

chechojma, s-chechojma
Vs being manly

chechoshpam ADVpl in a
propped across manner

chechpa'awi Npl homeless
women, the Pleiades

chechshshaj V rise rep.
Vt raise rep.

chechshshajith V will rise rep.
Vt will raise rep.

chechwagi Npl clouds

che'echek ADVpl high

che'echwaj Vpl.s be long

che'echew ADJpl long

che'echewchu, s-che'echewchu
Npl longer ones

Vt.sg glean, pick up

che'ew Vt.sg glean, pick up

cheggia Vt fight, fighting

cheggiath Vt will be fighting

cheggiathag Nsg a battle

chegima Vt paying attention
to

chegito Vt,cmp think

chegito, s-chegito
Vt,cmp remember

chegitodath Vt,cmp will be
thinking of

chegitohi Vt,cmp continue
thinking

chegitoi Nab thoughts

chegitok, s-chegitok
Vt,cmp remembers

cheh Vt,cmp find

cheh Vt.sg put

cheha Vcmp.d command

chehch, hab chehch
Vq.t name

chehchsh, i chehchsh
Vpl climb

chehche'ewath Vt.pl will be
picking

chehegam N a species of
woodpecker

chehgi Vt,cmp.d find for,
show to

chehgig Nsg name

chehgig, hab chehgig
Vsg.q.s named

chehgigk, hab chehgigk
Vsg.q.s will be named

chehgimed Vsg.d going to
visit

chehgio Vpl.d go to visit

chehgith Vt,cmp.d showing
to, finding for

chehgithahith Vt,cmp.d will
be going along showing to

chehgithahim Vt,cmp.d going
going along showing,
finding for

chehgithath Vt,cmp.d will
be finding for, showing to

chehia Nsg girl

chehkim Vt going along
placing

chehkithahim Vt.b going
along placing for

chehm Vr.pl gather

chehmo Vt cover, permeate,
reach the limits of and stop

cheho Nsg cave

chehog Vsg.s being a cave

chehoga Nsg possessed cave

chehpithkud Nsg pestle

chehpithkudkaj ADVsg by
means of a pestle

chehthagi, s-chehthagi
ADJsg, Vsg.s blue, green

Chehthagi Wahia
Npr Green Well village

chehthgim, s-chehthgim
ADV green

chei, hab chei Vq say

che'iok, hab che'iok
Vq after saying

che'is, hab che'is Vq.s it is
said

che'isithath Vt will be
mimicking the sound of

cheka, i cheka Vt reach a
point, get so far along

chekch Vt.sg having some-
thing placed

chekchim Nsg one who is
placed, appointed
jehnikud chekchim
smoking room keeper

chekshani Nsg line, boundary

chekshad Vt marking,
making a line

chekshshas, s-chekshshas
Vsg.s marked, lined

chemamagi Nsg horned toad

Chemmo'odam Npr Cloud-
Stopper Peak (Picachio)

cheoj Nsg male, man

cheojim, s-cheojim
ADVsg manly

cheojk Vsg.s will be a man,
male

cheojthag Nab manliness,
manhood

cheolim Nag cane cholla
cactus, edible buds

chepa Nsg grain mashing hole

chesh, i chesh Vsg climb

cheshath k Vsg climb and

cheshaj Vsg climbing;
Vc cause to rise or go over

cheshajhim Vsg climbing
along

cheshajig Nab rising

chetcha Npl girls

chewagi N cloud, clouds

chewagigaj N the clouds of

chewagikaj ADV with clouds

chewaj Vsg.s be long

chewelhim V grow long

chichiwia Vpl settle,
make a home

chichwih Vt play, playing

chichwihthag N game,
contest, competition

chihchini Npl mouths

chihchinikam Npl mouthed ones

chikpan Nab work;
V; Vt working

chini Nsg mouth

chinish Vt hold in the mouth, press on with mouth

chiniwo N moustache, whiskers

chiniwo, s-chiniwo Vs have a moustache, whiskers

chiwia Vsg settle, set up home

chu, s-chu PCL precedes transitive verb stems, indicating that a participant is a capable subject of the action
chu a'amichuththam, s-chu a'amichuththam Npl wise ones
chu checheggiadkam, s-chu checheggiadkam N warrior, warriors
chu ehskam, s-chu ehskam Nsg thief
chu hewgithadag, s-chu hewgithadag Vs good at following scent
chu neithamk, s-chu neithamk Vs able to see, curious
chu nenealidkam, s-chu nenealidkam Npl those who hang around for meals

chuagia N net bag, spider web

chu'a Vt grinding

chuama Vt.sg roast in a pit;
Nsg a roast

chuchk, s-chuchk ADJpl; Vpl.s black

chuchkagath ADV nightly

chuh V go out (light, fire)

chuhch Vpl.s standing

chuhcha Vt.pl appoint, stand

chuhchim Vpl.s standing permanently

chuhchpul N corners

chuhchpulim, s-chuhchpulim ADV square cornered

chuhhug, chuhkug N body, flesh

chuhhugga, chuhkugga N possessed meat

chuhhugga Vs having meat

chuhkug, chuhhug Nms flesh

chuht k Vf make flour of and

chuhth Vt clearing a surface

chuhthagi N ember, coal

chuhug N night, last night

chuhugam, s-chuhugam N darkness, night

chuhugi, s-chuhugi Vr faint, pass out

chuhugia Nag spring greens

Chuhugia ch ed Wahia Spring Greens Well

chuhugithk, s-chuhugithk
Vr after passing out

chuhwa'am Nsg a girl who
has reached puberty

chu'i Nms flour

chu'i, hab chu'i Vt do thus

chu'ich Vcmp.d ask a
question of

chu'ichig Nab character, fate,
plan, possessions, respon-
sibility;
chu'ichigaj _ N of

chu'ichk Vcmp.d asking a
question of

chu'ig, hab chu'ig Vcmp,s
being like, being there

**chu'igk, chu'igkath,
hab wo chu'igk**
Vcmp.s will be like,be there

chu'igkahim, hab chu'igkahim
Vcmp.s was like,was there

chu'ij, hab chu'ij
Vt doing thus

chu'ijok, hab chu'ijok
Vt after doing thus

chuishpa N lunch

chuishpith Vb making a
lunch for

chuishpith k Vb make a
lunch for and

chu'ith Vt grinding

chu'ithas Vs ground

chuk, s-chuk ADJsg; Vsg.s
black, be black

chukk, s-chukk ADJsg; Vsg.s
will be black

chukugshuad Nsg cricket

chum ADJ small

chum PCL ineffective,
unexpected, unspecified
chum alo almost;
chum as even though;
chum hebai anywhere;
chum has masma any way;
chum hedai anyone;
chum he'ekia any number;
chum hekith anytime;
chum nei Vt surprised to
see, suddenly see;
chum neith V surprised
to see, suddenly seeing

chumaj Vsg.s being small

chumchu Nsg smaller one

chumtha V grow small

chuthwua V land on all feet

chu'uchum ADJpl small

chu'uchumag, chu'uchumaj
Vpl.s being small

chu'uchuwithk
Npl mounds, hills

chuwithk Nsg mound, hill

E

e PERSr yourself, yourselves,
himself, herself, itself,
themselves

e- PERSr your own, his own,
etc.

ebkio Vt frighten

eda ADV yet, then, at that time

eda, ed PREP in

edagi Vt find, claim

edam see **ta edam**

edapk ADV at this very time

edathag, si edathag Nab shame

edaweso, s-edaweso ADV right in the middle

edawi Vt remove insides

edgith Vt owning

edgithath Vt will be owning

edgithok Vt after finding

e'eda PREPpl within

e'ekathag Npl shadows

e'elkon Vt.pl scraping off skin

e'es Npl crops

e'esha Vt plant customarily

e'esto Vt hide

e'etpa Npl woven doors

e'etpat Vf.pl make woven doors

ehbchuth Vc causing to stop crying

ehbeni, s-ehbeni Vd fear, become afraid

ehbith, s-ehbith Vd fearing

ehbitha Nsg something feared

ehbithath Vt will be fearing

ehbitham see **ta ehbitham**

eh'ed Nms blood

ehheg, s-ehheg Vs be shady

ehhegk, s-ehhegk Vs will be shady

ehheg Nab shade

ehkthag Nsg shade, shadow

ehp, ep ADV again, also

ehs Vt.d steal from

ehsig N thievery, theft

ehsith Vt.d stealing from

ehskam see **chu ehskam**

ehstois Vs being hidden

ehstokch Vt have something hidden

ei Vt plant

el, hab el Vcmp think, plan

elith, hab elith Vcmp thinking, planning

elpi Vt.sg remove skin, husk, bark

elpig Vt.sg removing skin, husk, bark

elpigch Vt.sg having something with the skin removed

elthag Nsg skin, husk, bark

elthaj Nsg skin, husk, bark of

elthath, hab elthath Vcmp will be thinking, planning

em- PERS2.pl you, your; PERSr self

enigakam Nsg owner

ep, ehp ADV again, also

epai ADV also

esh N chin; Vt planting

esha N plants

eshath Vt will be planting

etpa Nsg woven door

G

g AUX you (do it)!

g PCL untranslated noun introducer in the absence of PRON

ga, ga'a PCLloc over there facing this way

ga'a Vt roasting; PCLloc over there facing this way

gad PCLloc there

gag'e Vt roast rep.

gagda Vt sell, selling

gaggata Nag brush cut for burning

gaggatahim Vt cutting brush for burning

gagwot Npl bows

gah Vt look for

gahab ADV over there in front of

gahg Vt looking for

gahgath Vt will be looking for

gahghai ADVpl across
si s-gahghai completely across

gahghi Vsg.t go looking for

gahghim Vsg.t going looking for

gahghio Vpl.t going looking for

gahgi N that which is being looked for;
Vt.b look for something for

gahgik Vs will be what is being looked for

gahgimed Vsg.t running looking for

gahgimedk Vsg.t after going to look for

gahgith Vt.b looking for something for

gahi ADVsg across

gaht Nsg bow

gahtch Vf.sg.b make a bow for

gahtchuth Vf.sg.b making a bow for

gahtta Nsg a finished bow

gai Vt roast

ga'i N a roast

gakodk, s-gakodk Vsg.s crooked, curved

Gakodk Npr name of mountain

gaksh V get dry or thin

gamai ADVloc over there facing away or unspecified

gamai wewa'ak ADV seventeen

gantad Vt scatter

gantan Vt scattering

gantani, s-gantani
Vs being scattered

gantnahi Vt go along
scattering

gaswua Vt comb

gawul ADJsg.man.cmp
different;
ADVsg differently

gawulkai Vc.sg cause to be
different, separate

gawulkath Vc.sg causing to
be different, separating

gd PCLloc over there

ge PCL own, strange, big, not

ge shuhdagi N ocean

ge'e ADJsg big

ge'echu Nsg bigger one

ge'eged ADJpl big

ge'egedaj Vpl.s being big

ge'egedajk Vpl.s will be big

ge'ege'elith Vt.pl raising

ge'ejig Nsg chief, leader

ge'el Vt.sg raise a child

ge'elhim Vsg growing up

ge'elith Vt.sg raising a child

ge'etha Vsg grow

ge'ethahim Vsg growing

ge'ethaj Vt.sg make big

ge'ethak Vsg.s after
becoming large

gegokiwua Vpl stand up

gegokk Vpl.s will be standing

gegos Vt feed

gegosith Vt feeding

gegositham, s-gegositham
Vt want to feed

gegosithok Vt having fed

gegshshe Vsg keep falling,
barely getting along

gegsi Vsg go along falling,
barely get along

gegsim Vsg going along
falling, barely getting along

gegsith Vsg will be falling,
barely getting along
Sho'ig gegsith will be
barely getting along

gehg Vt.d win or earn from,
defeat in

gehgch Vt after beating,
winning from

gehsh Vsg falling

gehsh k Vsg fall and

gehshok V after falling

gehsig Nsg a fall

gei, i gei Vsg fall, befall
uhhum s-ap i gei return
to normal

gewichkwua, gewichkwu
Vt.sg strike down

gewichkwuphi Vt.sg
go about striking

gewichshul Vt.pl strike down

gewichshulig Vt.pl
striking down

gewishud Vt crush with a blow

gewitta Vt whip

gewittan Vt whipping

gewittanahim Vt keep on beating

gewk, s-gewk Vsg.s strong

gewka Vsg become strong

gewkahim Vsg becoming strong

gewkmhun Vt.cmp encouraging

gewko Vsg become tired

gewkoghim Vsg becoming tired

gewkogig Nab fatigue

gewkthag Nab strength, power

gewkthag, s-gewkthag Vsg.s being strong

gi'adkam N one with a handle

gihgi Nms fat

gi'igik ADVpl by fours

gi'igwulkai Vt.pl constrict in the middle

gi'ik ADJpl four

gi'ikko ADV four times

gi'ikpa ADVloc in four places

Gi'ito Wak Npr a village Southeast of Sonoita, Sonora

gikuj V whistle

gishshum Nsg woven waterjug handle

githahim Vsg go to scout the enemy

githahimed Vsg going to scout the enemy

githahimel N a scouting expedition

githahimmed Vsg keep going to scout the enemy

githahio Vpl go to scouting the enemy

githahiokam Npl scouts, raiders

githahiop Vpl going to scout the enemy

githahioppo Vpl keep going to scout the enemy

giwho Nsg burden basket

giwhot Vf.sg make a burden basket

giwudch Vsg.s having a belt on

giwuligthag Nsg waistline

giwuligthaj Nsg waistline of

giwulk Vsg.s constricted, narrowed

gm, gam PCLloc over there facing away or unspecified

gn, gan PCLloc over there facing across

gnhab ADVloc over there to one side

gogs Nsg dog

gogsch Vf.sg.c transform
  into a dog

gohk ADJpl two

gohkichuthahim Vf.b were
  making tracks for, going
  along making tracks for

gohkitahim Vf was, were
  making tracks

gohkpa ADVpl in two places

goikim V limping

golshan Vt raking

golshan k Vt rake and

golwi Vt rake

go'ogo'ol ADVpl others

H

ha PERS3.pl them;
  PERS3.ms some

ha- PERS3.pl their

ha hekaj ADV right away

ha'a Nsg jar

ha'ag ADV the other side

ha'agjed ADV from the
  other side

ha'akiapa ADVloc so many
  places

ha'as ADVmeas.cmp
  so much, so big

ha'asa V stop

ha'at Vf.sg make a pot

hab, b__ ADVman.cmp
  thus

habbagith Vt shooing away

habbagithahim Vt going
  along shooing away

habbagithath Vt will be
  shooing away

habba INTJ Shoo! Get away!

hadshpi Vs being stuck to

hah Vt roast in coals
  INTJ oh! alas!

haha, hahawa ADV
  afterward, then

haha'a Npl clay pots

haha'as DETpl such a size

haha'asig Npl sizes

haha!ata Npl pottery,
  pottery-making

haha'atadkam, s-haha'atadkam
  Npl potters

hahaisig Npl broken pieces

hahasko ADVloc.pl.cmp
  elsewhere

hahawa, haha ADV
  afterward, then

hahhag N leaf, leaves

hahhagaj N leaves of

hahl N squash

hahpot Npl arrows

hahpotta Npl
  finished arrows

hahshani N saguaro cactus

hahshanig, s-hahshanig Vs
  being many saguaro

hahshanigk, s-hahshanigk
  Vs will be many saguaro

hahu'u Npl dippers

ha'i DETpl some

ha'ichu DET something,
some kind of

ha'ichug Vs existing, present

ha'ichukaj ADV by means of
something

ha'ijj DETpl some of

ha'ik Vs.pl will be some

hainamk, s-hainamk
Vt wanting to break

hajuni Nkin relative, relatives

hajunimk, s-hajunimk
Vd feeling kinship to

hapot Nsg arrow

hapotch Vf.sg.b make an
arrow for

hapotta Nsg a finished arrow,
arrow making

has ADVman.cmp what

has, shah___ ADVman,cmp
what?

haschu, shahchu DET
what, what kind of

haschukaj ADV by means
of which

hasko ADVloc.cmp some
direction, which direction

haskojed ADVloc.cmp from
which direction?

hau, hau'u, heu'u INTJaff
yes

hawani Nsg crow

heb PCLloc somewhere
unknown

hebai ADVloc.cmp
somewhere

hebai, bah___ ADVloc.cmp
where?

hebaijed ADVloc.cmp
from where

hebaijed, bahjed ADVloc.cmp
from where?

hedai, thoh___ DET
who? which?

hedaig Vs who there is

he'ekia i DET how many

he'ekiajj i DET how many of

he'es i DET how much,
how big

heg, hegai PRON3.sg
that, that one

hegai, heg PRON3.sg
that, that one

hegam PRON3.pl those, them

hehegith Vt agreeing with

hehelig Vt hanging meat to
dry, cure

hehem V laughing

hehemako ADV singly

hehemapad Vt gathering rep.

hehemimk, s-hehemimk
V wanting to laugh

hehewagith Vt sniffing for

hehgam, s-hehgam
Vs be jealous

hehhem V laughs rep.

hehhemhith V will be going along laughing

hehkig, s-hehkig Vsg.s be happy

hehkigk, s-hehkigk Vsg.s will be happy

hehosith Vt decorating

hekaj Vt use, using
ha hekaj ADV immediately
heg hekaj ADV because of that, using that
ith hekaj ADV because of this, using this

heki huh ADV already, long ago

hejel ADJsg.r own, self; ADVsg by self

hekith ADVtim.cmp when, sometime, when?

hema DETsg one, a

hemajkam N person, people

hemajkamag Vs populated, being people

hemajkamagk, s-hemajkamagk Vs will be people

hemajta N people who are created

hemapai Vt gather

hemapath Vt gathering

hemapi ADV in one place

hemho ADV once

hemho wa M must

hems M maybe

hemu, hemuch ADV now

heo V bloom

heosig Nag flower

heosigaj Nag flower of

heosig, s-heosig Vs flowery

heosithas Vs decorated

heot V blooming

heu'u, hau'u, hau INTJaff yes

hewel Nms wind

Hewel Namkam Npr Wind Meeter, Wind Man

hewelchuth Vfb making wind for

hewelgaj Nms wind of

hewgiam Vt go sniffing for something

hewgiamahith Vt will be going scenting

hewgith Vt smelling, sniffing for

·**hewgithadag**
see **chu hewgithadag**

hewlim, s-hewlim ADV in a windy manner

hi, hi'i PCL in contrast, on the other hand

hiabo Vt uncover

Hiakim Nsg Yaqui tribesman

hiash Vt bury

hiashpok Vt after burying

hig, higi M how about, let's, may

hih Vsg go, move

hihhim V going rep.

hihi'ani N grave, burial place,
shrine

hihi'aniga N prossessed grave

hihih Vpl go, move

hihim Vpl going, moving

hihimhim Vpl wandering

hihimichuthath Vc.pl will
be causing to move

hihimichuthath Vc.pl will
be causing to move

hihinnakath Vsg will be
yelling or yapping rep.

hihinnk Vsg yelling rep.

hihinkia Vpl yelling rep.

hihitho Vt.pl cook

hihithod Vt.pl cooking

hihitholith Vt.pl.b cooking
for someone

hihm Vsg go! move!

hihnk V yelling

hi'i, hi Pcl in contrast,
on the other hand

hijia ahina INTJ verse
closing expression in songs

hik Nsg navel, center

hikaj Nsg navel of, center of

hikchulith Vt cut in strips

hikiwij Nsg hairy woodpecker

hikkumi'og Vt.pl cutting up

hiku V cast blossom, form fruit

hikuch Vt.sg cut

hikugt Vf form fruit

him Vsg going, moving;
Vc cause to move, carry
on or go along in

himath Vsg will be moving

himathch Vsg while moving

himath ch Vsg moving and

himchuthahim Vc.sg going
along moving

himhim Vsg wandering
around

himichutho Vpl.c.sg make it go!

himini Vsg move!

himlu V walk! (babytalk)

himthag N culture, customs,
way of life

himtham Nsg one who goes

hiopch Nms body lice,
termites

hithod Vt.sg cooking

hithodakud Nsg cooking
vessel

hiw Vt rubbing

hi wa ADV even though

hiwchu Nsg groin

hiwchu wepegi Npl
black widow spiders

hiwgith Vcmp.d

hiwig Vd trusting, depending
on, having confidence in

hiwigi Vcmp.d allowing

hoa Nsg basket

hoabdag Vs.sg being a basket

hoakaj ADV with a basket

hoas-ha'a Nsg dish

hogi N leather, hide

hoha, huha Npl baskets

hohagch Vt carrying a load

hohalmagi, s-hohalmagi
ADJ hollow;
Vs being hollow (basket-
like)

hohata N basketry,
basket-making

hohhoi, s-hohhoi Vt,cmp
enjoy, like, admire

hohho'ith, s-hohho'ith
Vt,cmp enjoying, liking,
admiring

hohho'ithach Vc please,
cause to like

hohho'ithachuth Vc pleasing

hohnig Nkin.sg wife

hohnigaj Nsg wife of

hohnimk, s-hohnimk Vt
wanting as a wife

hohnt Vt.sg marry a woman

hohntamk, s-hohntamk Vt
wanting to go and acquire
a wife

hohntok Vt having acquired
a wife

hohomachuth Vf.pl.b. make
lucky one for

hohont Vpl marry

hohontam/e_ Npl
those married
wo e hohontam Npl
those engaged

hoho'ok Npl monsters,
creatures with extraordi-
nary powers

hohothai Nag stones, rocks,
charms

hohothaich Vc.pl cause to
turn to stone

hohotk, s-hohotk
Vpl.s being fast

hohowo Vt inhale of

hohtam, s-hohtam
ADV quickly

hohtk, s-hohtk
Vsg.s being fast

hoi Vt greet

ho'i N thorn, thorns

ho'ige'ith Vd giving thanks to

ho'ige'ith, s-ho'ige'ith
Vd pity, be kind to

ho'ige'ithahu Vr pray

ho'ige'ithahun Vr praying

ho'ige'itham, s-ho'ige'itham
ADVt kindly toward

hoin Vt greeting

ho'ip, ho'op ADV until,
when

ho'ish Vt pierce with thorn

holiwkath Vt rolled itself up

ho'ok Nsg monster, creature
with extraordinary powers

ho'op, ho'op kiap, ho'ip
ADV until, when

hothai Nsg stone

hothaich Vc.sg cause to be
stone

howichkwua Vt.sg suck in
with the breath

howichkwuak Vt.sg having
sucked in with the breath

howichkwup Vt.sg suck in
rep. with the breath

howichshul Vt.pl suck in
with the breath

howichshulig Vt.pl sucking
in with the breath

howichshuligch Vt.pl while
sucking in with the breath

howichshuligk Vt.pl after
having sucked in with the
breath

huashomi N buckskin bag,
medicine bag

huawi N mule deer

huawig, s-huawig Vs being
many mule deer

huchin Vt stubbing the toe

huchwuag Vr stubbing the toe

hud/ i_ V descend, sunset

hudawog Vt paying attention
to

huduni Vsg descending,
sun setting

hudunith V keep going
until sundown

hudunig Nab evening, night,
west

hudunihim Vsg going down

hudunk Nab evening
ADV in the evening

hugi Nms food

hugik Vs will be food

hugio Vt use up, destroy

hugiog Vt using up,
destroying

hugiogahim Vt using up,
carrying on the destruction
of

hugiogamk, s-hugiogamk
Vt wanting to destroy

hugiok Vt after having
destroyed

hugithag Nsg edge, side

hugithaj Nsg edge of

hugkam ADV as far as

huh V end

huh ADV remote
gm huh way over there
heki huh long ago, already

huh Vt eat

huhch N claws

huhchij N claws of

huhgi Vt eat it!

huhjed ADV from over there,
a remote place

huhni Nms corn

huhp Vt to pull out

huhpan Vt pull out, jerk out, something pointed

huhuduk V go down rep.

huhudukath ADV nightly

huhuga Vt eat rep.

huhugam, kekelbad Npl those who have passed on

huhughim V disappearing

huhugith ab ADVpl at the edges

huhugithag Npl edges, sides

huhugithaj N edges of

huhu'i Vt chase

huhu'ith Vt chasing

huhu'u Npl stars

hu'i M wishing

hu'i PCL a certain unknown time or place or number

hujud Nsg lizzard

hukitsh Vt slash, claw

humhimuk V water having gone down

hu'u Nsg star

hu'ui Vsg.t chase

hu'uithahith Vt will be going along chasing

hu'ul Nkin.sg mother's mother or aunt

I

i PCL indicates a point in action or change in state:
i ge'eda get bigger

i wah enter

i hih leave, arrive

i meth k i meth k am jiwia ran and ran and arrived there¯

PCL indicates indefiniteness of identity, location time, manner, number, size, distance, direction, action:
hethai i who
haschu i what
hebai i where
hekith i when
has i masma how
he'ekia i how many
he'es i what size
he'esko i how far
hasko i which way
has i wua what action

ia PCLloc here facing this way

ia'i ADV right now

i'ajed ADVloc from here, from now

iajith Vt swarming over

ialhi V walk with a limp

iattogi Vt deceive

iattogith Vt deceiving

iawua Vt spill, pour

ih INTJ oh!
Vt drink

ihab ADV at this point, here

ihbach Vf.b make a heart for

ihbachuth Vf.b making a heart for

ihbhai N prickly pear cactus or fruit

s-ihbhaig being many prickly pear

ihbheiwua, ihbhuiwua V take a breath

ihbheiwup V breathing rep.

ihbthag Nsg heart, fruit

ihbthaj Nsg heart of, fruit of

ih'e Vt drinking

ih'ehim Vt keep drinking

ihm Vt call by relationship

ihmath Vt will be calling by relationship

ihmigi Nkin those called by relationship

ihmimkch, s-ihmimkch Vt wanting to marry **s-ni-ihmimkch** wanting to marry me

ihnamthag N craving for meat

ihtachug Vt going along gathering, scooping up

ihtha, ith PRON3.sg this, this one

ihwagi Nms edible green leaves

iia ADVloc here

i'ihim Vt were drinking

i'imikidath (Pima) Vt leave

i'ipud Npl skirts

i'ipudaj Npl skirts of

i'ito Vt drink up

i'itoi N that which is all drunk up

I'itoi Npr name of the protector and cultural hero of the O'othham

im PCLloc here facing away or unspecified

imhab ADVloc here in front

in PCLloc here facing or moving across

inhab ADVloc nearby to one side

inhas ADVloc here, across

i'ok Vt after drinking

Iolgam Npr Kitt Peak

i'owi, s-i'owi Vs taste good

i'owim, s-i'owim ADV sweetly

ish, ash AUX he, she, it, they, are reportedly

ith, ihtha PRON3.sg this, this one

itham PRON3.pl these

ithani ADVtim now, at this time

itp, atp AUX if he, she, it, they

J

je'e Nkin.sg mother

je'ej Nkin.sg the mother of

jeg Nsg outside, clearing, prairie
V being open

jega V become open

jegdat V make a race track

jegwosh Vt force out through an opening

jeh Vṭ taste

jehg Nms flour balls of mesquite pod

jehgkaj ADV with mesquite pod flour

jehgt Vf make mesquite pod flour balls

jehj V smoke
N mothers, parents

jehjenakud, jehnikud N meeting house, smoking room

jehjenath Vt will be smoking

jehjenok Vt having smoked

jehkaich Vt bring calamity to, play a prank on

jehkch Vt look for tracks of

jehkcheth Vt will be looking for tracks of

jehni Vt smoking

jehnigi Vd discuss with

jehnigith Vd discussing with

jehnigitha N a discussion

jehnigithahim Vd were discussing

jehnigiththam N speaker, speakers

jehnik, s-jehnik Vs like to smoke

jehnikud, jehjenakud N meeting house, smoking room

jehnimchuthath Vt.c will be causing to want to smoke

jehnith Vt will be smoking

jejewa Vpl get rotten

jejewho Npl gophers

jejjen Vt smoking rep.

jekiam Vt look for tracks

jekiamahi Vt go along looking for tracks

jewa V become rotten

jewed Nsg earth, land; Nms dirt

jewedga N; Vs possessed 'land, to possess land

jewedgaj Nsg the land of

jewed heosig Nms earth flowers (reputed to be a sex stimulant)

jewow, s-jewow Vs smelling decayed

jijiwhia Vsg come rep.

jiwhiathag N arrival

jiwia Vsg arrive

jiwiak Vsg after arriving

judumi Nsg bear

juh V rain

juh, hab juh Vt do, make

juhk V the sun sits in position
dahm juhk the sun sits overhead

juhk V raining

juhka'i, hab juhka'i Vt having been doing thus

juhkam, s-juhkam ADV
  deeply

juhkchith, hab juhkchith Vt
  will keep somewhere

juhki Nms rain

juhko ADV way back in

juhpin Nab north (downward)
  V sinking

juhu'ujul, s-juhu'ujul
  ADV zigzag

jujdumi Npl bears

jujunit Vf.pl
  dry saguaro fruit

jukshshap V rain rep.

jumal ADV low

junchug, hab junchug   Vt
  going on doing thus

junihi/hab___ Vt do, make

junihim, hab junihim
  Vt continue doing

junij, hab junij N actions of,
  relationship of

junimk, s-junimk, hab junimk
  Vt wanting to do

junisith Vt imitating

junisithk Vt having imitated

jupij, s-jupij ADV quietly

jushal ADV quietly

K

k CONJ and (conjoins
  clauses and indicates that
  the previous verb is non-
  continuative, even though
  its form may be like the
  continuative)
  AUX (and) he, she, it,
  they are

kah Vt,cmp hear, hearing

kahch Vsg.s lying

kahchim Vsg.s lying
  permanently

kahchk Vsg.s will be lying

kahchkahim Vsg.s had been
  lying

kahio Nsg leg

kahioj Nsg leg of

kahiokaj ADV by means of
  the leg

kahk **Vt,cmp** having heard
  Nkin.sg father's mother
  or aunt

kahw Nsg badger

kai Nms seed

kaichka Nms seedgrain

kaichkat Vf make seedgrain

kaichuthch ADV within
  earshot

kaiha Vt,cmp listen to

kaiham Vt,cmp listening to

kaihamath Vt,cmp will be
  listening to

kaij Nms seed of (esp.
  saguaro cactus)

kaij, hab kaij Vq say

kaijch, hab kaijch Vq while
  saying

kaijchihim, hab kaijchihim
Vq having been saying

kaijij Nms seed of

kaijim, hab kaijim Vq saying

kailithamk, s-kailithamk
Vq.b wanting to say for

kaim, s-kaim Vt,cmp
want to hear

kaiok Vt,cmp having heard

kaipi Vt remove seed from

kaitha V sound

kaithag, hab kaithag
Vq sounding like

kaithag, s-kaithag
Vs sounding loud

kaithaghim V going along
making noise

kaithaghith V will be going
along making noise

kaitham, hab kaitham
ADV thus sounding

kaithgath, hab kaithgath
Vq will sound like

kaithgim, s-kaithgim ADV
loudly

kakaichu N quail

kakaim, see ta kakaim

kakaima see ta kakaima

kakio Npl legs

kakiokaj ADV by means
of the legs

kakithach, hab kakithach
Vq keep saying

kakke Vcmp.d ask of,
asking of

kakkei Nab question

kam'on Vd arguing with

kawad Nsg shield

kawani Vd arguing with

kawhai Vd argue with,scold

kawhaini Vd arguing with,
scolding

kawnim, s-kawnim
ADV crackling

kawnith Vd will be
arguing with

kch, ch CONJ and
(conjoins clauses and
indicates that the previous
verb is continuative. Also
conjoins phrases.)

ke'e Vt biting

kegch Vt.sg arrange, repair

kehg, s-kehg ADJsg;ADVsg
good, pretty

kehgaj, s-kehgaj Vsg.s
being good, pretty

kehgajk, s-kehgajk Vsg.s
will be good, good looking

keh'ith, s-keh'ith Vt
scolding, hating

keh'ithachuth Vt.c
causing to scold, hate

kehk Vsg.s standing

kehkam Vsg.s standing
permanently

kehkim Vsg stepping, inching along

kehsh Vc.sg causing to stand, appointing

kehsha Nsg something stood up, appointed

kehshachugath Vc.sg would be carrying erect

kehshahim Vc.sg going along causing to stand

kei Vc.sg cause to stand, appoint

keichkwua Vt.sg move by kicking

keihin V folk dancing

keihinachuth Vc causing to folk dance

keihinakud N folk dance ground

keihintham N folk dancer, folk dancers

keihomin Vt weakening an adversary with songs of defiance

keikon V stumbling

keish Vt step on

keishchith Vt will be keeping underfoot

keishchkahim Vt had been stepping on

keishud Vt crush underfoot

kekᵗe Vt biting rep.

kekeihominath Vt will be weakening by songs of defiance

kekel Npl older men

kekelbad, huhugam Npl old timers who have died

kekiwua Vsg stand up

kekiwup Vsg stand up rep.

keli Nsg older man

kelit V to become an older man

kia, kiap ADV a time;
wash kiap still, yet
hoᵗop kiap until, when

kiᵗagani V wait!

kih Nsg house;
Vs living

kihchuth Vf.sg.b building a house for, drawing a line around patient to hold healing power of a song

kihhim N village

kihj Nsg house of

kihjeg Nsg doorway, gateway

kihjego ADV at the door

kihjk Vs will be the house of

kihk, kihkath Vs will be dwelling

kihkam N dweller, dwellers

kihkamch Vc cause to be dwellers

kihki Npl houses

kihkshath Vt.pl set ambushes at

kiht Vf.sg make a house

kihtask Vs walled, closed in

kihthag Nab home, living, neighborhood

kihthamthag Nab homesickness

ki'ishchug Vt carrying in the teeth

ki'ishk Vt having taken in the teeth

ki'ishud Vt crush in the teeth

kikkiadag Vs abandoned (house)

kiohod Nsg rainbow

koa Nsg bank, forehead

ko'a Vt eating

koach, koatsh V peek

koachk V peeking, spying

ko'ath Vt will be eating

koatsh, koach V peek

koawua Vsg bump the forehead

koawul N red berry bush

kohk V digging
Vpl go to sleep

kohkod N crane, cranes

kohk'oi Npl rattlesnakes

kohlo'ogam Nsg whip-poor-will

kohm Vt embrace, take in the arms

kohmagi, s-kohmagi ADVsg;Vs.sg gray

kohs Vt.sg put to sleep

kohsch Vd.sg allow to sleep
pi ha kohsch not allow to sleep

kohsh Vsg sleeping

kohshath Vsg will be sleeping

kohsig Nab sleep

kohsij Nab sleep of

kohsim, s-kohsim V become sleepy

kohsimthag Nab need for sleep

kohsithakud, kohskud Nms a sleep producer

kohsk, s-kohsk Vs be sleepy-headed

kohwog, s-kohwog Vsg.s being full

kohwogk, s-kohwogk Vsg.s will be full

kohwoth, s-kohwoth V become full

kohwothk, s-kohwothk Vsg.s having become full

koi ADV not yet
Vsg go to sleep
INTJ that is, I mean

ko'i Npl the dead

ko'ihim Vt was eating

ko'ithag Npl corpses

ko'ito Vt eat up

ko'itohio Vpl.t go to eat

koka Npl banks

koki AUX (and) he, she, it, they evidently

kokis AUX (and) can he, she, it, they evidently

kokodki N sea shells

kokowoth Vpl become full

kokp V pop, crackle

kokpk V popping, crackling

koksho V go to sleep rep.

kokshtham Npl sleepers

koktha Vc.pl
cause to die
si kokthg cause to cry
kokthak after killing
kokthath will be killing

kolhai Nsg fence

kolig V jingling, rattling

kolighith V will be jingling along

komad ADV flat

komadwua Vt cause to be low, flat

komal ADVsg shallow

komalka Vsg become shallow

komchkahith Vt would go carrying in arms

komishpadath Vt.d put on the back of

komitp Vt crack

komkch'ed Nsg turtle

Komkch'ed Wahiaga Npr Turtle's Well

ko'oi Nsg rattlesnake

Ko'oi Kih Npr Rattlesnake's House (snaketown)

ko'okajig, s-ko'okajig Vt harming with occult power

ko'okam, s-ko'okam ADV painfully

ko'okoth, s-ko'okoth Vd being offended at

ko'okthag Nab pain

kopothka V become swollen

kostal Nsg bag

ku'a Vt get firewood

ku'ag Vt getting firewood

ku'agamed Vsg.t going for firewood

ku'agi Nag firewood

ku'ago Vpl.t go for firewood

kuawith (Pima), agshp ADV downgrade

kuawush Vt tie together

kuch AUX (and) we are

kuchs AUX (and) can we, I wonder if we

kudut Vt troubling

kudutath Vt will be troubling

kuh Vt shut, close
Vd shut up, close in

kuhbs Nms smoke

kuhg Nsg end

kuhgaj Nsg end of

kuhgam, s-kuhgam ADV
facing away

kuhgi Vc cause to end

kuhgit Vf make an end of

kuhgithok Vt having brought
to an end

kuhgkim, s-kuhgkim ADV
whirringly

kuhhug Npl ends

kuhm Vt gnawing on

kuhpch Vt have confined

kuhpi Vs being confined

kuhpi'o, kuhpio Vt open

kuhshtha N the chase

kuhshthahim Vt
were chasing

kuhshtho Vpl.t going to
chase game

kuhta Nsg torch

kuhtsh Vt contacting with
heat, overheating

kuhu V;Vt blow a horn,
neigh, crow

kuhuth V;Vt will be
blowing an instrument,
neighing, etc.

kuhugith Vc causing to end

kuhwith Nsg pronghorn
antelope

kui Nsg mesquite

ku'ibad Nsg saguaro rib
with crosspiece for knock-
ing down fruit

kuig, s-kuig Vs being
mesquite

kuikud Nsg flute, wind
instrument

kuikudt Vf.sg make a
wind instrument

kuint Vt count

kuintath Vt will be counting

kuiwo ADV down-valley,
westward

kuk V hooted, whistled

   Chukud Kuk Npr
   Where the Owl Hooted

kukpa Vt close rep.

kukswo Npl necks.

kukuikudch Vf.pl.b make
wind instruments for

kukuitas N firecrackers

kukujjek, kukujjuk Nms
heat waves

kukuntamk Vt.pl wanting
to go get husbands

kulgiwagi, s-kulgiwagi
ADJ curly
Vs being curly
s-kulgiwagi bahi bony
tailed

kul-wichigam Nsg curved
bill thrasher

kummu Vt blow smoke on

kumt, mt AUX (and) you,
they

kumsh, msh AUX (and) you,
you, they reportedly

kun Nsg husband

kuni, ni AUX (and) I am

kunis, nis AUX (and) can I

kunmakam, s-kunmakam
N marriageable age

kunt
Vt.sg marry a husband

kunt, nt AUX (and) I

kuntamk, s-kuntamk Vt.sg
wanting a husband

kuntp, ntp AUX (and)
if I

kupal ADVsg overturned,
backward

kups, ps AUX (and) can
you

kupt, pt AUX (and) you

kuptsh, ptsh AUX (and)
you reportedly

kus, s AUX I wonder if he,
she, it, they

kush, sh AUX (and) he, she,
it, they reportedly

kushwiot Vt carry on
shoulders

kushwiotach Vt.d load on
the shoulders of

kut, t AUX (and) he, she,
it, they

kutki, tki AUX (and) he,
she, it, they evidently

kutp, tp AUX (and) if he,
she, it, they

kutsh, tsh AUX (and) he,
she, it, they reportedly

kuttp, ttp AUX (and) if we

M

m AUX (that) he, she, it,
they

m,am PCLloc there
(facing away)

m- PERS2.sg you, your

mach AUX (that) we are

machgai, machgaj N
acquaintances, those known

machma see ta machma

machs AUX if we, can we

mad Nkin.sg woman's child,
younger sister's child

madt Vf.sg give birth to

mah Vt.d give

mahch, s-mahch Vt,cmp
knowing

mahchig Nab knowledge,
occult power

mahchigaj Nab knowledge
of

mahchigkaj ADV by means
of knowledge or occult
power

mahchimk, s-mahchimk
Vt,cmp wanting to know

mahchimkamk,
s-mahchimkamk Vs will
be one who wants to know

mahchithch Vt,cmp while
learning

mahchk, mahchok Vt,cmp
after learning

mahchul Vt,cmp.c
cause to know

mahkai Nsg medicine man

mahkaiga Nsg possessed
medicine man

mahkaik Vs will be a
medicine man

mahki Vt.d give!

mahkigthag N gift

mahm, s-mahm ADV bravely

mahmad Nkin.pl a female's
children

mahmadho V finish giving
birth

mahmadsig Npl branches

mahs, hab mahs Vs look like

mahs, s-mahs Vs being visible,
visible, bright

mahsi V appear, dawn,
being born

mahsij V keep going till dawn

mahsik Vs will be morning

mahsikam Nsg one born

mahsith Vt paint;
Vr appear
pi mahsith disappear

mahsk, hab mahsk Vs
will look like

mahsk, s-mahsk Vs
will be visible, bright

mahsko, s-mahsko ADV
in plain sight

mahstahim V making tracks

mai N a roast

mai, s-mai Vt,cmp learn,
find out

ma'i Nkin.sg older sister's
child

ma'ichkwupath Vt will be
hitting with something
thrown

ma'ikoshahim Vt going
bouncing along on

ma'ish Vt cover

maikud Nsg roasting pit

main Nsg mat, woven straw

ma'ishpahim Vt going along
covering

ma'ishpik Vs will be covered

ma'ishpi'o Vt uncover

makodagt Vf make a
coupling (a tie-together)

makodath Vt.pl tie together

mam AUX (that) you, they
are

mamaihogi Npl centipedes

mamakai Npl medicine men

mamche Vt,cmp examine,
learn

mamhadag Npl branches

mamka Vt.d give rep.
be giving

mamki AUX (that) you,
they evidently are

mamsh AUX (that) you,
they reportedly are

mamshath Npl months

mamsig ADV every morning

mamt AUX (that) you, they

mamthhod Nms algae

mamtki AUX (that) you, they evidently

mani AUX (that) I am

mant AUX that I

mantki AUX (that) I evidently

maps AUX if you, what you

mapt AUX (that) you

maptki AUX (that) you evidently

maptp AUX if you

maptsh AUX (that) you reportedly

mash AUX (that) he, she, it, they reportedly are

mashath Nsg moon, month

mashcham Vt,cmp.d teaching

mashki AUX (that) he, she, it, they reportedly evidently are

mashp, matsp AUX (that) he, she, it, they must be

maskogi Vc reveal, cause to be clear

masit Nsg machete

masma, hab masma ADV like; VS be like

masmak, hab masmak Vs will be like

mat AUX (that) he, she, it, they

matai Nms ashes

matchud Nsg mortar, grinding stone

matchudaj Nsg grinding stone of

matp AUX if he, she, it, they

mats, mas AUX if he, she, it, they

matsh AUX (that) he, she, it, they reportedly

matt AUX (that) we

mattki AUX that we evidently

mawith Nsg puma, mountain lion

mea Vc.sg cause to die

me'a Vc.sg killing

me'ahog Vc.sg want to kill

me'ak Vc.sg having killed

me'amk, s-me'amk Vc.sg wanting to kill

med Vsg running

medath Vsg will be running
    medathch while running
    medath ch running and

medk Vsg having run

medka'i Vsg having run

me'emek ADVpl far

meh Vsg run

mehi Vc cause to burn

mehk ADV far;
    Vs is far

mehkjed ADVloc from far

mehko Vt take far away

mehkoth Vt taking far away

mehkotham, s-mehkotham ADV far

mehl Vsg run!

me'ij Vc.sg.b kill for

me'ijithok Vc.sg.b after killing for

mek V having burned, burn, after burning, burn and

mel Vsg arrive running

melch Vc.sg cause to run

melchuth Vc.sg causing to run

melimchuth Vc.sg causing to want to run

melithkam, s-melithkam Nsg a good runner

melithkamk, s-melithkamk Vs will be a good runner

melitht V learn to walk or run

meliwk Vsg having arrived running
   meliw k arrive running and

melnod Vsg turn around running

melopa Vsg come running

melthag Nab ability to run

melthag, s-melthag Vsg.s be a good runner

melto V finish running

mem'a Vc.sg kills, kill rep.

mem'ath Vc.sg will be killing rep.

memelch Vc.sg cause to run rep.

memelchuth Vc.sg causing to run rep.

memelhim Vsg was running around rep.

memelkud Nsg place for running

memda Vsg runs rep.

memdath V will run rep.

memdathch Vsg while running rep.

me'ok Vc.sg having killed

mia ADV near

miabi Vd approach

miabith Vd approaching

miabithahim Vd was approaching

miabithama see **ta miabithama**

miajkai Vt approach

miako ADV nearby

mil-gahn N caucasian

mimiabij PREPpl near

mimiabith Vd rep. getting near to

mo AUX (that) he, she, it, they are

mohmbdam Npl hunters

mohms Nkin.pl a woman's daughter's children, a sister's daughter's children

mohmsij Nkin.pl grandchildren
grandchildren of

mohmtk Vt after carrying

mohs Nkin.sg a woman's
daughter's child

mohsi Nkin.sg vocative
nickname for mohs

moht V float Vt carry

moik, s-moik ADJsg soft;
Vsg.s be soft

moki AUX (that) he, she, it,
they evidently are

momtto Vt carrying along

mo'o Nsg head;
N hair

mo'obad Nsg game head

mo'obdam Nsg hunter

mo'ohaish Vt smash with
the head

mo'ohebamchuth Vc
hanging on the head

mo'okaj ADV head first

mo'osh Vt press on with
the head, have right by
the head

mo'otk Nsg scalp

mo'otkaj Nsg a warrior's
trophy scalp

ms, kums AUX (and)
I wonder if you are

msh, kumsh AUX (and)
you, they reportedly are

mt, kumt AUX (and) you

mua, mea Vc.sg kill

mu'a Vc.sg killing

mu'ak Vc.sg after killing

mudathag N tassle of plant

mudgaj N wound of

muh Vsg die

muhadagi, s-muhadagi
ADJ greasy;
Vs be greasy
Muhadagi
Npr Greasy Mountain

muhk V after dying

muhkhim V dying

muhki Nsg dead one

muhkig Nab death

muhkigam, s-muhkigam
ADV deathlike

muhkith Vr.sg being killed

muhwal Nsg bee, fly

muhwalch Vc.sg cause to
become a fly

muhwalchuth Vc.sg
causing to be a fly

mu'i DETpl many

mu'ijj DETpl many of

mu'ikko ADV many times

mu'ikpa ADV many places

mu'itha V multiply

mu'ithahim V multiplying

mukima, s-mukima ADV
with the expectation of
dying

mumkich Vc.sg cause to
be sick

mumkichuth Vc.sg causing to be sick

mumkith Vr.sg being killed rep.

mumku V sick, dying, become sick

mumkutham Nsg one who is sick or dying

mummu Vt wound

mummudag N wounded animal

mummudaj N one's wounded animal

mumuwal Npl bees, flies

mu'uk, s-mu'uk Vs.sg be sharp pointed
s-mu'uk Nsg peak

mu'umka V break out in bumps

mu'umkai Vc sharpen the edge of

mu'umkath Vc sharpening the edge of

mu'umuwij, s-mu'umuwij ADV jagged

N

n- PERS1.sg.r myself
hab n-ahg I thought

na'ana ADV once upon a time, long ago (occurs in storytelling formula:
Sh hab wa chu'i na'ana "It is said that this happened long ago.")

naggia V;Vt hanging

nahgi, ihnagi N skirt

nahgij Nsg skirt of

nahnam Vt.pl meet

nahngia Vpl;Vt.pl hang

nahnk Npl ears

nahnkaj Npl ears of

nahnko ADJ various, different;
ADV differently

nahsh Vt fold, turn

nahth V making a fire

nahtha N a fire made

nahthaj N fire of

nahthakud N fireplace

nahthakudag Vs being a fireplace

nahthch V having a fire

nahto Vt make, finish

nahtoi N finished product, creation

nahtois Vs be finished
wo nahtoisk will be finished

nahtokch Vt have ready

naipijju Npl friends, peer kin

naipijjugij Npl friends of, peer kin of

naipijjugim Nr friends or peer kin of one another

naipijjuj Npl friends of, peer kin of

nako Vt endure
Vr.cmp be able

nakog Vt enduring
Vr.cmp being able

nakogath Vt will be enduring
Vr.cmp will be able

nakosig, s-nakosig
Vs be noisy

nam AUX are you, they?
Vd meet

namkam Nd meeter, one
having the power of
something with which he
has had an encounter

namkamk Vd.s will be a
meeter of

namkch Vd.c cause to meet

namki N meeting

namki, i namki Vt go to meet

namkith Vt.d pay, repay

namks Vd.s be in contact

nan'aipijju Npl many friends
or peer kin

nanakshel Npl scorpions

nanawhul Npl a species of
plant

nanawuk V glow, sparkle

nankog Vt enduring rep.
Vr.cmp being able

nanme Vd meet or answer rep.

nanmek Vd meeting or
answering rep.

nap AUX are you?

nash AUX is he, she, it, are
they reportedly?

nattp pi AUX because if we

naum V become intoxicated

nawai V make saguaro cactus
wine

nawait N saguaro cactus wine;
V making saguaro cactus
wine

nawijju Nsg ceremonial
clown dancer in prayer
ceremony

nawkk Vpl become
intoxicated

nawoj Nkin.sg friend, peer kin

nawojij Nkin.sg friend or
peer kin of

nawojk Vs.sg will be a friend,
peer kin

nawojt Vt befriend

nea V look

neahim Vt waiting for,
looking to

neal Vt.d look for a meal
from

nealig N what is begged

nealim Vt.d waiting for a
meal, begging

nealkam Nsg one who waits
for a meal

ne'e Vt singing

ne'eth Vt will be singing

ne'etham Nsg a singer

neh INTJ so, see
(frequently initiates a
result, conclusion, or
summary)

nehnch Vc.pl cause to fly, throw or blow about

nehnchuth Vc.pl causing to fly, throwing or blowing about

nehni Vpl flying
N tongue

nehnihim Vpl were flying

nehol Nsg slave

nehpod Nsg nighthawk

nei Vt sing
Vt,cmp see

ne'i Nsg song

ne'ich Vf.b sing for

ne'ichuth Vf.b singing for

ne'ichuthath Vf.b will be singing for

ne'ihi Vt go along singing

ne'ihim Vt going along singing

ne'iopa Vpl come rep.

ne'it Vf.sg compose a song

neith Vt,cmp seeing

neithahim Vt watching, looking over

neithahith Vt will be watching, looking over

neitham, s-neitham Vt,cmp want to see

neithama see **ta neithama**

neithamk, s-neithamk Vt,cmp wanting to see

neithamk see **chu neithamk**

neithath Vt,cmp will be seeing

neithchkahim Vt seeing, visiting, looking over

neithok Vt,cmp having seen

nen V wake up

nen'e Vpl fly rep.

nenea Vpl looking

nenealidkam
see **chu nenealidkam**

nen'ei Npl songs

nen'eikaj ADVpl with songs

nenenashani, s-nenenashani Vpl.s be alert

nenenashanik, s-nenenashanik Vpl.s will be alert

neneo Vpl talk

neneok Vpl talking

neneokath Vpl will be talking

nenida Vd waiting for

nenidachkahimch Vt carrying on a wait for

nenidahim Vd was waiting for

nenidath Vd will be waiting for

nen'oith, s-nen'oith Vd being careful of

neo Vsg talk

neok Vsg talking

neokath Vsg will be talking

neokithahim Vb was talking for

ne'owin Vd discussing with

ne'owinahim Vd was discussing with

ni- PERS1.sg me, my, myself;
PERS1.sg.r my own, myself

ni, kuni AUX (and) I am

nis, kunis AUX (and) can I
nis huh I might not

no AUX is he, she, it, they

nod, i nod Vsg turn

nodags Vs bent, curved

nodgith Vc.sg causing to turn

nohndagith Vc.pl
causing to turn

nohnhoi Npl arms, hands

nohnhoikaj ADV with the
hands

nolawt Vt.d buy from

nonha N egg, eggs

nonhat V become pregnant

nowi Nsg hand, arm

nowikaj ADV by hand

nt, kunt AUX (and) I

ntp, kuntp AUX (and) if I

nua Vt push away

nuhkuth Vt take care of,
guard

nuhkutha N what one is
guarding

nuhkuththam N caretaker

nuwi Nsg buzzard

O

o AUX he, she, it, they are
CONJ or

oam, s-oam ADJsg;Vsg.s
yellow, orange, brown

obga N enemy

oh Nsg back

ohb, ohbi N Apache,
Apaches, enemy

ohbsgam, s-ohbsgam
ADV Apache-like

ohg Nkin.sg father

ohgaj Nkin.sg father of

ohgajbad Nkin.sg deceased
father of

ohgajk Vs will be the father of

ohhoth, s-ohhoth Vt discard,
reject, abandon

ohhotha N a discard, discards

ohhothach, s-ohhothach Vt.c
cause to discard

ohhothaj N the discards of

ohki N harvest

oh'o N bone, bones

oh'og Nag tears

oh'oj N the bones of

ohshad Vt stretch the back

oi ADV soon
Vt follow

oimed see oimmed

oimme Vsg wander, be
present

oimmed Vsg going about,
being present

oimmedath Vsg will be going
about, will be present

oimmelhim Vsg were going about, present

oiopo Vpl going about, being present

oiopohim Vpl were going bout, present

oiopoth Vpl will be going about, being present

oith Vt following, pursuing

oithag Nsg field

oithaj Nsg the field of

oithahith Vt will be following

oithahim Vt,cmp thinking about or following

oitham PREP during

oithch PREP following

oithchjed ADV from behind

oithchkam N follower, following one

oithchug Vt going along following

oithk PREP following

oiwgith Vc causing to hurry

oiwigi Vc cause to hurry

oki AUX he, she, it, they evidently are

okis AUX he, she, it, they evidently are

oks Nsg female, woman

oksga, oksgaj N woman (wife) of

okst V become an old woman

ola Nsg puck for women's field hockey

onk, s-onk Vs be salty

o'o V drip

o'oha Vt paint, draw, mark

o'ohadag Vs be marked Vpl be marked

o'ohan Vt writing, drawing

o'oi, s-o'oi Vs striped

o'oithkam Npl farmers

o'othham N person, Piman, friendly tribesman

o'othhamag V populated, be people

o'othhamch Vc cause to become a human

o'othhamt Vf make people

o'othhamta N the people who are made

owi Nsg opponent

owich Vt make cigarettes of

owichk N cigarettes

P

p, kup AUX (and) you are

pa'apdaj Vpl.s being ugly

pako'ola N jig dancer in ceremonies

pako'olak V will be a jig dancer

pako'olach Vc cause to be a jig dancer

pako'olachuth Vc causing
to be a jig dancer
Vr dancing a jig

padch Vc.sg cause to spoil,
wreck

padchuth Vc causing to
spoil, wrecking

padma, s-padma Vsg.s
being lazy

padmachuth, s-padmachuth
Vc.sg causing to be lazy

padmakam, s-padmakam
Nsg lazy one

padt V to spoil, become ugly

pahn Nag bread

pegih INTJ well, okay

pehegi, s-pehegi ADV easily

pi ADV, PCLneg no, not
pi hedai no one
pi kehg no good
pi chikpan not working

pi'a INTJneg no

pihch Vc cause trouble for,
waste the time of

pihchuth Vc causing trouble
for, wasting the time of

pihchuthath Vc will be
causing trouble for, wasting
the time of

pihhu V stop working

pihthag N effort, trouble,
waste of time

pi'ich Vc challenge

pi'ichuth Vc challenging

pip'ichuth Vc.pl challenging

piugim, s-piugim ADV
with whirring

pki,kupki AUX (and) you
evidently are

pothnim, s-pothnim
ADV thumping manner

pt, kupt AUX (and) you

ps AUX could you?

S

s- PCLaff affirms a quality of
the word it is prefixed to.
Find the word listed as it
occurs following the
negative pi. Thus the entry:
kehg, s-kehg ADJsg;ADVsg
good, pretty, indicates
that there is also a negative
pi kehg

s, kus AUX I wonder if he,
she, it, they

s, mas AUX whether he, she,
it, they

saio Nsg opponent

s-chu see chu

sh, kush AUX (and) he, she,
it, they reportedly are

sha PCL if

sha'al ADV somewhat

shahchu, haschu DET
what thing?

shahgig Nsg canyon

shahgith PREPsg between

shahku'a Vt carry in the palm

shahkuch Vt have in the palm

shahkum Vt catching, grasping

shahkumahim Vt was catching

shahmuth Vt shoo away

shahni AUX what do I?

shah'o AUX what does he, she, it, they?

shahshaiwua Vt being stopped

sha'i PCL quite, at all
pi sha'i not at all
Nag brush, trash, grass

shakal ADV in line

shashawikud Npl rattles

shashawk N;V echo

shashawkim V echoing

shawadk Vsg.s being thick

shawikud Nsg rattle

shegoi Nag greasewood

shehpij Nkin.sg junior peer kin

shehsha Npl shafts for arrows

shelam ADV always, continually

shelik prairie dog

shelini, s-shelini Vs being straight

sheshepij Nkin.pl junior peer kin

shoak Vsg crying

shoakath Vsg will be crying, mourning

shoakihim V had been crying

shoani Vpl crying

shoh Vt.sg sew

shohbi Vt hinder, stop

shohbith Vt hindering, stopping

shoh'o Nsg grasshopper

shohshon Npl bases, beginnings, foundations

shohshonkam Npl springs

shoiga Nsg pet, domestic animal

sho'ig ADJ poor, humble, modest
ADV humbly, modestly

sho'igchuth Vc causing to suffer

sho'igchuthahim Vc was causing to suffer

sho'igchuthath Vc will be causing to suffer

sho'igkam N poor, sufferer, sufferers

sho'igthag Nab poverty, humble station

shon Nsg base, beginning, foundation, spring

shonch Vt.sg chop
Vc cause to start

shonchki Nsg war club, axe

shonchuth Vc causing to start

shonchuthan Vt start

shonigiwul Nsg racing ball

shonigiwulij Nsg racing ball of

shonihi Vt hit

shonihin Vt hitting

shonikkashahim Vt had been boxing, slapping

shonkam N spring

shontsig N chips

shonwua V begin

shonwuich Vc cause to begin

sho'oshpolk Vpl.s being short

shosha V cries

shoshakimk, s-shoshakimk V wanting to cry

shoshbachuth Vf.pl.b making wristbands for, putting wristlets on

shoshobith Vt stopping, restraining

shoshoiga Npl pets of, animals of

shoshonigiwul Npl racing balls

shoshonigiwulij Npl racing balls of

shp, kushp AUX (and) he, she she, it, they must be

shuhshk Nag shoes; Nsg shoe

shuhth Vs being full of liquid

shuhthagi Nms water, liquid Vsg there being water
ge shuhthagi ocean

shuhthagikaj ADV with water

shuhthgim ADV all over, full

shuhthk ADV full

shuhullig Vpl fall rep.
Vt.pl drop rep.

shuhullighim Vpl going along falling, barely making it
Vt.pl going along dropping things

shuhshug Npl ponds, scattered water
Vpl there being ponds

shuh'uwath N mustard

shul Vpl fall, land
Vt.pl throw down, drop

shulig Vpl falling, landing
Vt.pl throwing down, dropping

si PCL real, very, very fast, very hard

si'a V become morning, sunrise

si'al, si'alig N sunrise, east, morning

si'alim ADV tomorrow, in the morning

si'al kehk ADV early in the morning

si'al wecho ADV in the east, beneath the rising sun

siawogi N falling star

sihowinahim Vt stirring

sihbani V sprinkling

sihs Nkin senior peer kin

sihskim V pattering

sihwotha Nsg ray, topknot

si¹ihe Nkin.sg senior peer kin
formal reference; title of
I¹itoi, cultural hero

si¹isiwliki Npl dust devils

si¹iskol ADVpl circular

sijkith Vc causing to rattle

sikod ADV circularly

sikol ADJ circular, round

sikolim ADV circularly,
coiled

sikolkai Vc cause to turn
around, coil up

sisi¹almath ADV every morning

sistolta N syrup making

siswotha Npl rays, topknots

siswothaj Npl rays of,
topknots of

siwani N a chief medicine
man
Siwani, Siwani Mahkai
Npr the medicine man of
Casa Grande Ruins

siwliki Nsg dust devil

s-ta see ta

T

t PCL connects unpossessed
noun with following pre-
position beginning with a:
kih t ab at the house
kih t amjed from the house

t, kut AUX (and) he, she,
they

t- PERS1.pl us, our, ourselves;

PERS1.pl.r our own, us

ta, s-ta PCL precedes
transitive verb stems, indi-
cating that a participant is
a capable object of the
action

ta a¹askim, s-ta a¹askim
ADV funny

ta bagam, s-ta bagam
ADVsg maddeningly

ta behima, s-ta behima
Vsg.s being available

ta behimakam,s-ta behimakam
Nsg obtainable one

ta bihugimma, s-ta bihugimma
Vs being without food

ta edam, s-ta edam
ADV shamefully

ta ehbitham, s-ta ehbitham
ADV frighteningly

ta ehbithama, s-ta ehbithama
Vs be frightening

ta ehbithamakam,
s-ta ehbithamakam
N fearful

ta hohho¹itham,
s-ta hohho¹itham
ADV enjoyably

ta hohho¹ithama,
s-ta hohho¹ithama
Vs be enjoyable

ta kakaim, s-ta kakaim
ADV interestingly

ta kakaima, s-ta kakaima
Vs being interesting

ta machma, s-ta machma
Vs being known

ta miabithama,
s-ta miabithama
Vs being approachaƀle

ta neithama, s-ta neithama
Vs be visible

ta tonomma, s-ta tonomma
Vs being a time of thirst

tad Nsg foot
Tad Memelkud Npr
Where the Foot Ran Around

tadnim, s-tadnim ADV widely

tahgio PREP toward, in the
direction, in the way of

tahhathkam N emotion

tahni Vt,cmp.d asking

tahnig Nt a request for

tahnim Vsg.t,cmp.d go to
ask for

tahnimed Vsg.t,cmp.d
going to ask for

tahp Vt split, crack

tahpani Vs being split,
cracked;
N crack

tahtami N tooth, teeth

tahtamich Vf.b make teeth
for

tahtamij N teeth of

tahtk Vt feeling, touching;
Vr feeling emotion

tahtkath Vt will be feeling,
touching

tahtok Vt after touching

tai Vt,cmp.d ask for

ta'i ADV back

ta'ichsh V sunrise

tash N sun, day;
ADV a long time

tashkaj ADV by day

tasho ADV clearly

tatai N tendon

tatal Nkin uncle, mother's
junior peer kin

tatalk Vs will be an uncle

tatchua Vt,cmp need, want,
like

tatchuath Vt,cmp will be
wanting or needing

tatchuathch Vt,cmp while
wanting or needing

tatchui Nab desired thing

tatchuik Vs will be the desire

tatchuith Vt.d;Vcmp.d
wanting for

tatk N root, roots

tatkkam N̄ a rooted thing
or things

tatkt Vf take root

tattam Vt feeling rep.

tha'a Vsg flying

th'a, s-tha'a Vt treasure,
being thrifty or stingy with

tha'ath, s-tha'ath Vt will
treasure or be stingy with

tha'atham PREPpl above
N flying thing

thadha Vpl.s sitting,
being there

thadhaiwua Vpl sit down

thadhak, thadkk Vpl.s
will be sitting

thagio'ithahim Vt had been
taking care of

thagio'ithath Vt will be
taking care of

thagitoni Vt leave it!

thagsh Vt press on, touch

thagshud Vt crush by
pressing on

thaha Vsg.s sitting

thahiwua Vsg sit down

thahiwup Vsg sit down rep.

thahk Nsg nose

thahkahim, thakahim Vs
was sitting

thahm PREP above, on top of
thahm kahchim N
heavens, sky

thahmjed ADV from above

thahpk N tansy mustard

thahshok Vt.sg after setting

thai Vt.sg set

tha'ibij Vsg.d pass by

tha'ichuth Vt.sg throwing

thaihi Vt.pl place at different
points

thaikud Nsg chair, dwelling
place

tha'imk, s-tha'imk Vsg
wanting to fly

thaish Vt sit on

thaiw Vpl coming rep.

thaiwadch Vpl while coming

thaiwath ch Vpl coming and

tha'iwuni k V rush out and

tha'iwush Vsg rush out
Vt chase out

thak Vsg.s will be sitting

thak ch Vsg.s sitting and

thakam Nsg one who is there

thashwua Vt.sg set up

thatha Vpl arrive

thath'aichuth Vt causing
to fly, throwing rep.

thath'e V fly or jump rep.

thath'eth V will be flying or
jumping rep.

thath'ehim V was flying or
jumping rep.

thath'ehi V go along jumping

thathge Vt wrestle with,
struggle with, search

thathgichuth Vc causing
to wrestle

thathsh Vt.pl set

tho AUX he, she, it, they are

tho'ag Nsg mountain

tho'agch Vf.sg.b make a
mountain for

tho'agga Nsg possessed
mountain

thoahim V thundering

thoakam Nsg living thing

thoakamk Vs will be a living thing

thoakthag Nab life

thohththa/hab thohththa Vr do
pi has e thohththa unable to do

thohtha'ag Npl mountains

thohwai INTJ ready! there! now!

tho'ibia Vt save, rescue

tho'ig ADV raw

thoki AUX he, she, it, they evidently are

thotho'ibiad Vt rescue rep.

thotholmat V become peaceful

toa Vt.pl,ms put, store, pour

to'a Vt.pl,ms putting, storing, pouring

to'ahim Vt.pl,ms going along putting, storing, pouring

to'aw Vt.pl,ms put, store, pour rep.

tobtham Nsg hunt-caller, leader of the hunt

todk V roar

tohama, s-tohama ADV brightly

tohbi Nsg cottontail rabbit

tohmog Nag milky way

tohn Nsg knee

tohnk Nsg hill

tohono N desert

Tohono O'othham Npr The Desert People, Papagos

tohonolithahim Vt.d revealing to

tohta, s-tohta ADJpl white; Vpl.s be white

to'ith Vt.d place for, bet

toka N field hockey game

tokada N hockey playing

tokahi Vsg go to play field hockey

tokahim Vsg going to play field hockey

tokithhud Nsg spider

toni, s-toni ADV hot
N heat
Vs be hot

tonih V become hot

tonij Vc cause to be hot

tonith Vb become hot for

tonli V shine

tonlig Nab light

tonom Vsg become thirsty

tonomma see ta tonomma

tonomthag Nab thirst

tonomthagkaj ADV by thirst

toths Vt.sg frighten

totontham ADJpl shining

totpk V boiling

totpk k V boil and

tp, kutp AUX (and) if he, she, they

ts, kuts AUX I wonder if he, she, they

tsh, kutsh AUX (and) he, she, they reportedly

u'a Vt carrying

u'ahith Vt will be carrying along

u'apa Vt bring, bringing

u'apath Vt will be bringing

ugij V shake

ugjith V shaking

uhg ADV high; Vs be high

uhgka V rise

uhgkahim V rising

uhhum, uhpam ADV back to

uhksha Nsg windbreak

uhpad Nsg catclaw

uhs Nsg stick, tree

uh'ul Vt.pl hold

uh'ulin Vt.pl hold out

uhw, s-uhw Vs stinking

uhwa V give off odor, come in heat

uhwalig N odor, oestrus

uhwk, s-uhwk Vs will be odorous

ui Vt.pl get

u'io Vpl.t.pl go to get

u'ithag, s-u'ithag Vt.pl.s good at getting

uiwi V blow gas

ul Vt.sg hold
Vr hold one's self to, retain a skill

ulinch Vt.sg holding

ulini Vt.sg.b hold out for
ab ab ulini have a skill

ulinihogith Vr.sg resting

ulinihogithahim Vr.sg was resting

ulugithath Vt will be tossing a baby

ushabi, ushabithag Nms pitch, resin

ushabikaj ADV by means of pitch, resin

ushabithag V being pitch, resin

ushabithagkaj ADV by means of pitch, resin

u'u N war arrows
Vt.pl getting

u'uhig N bird

u'uk Vt.pl after getting

u'ukai Vt.pl take along

u'umhaidath Vt feathering an arrow

u'us Npl.sticks, trees

u''uth Vt.pl will be getting

u'uwi Npl females, women

u'uwik Vs.pl will be females

uwi Nsg female, woman

uwich Vc cause to become a woman

uwichuth Vc causing to
become a woman

uwichuthahim Vc was
causing to become a woman

uwiga Nsg sister

uwim, s-uwim ADV
woman-like, girl-crazy

uwpio Nsg skunk

W

wa M as mentioned, known,
or expected

wa chum ADV although,
even though

wa'akih N ancient house

wa'akpan Vt sprinkling

wa'akpan k Vt sprinkle and

wabsh, wash ADV just, only

wabshaba, washaba ADV but

wachki Nsg reservoir

wachkig Vs there being a
reservoir

wachum Vt.sg drowned

wachwim, s-wachwim
V wanting to swim

wadag, s-wadag Vs being wet

wag Nsg hole

wagt Vf.sg dig a hole

wagtahim Vf.sg digging a hole

wah Vsg enter
Vt soak

wahammig Vs rising from
lying rep.

wahawua, wahawu Vt.sg
tear down, take off

wahga Nms dough

wahgaj Nms dough of

wahia Nsg a well

wahiaga Nsg possessed well

wahki Vsg enter!
Vt.sg bring in

wahkimk, s-wahkimk Vsg
wanting to enter

wahkus Nsg mat, bedroll

wahm ADV the more,
especially

wahp Vpl enter

wahpago Vpl get up!

wahpakus Npl mats, bedrolls

wahpakusch Vf.pl.b make
mats or bedroll for

wahpami Vpl rise from lying

wahpagith Vc.pl raise from
lying position

wahpk N reeds, cane
Vpl after entering

wahpkag Vs there are
reeds, cane

wahpkim Vc.pl causing to
enter

wahpmuinahim Vt soaking

wahshaj ADVloc over there

wahshan ADVloc up there,
way over there to one
side

wahshul Vt.pl tear down, take off

wai Vt invite, call

wa'i ADJ just, only
Vt.ms draw water, get a liquid

wa'ig Vt.ms getting liquid, drawing water

wa'igi Nms liquid in a vessel
Vt.b get liquid for

wa'igokam Npl.t water carriers

waikko ADV three times

waikkokam Nsg the third one

waikpa ADV in three places

wainomi Nms iron, metal

waipia Npl wells

waith Vt inviting, calling

waithahim Vt were inviting

wako Nsg gourd, canteen
Vt wash

wakoliw Nab south

wakot Vf.sg make a canteen

wakumagithag, wakumigthag N dry remains

wamad Nsg nonpoisonous snake

wami Vsg arise from lying position

wanchki Vsg.s pulled off

wanchkwua Vt.sg pull along

wanchkwuan Vt.sg pulling along

wanchkwupahi Vt dragging along by jerks

wanikkumio Vt.pl pull off

wanim Vt lead

wanimedath Vt will be leading

wanimun Vt pull off

wantp Vt wrench, tear

wapagim, s-wapagim ADVpl vigorously, industriously

wapagima, s-wapagima Vpl.s being industrious

wapagimak, s-wapagimak Vpl.s will be industrious

wapaththak V shining, reflecting

wapaththakhim V going along sparkling

wapkola Npl driftwood

wapkoladath Vt.pl deposit driftwood on

wash, wabsh ADV just
wash kiap still yet
wash chum as soon as

washa Nsg woven storage case

washaba, wabshaba ADV but

wasibi Vt.d give a drink to

wasibith Vt.d giving a drink to

wassibi Npl drinks

wat AUX he, she, they shall

watki AUX he, she, they evidently shall

watt AUX we shall

wa'u Vc cause to be wet

wa'ug N stalks

wa'ugaj N stalks of

waw N rock, cliff, peak
Waw Giwulk Npr
Indented Rock
(Baboquivari)
Waw S-jehjeg Npr
Many Holes Peak

wawani V lying in a line

wawank Vt after leading

wawich V fall down from a
height

wechij ADJ new

wecho PREPsg under

we'eppo ADVpl.man.cmp
level with, the same as

wegi, s-wegi ADJsg red
Vsg.s being red

wegima, s-wegima ADVsg
brightly, red

wehbig, wehgaj PREPsg
around, behind

wehchimVpl.s lying continually

wehchkahim Vpl.s had been
lying

wehhejed PREPsg for

wehhejedkam N one who is
good for

wehm PREPsg with

wehmaj PREPsg with
someone

wehmkal Nkin.sg clan
companion, totem;

coyote for the Apapagam
and Apkigam clans, buzzard
for the Mahmgam and
Wahwgam clans.

wehmkam N companion,
companions

wehmt Vt help

wehnath Vt.d put with

wehnag Nkin.sg peer kin
(brother, sister, cousin)

wehnathch Vt.d having
mixed with

wehoch Vt,cmp believe

wehochuth Vt,cmp believing

wehog el, s-wehog el Vt obey

wehoh, s-wehoh Vs;ADV
true, truly

weho'i ADV truly

wehom, s-wehom ADV truly

wehpeg ADV first

wehpegat V become the first

wehpegkam Nsg the first

wehs DET all

wehsijj DET all of

wehsko ADVloc everywhere

wehsko'ijed, wehskojed ADV
from everywhere

wehst-mahm ADJpl ten

wenog ADV then, at that
time

wepegi, s-wepegi ADJpl red
Vpl.s being red

wipi'a Vt hunt

wipi'ai Nab hunting, stalking game

wipi'am Vsg.t go hunting, stalking game

wipi'amed Vsg.t going hunting

wipi'amdam Nsg one who goes hunting, stalking game

wipi'atham Nsg one who hunts

wipi'athambad Nsg hunter who died

wipi'o Vpl.t go hunting, stalking game

wipi'okam Npl those who go hunting

wipishani Npl rivulets

wipismal N hummingbird, birds

wisag Nsg hawk

wisagchuth Vc.sg cause to become a hawk

wi'um Vt gush against

wiw Nms tobacco

wiwk Vs will be tobacco

wo PCL plural if following AUXimpr g, future otherwise

woh V camp, stay overnight

wohg Nsg road

wohgga Nsg possessed road

wohi Vt scorch

wohk Nsg belly, stomach

wohoh Vs;ADV true, truly

woho'i, woho'o, weho'i ADV truly

wohom, s-wohom ADV truly

woho'o, woho'i, weho'i ADV truly

wohp Vpl run

wohpiwua Vpl lie down

wohpo'ichuth Vc.pl causing to run

wohpo'ichuthok Vc.pl after causing to run

wohpo'ithag, s-wohpo'ithag Vs.pl good at running

wohpo'ithkam Npl fast runners

wohpon Vt pull up, pull out

wohpo'o Vpl running

wohppo Vpl lie rep.

wohthch Vt having something laying

wohthk, wohthok Vt having laid

wo'i Vpl arrive running
wo'iw k arrive and

woi Vt lay down

woikim, s-woikim ADVsg proudly

woikima, s-woikima Vsg.s be boastful

woikimakam, s-woikimakam Nsg braggart

woikimhun Vr boasting

wo'im Vsg go to lie down

wepgim, s-wepgim ADVpl
brightly

wepgumith, s-wepgumith
V reddened, lit up

wepnag Nkin.pl peer kin
(brothers, sisters, cousins)
e-wepngam brothers,
sisters, cousins of each other

wepo ADVsg.man.cmp
level with, the same as

wepot Vt do the same as,
reach the height or level of

wewa'ak ADJpl seven

wewgim, s-wewgim ADV
whirring

wia, s-wia ADJ;Vs
finely ground
Wia O'ohia Npr
Fine Sand Dune

wiapo'oge'el, wiapoi Nsg
boy, young man

wiapo'oge'elga Nsg
possessed boy, young man

wiapo'oge'elk Vs will be a
young man

widwua Vt stir

wih V stay

wihb Nms milk

wihgi Nms bird down

wihgikaj ADV by means of
down

wihgitha N a prayer
ceremony, a stick with
down attached

wihgithag, s-wihgithag Vs
good at singing in the
wihgitha

wihnk, s-wihnk Vs strong,
tough

wihog mad Nsg a beetle that
feeds on mesquite beans

wihogt Vf bear beans

wihogthag N bean pods

wihogthag, s-wihogthag Vs
laden with beans

wihotk V bring up food

wihpiop Npl boys, young
men

wihptkog Vt mix

wi'i V staying

wi'ichkwua Vt.sg blow or
blowing along

wi'ichkwuhim Vt.sg was
blowing along

wi'ichkwuhith Vt.sg will be
blowing along

wi'ichshul Vt.pl blow along

wi'ichshulig Vt.pl blowing
along

wi'ikam N remnant, survivor

wi'in Vt wash away in a
current

wi'is Vs remain

wi'isk Vs will remain

wijna Nsg rope, cord

wijnakaj ADVsg by means
of rope, cord

wijnat Vf.sg making rope

wo'isheg V waiting

wo'iwua, wo'iwi Vsg
lie down

wo'iwup Vsg lie down rep.

wokij Vt shake the body of

wokijithahim Vt was shaking
the body of

wonami Nsg hat

wonamich Vf.sg.b make a
hat for

wonamij Nsg hat of

wonamim Nsg one wearing a
hat

wonamit Vf.sg make a hat

wo'o Vsg.s lying
N pond

wo'og Vs being a pond

wo'okahim Vsg.s was lying

wo'okath, wo'ok Vsg.s will
be lying

wo'op,ho'op,ho'ip ADV
until, when

wo'owop Vdist lying around

wop'o Vpl run rep.

wopog Npl roads

wopogach Vf.pl.b make
roads for

wopogbadchuth Vc
ruining the roads

wop'ohim Vpl had been
running

woposhani Npl valleys

wopsho Npl rats

woptha Vt lay down rep.

wosk Nkin.sg father's father
or uncle

woskaj Nkin.sg father's
father of, father's
uncle of

wosmad Nkin.sg man's son's
or nephew's child

wua Vt.sg lay down

wua, hab wua Vt doing

wuaga Nab puberty celebra-
tion, the after-life

wuagadag, s-wuagadag
Vs being a good wuaga
singer

wuago Vpl go to puberty
celebration, pass on

wuath, hab wuath Vt
will be doing

wud PCL be (equasional)

wuhd Vt tying

wuhio, wuhiosha Nsg face

wuhpa, wuhppa Vt put or thr
throw down rep.

wuhpui Npl eyes

wuhpuij Npl eyes of

wuhpuikaj ADV with the eyes

wuhsh Vsg emerge

wuhshani Vsg emerging

wuhshani k emerge and

wuhshath Vc.sg bring out

wuhshkam N one or ones
who go out

wuhshthag N plants

wui PREPsg to, toward

wuich Vd.c cause to move toward, thrust an object toward a goal

wuichuth Vd.c causing to move toward, thrusting an object toward a goal

wuithag, s-wuithag Vt able to throw

wuihithch Vd.c causing to move toward

wuihim, hab wuihim Vt was doing

wuijithch, hab wuijithch Vt.b doing for

wuiokai Vt left

wulsh Vt.sg tie, hinder

wushke Vsg emerge rep.

wuwha Vpl emerge

wuwhag Vpl emerging

wuwhas Vc.pl bring out

wuwhasith Vc.pl bringing out